纪检监察专业方向系列教材
西安文理学院精品教材培育项目

中外廉政制度比较

贺文华◎编著

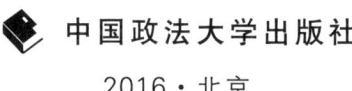中国政法大学出版社

2016·北京

图书在版编目（ＣＩＰ）数据

中外廉政制度比较/贺文华编著. —北京：中国政法大学出版社，2016.8
ISBN 978-7-5620-6954-6

Ⅰ.①中… Ⅱ.①贺… Ⅲ.①廉政建设－制度－对比研究－中国、国外 Ⅳ.①D630.9②
D523.4

中国版本图书馆 CIP 数据核字 (2016) 第 188075 号

出 版 者　　中国政法大学出版社

地　　址　　北京市海淀区西土城路 25 号

邮寄地址　　北京 100088 信箱 8034 分箱　　邮编 100088

网　　址　　http://www.cuplpress.com（网络实名：中国政法大学出版社）

电　　话　　010-58908285(总编室) 58908433（编辑部）58908334(邮购部)

承　　印　　固安华明印业有限公司

开　　本　　720mm×960mm　1/16

印　　张　　18.25

字　　数　　300 千字

版　　次　　2016 年 8 月第 1 版

印　　次　　2020 年 3 月第 2 次印刷

定　　价　　55.00 元

前 言
PREFACE

在我国实现"两个一百年"奋斗目标、实现中华民族伟大复兴"中国梦"的紧要历史关头，我国同时也正处于体制转轨的特定历史发展时期，致使社会腐败现象呈多发、高发的严峻态势。党风廉政建设和反腐败斗争，是党的建设的重大任务，为政清廉才能取信于民，秉公用权才能赢得人心。改革开放30多年来，以邓小平同志为核心的党的第二代中央领导集体、以江泽民同志为核心的党的第三代中央领导集体、以胡锦涛同志为核心的党的第四代中央领导集体、以习近平同志为总书记的党中央始终把党风廉政建设和反腐败斗争作为重要任务来抓，旗帜是鲜明的，措施是有力的，成效是明显的，为保持和发展党的先进性和纯洁性发挥了重大作用，为我们党领导改革开放和社会主义现代化建设提供了有力保证。

针对遏制腐败问题、肃清干部队伍、保障经济建设的顺利进行，经过党和国家几代领导人的不断努力，相继提出了要依靠法制建设、加强监督以及处罚力度等措施来促进廉政的思想。在新时期的党十八大明确提出"建设廉洁政治"，要求做到"干部清正、政府清廉、政治清明"，这标志着中国反腐败的终极目标首次被正式确立，建设完善高效的廉政制度将成为指导今后反腐倡廉工作的总方针，从而也就成为中国政治文明建设的紧迫任务。几十年以来，我国的廉政建设取得了一定的成绩，建立了多重的监督体系、加强了法制建设、加大了廉政教育范围等，但也暴露出一些问题。主要表现为：公职人员廉政意识淡薄；廉政机构的设置不合理，缺乏独立性和权威性；廉政监督形式单一，下行监督不断淡化；廉政法制建设不完善，导致廉政法律法规缺乏适时性；廉政监督和执法机构行政行为不公，执法力度欠缺等。

改革开放以来，伴随中国社会的急速转型，不断深化的反腐倡廉实践对廉政理论指导提出了更高要求。20世纪80年代初，将廉政学建设成为一门相对独立学科的想法就已经出现。进入新世纪，反腐倡廉建设面临着许多新情况、新问题、新任务，特别是严峻复杂的腐败形势呼唤加强廉政理论研究。2010年10月，作为培养反腐败人才的"黄埔军校"——中国纪检监察学院正式挂牌成立，标志着我国廉政建设进入了一个培养专门人才的新阶段。

经过长期的实践积累，中国的反腐倡廉建设逐渐发展成为一门有自身特点和规律，融合政治学、经济学、历史学、社会学、管理学、伦理学和心理学等多学科交叉的跨学科研究领域。学界注重以问题为导向，从不同的学术领域和研究视角对中国的反腐倡廉建设进行了诸多研究。然而，目前我国在高校培养专门纪检监察人才方面却并不多见，正式设立专业的很少。所以成系统的著作及教材全国很少。而国外，这一方面更多的是从本国实际出发进行经验的总结梳理，或者根据已有的相关数据为政府与政党政治提供政策层面的智库咨询，以教材形式呈现的理论成果也没有发现。本教材适应了我国当前亟需培养一支专业化、职业化纪检监察干部队伍的廉政建设需要，培养大学生掌握马克思主义基本理论，具有坚定的反腐倡廉信念，具备扎实的纪检监察理论知识，掌握中外廉政制度的比较优势等，这是编写本书的重要原因。

古人云：他山之石，可以攻玉。在全球化的条件下，及时了解其他国家和地区在廉政制度建设方面的成功经验，对于我们来说，有着非常重要的意义。腐败是当今世界的一大公害，廉政建设不只是一国之内的问题，而是一项全球性议题。全球化逻辑，是廉政建设的大趋势，是现代民主政治国家治理的必然要求。所谓廉政建设的全球化逻辑，是指廉政建设的全球化规律。虽然廉政建设首先是一国之内的问题，但是一个国家的廉政建设一定是在全球共识及其达成的框架下开展的。也就是说，一国之内的廉政建设，是受全球化逻辑制约的。只有遵循全球化逻辑，廉政建设的行动才会取得持久的成效。事实上，引介国外反腐倡廉的发展经验和学术理论等，也是中国改革开放后学者们所做的一项重要工作。本书对国外廉政建设的制度安排与行动策略进行了较为系统的梳理，重点阐述了国外廉政建设的制度理论设计与实践运行机制以及廉政制度建设的国际共识与合作，以期为我国廉政制度建设提供借鉴参考。也正是在此背景下，《中外廉政制度比较》与广大读者见面了。

在本书的整个编写过程中，我力求以马克思主义的立场、观点与方法作为方法论的指导，把经验研究、制度研究、比较研究有机的统一结合起来，采用历史分析、综合分析、典型分析等方法从不同角度分析廉政制度的方方面面，对中国和外国（在廉政制度建设方面具有典型意义的一些国家，主要有西方发达国家以及其他国家如日本、韩国、新加坡、越南等）的廉政制度进行整体上的比较分析，探寻中外廉政制度的形成历史与文化背景、结构内容与基本特点、功能作用与实践操作、理论发展与改革趋势等，内容涉及古今中外、多类国家、多种社会制度、法规体系、重大历史事件等，寓历史知识、政治法律、规范制度知识于理论分析之中，在保持其学术性、理论性的基础上，使本书具有较强的知识性和可读性。进而力求进一步揭示人类社会共同反腐败、打造廉洁社会的发展规律，以期启发人们的思考，为打造和完善中国特色的廉政制度体系服务，为培养我国专门的纪检监察专业人才服务。在正确有效地预防和惩治腐败的廉政建设道路上，我们要坚持走出自己的特色，在开创符合我国公务人员廉政道路的同时要不断加强对其他国家廉政制度的借鉴。

本书适用的阅读、学习对象主要有：高等学校纪检监察与思想政治教育等相关专业方向的学生、需要定期培训提升理论水平的纪检监察干部队伍、社会上对纪检监察相关知识感兴趣的大众读者等。

本书主要内容分为六大章，每一章的结构由主要知识内容、延伸阅读案例两个、学习与思考、参阅文献四个版块构成。每章的主要内容依次为：第一章为廉政制度概述。介绍廉政制度的起源、含义、中外廉政制度的历史流变、廉政制度与腐败、与政治的关系、廉政制度的实践与操作等。第二章为中外廉政制度之主要内容比较。根据中外廉政制度内容的相关性分为三大类，分别从公务员制度、监督制度、惩戒制度描述中外廉政制度的发展历程、基本特点、实践操作与运行等。第三章为中外廉政制度之舆论监督比较。主要介绍舆论监督的基本要素，历史发展过程，国外舆论监督的理念与制度，中国舆论监督的理论与实践。第四章为中外廉政制度之廉政伦理比较。介绍廉政伦理的科学内涵、与廉政制度的辩证关系，国外廉政伦理的实践特点及其启示，中国廉政伦理的实践及其发展。第五章为中外廉政制度的国际合作机制。通过介绍国际倡廉反腐合作的必要性与意义，分析国际倡廉反腐的合作组织与机构的成功经验，简介中国与国际倡廉反腐的合作。第六章为中外制度廉洁性评估理论与实践的比较。通过对制度廉洁性评估的基本介绍，对国外制度廉洁性评估理论与实践进行深入分析与研究，通过对我国制度廉洁性评估的发展现状进行总结，找出其制度理论的不足，同时根据所发现的问题，提供一些建设性意见和建议。

比较廉政制度应该是政治学学科的一个重要分支，在中国的研究尤其是中外廉政制度的比较研究还处于起步阶段，期盼本书能起到抛砖引玉的作用。尽管竭尽全力，希望做到最好，但是受到时间、经验、水平等因素的影响，本书可能还有许多不足之处，难免存在缺陷和漏洞，诚恳欢迎学界同行和广大读者进行批评、指正，以期进一步修改和完善。

贺文华

2016 年 8 月

CONTENTS

目 录

第一章

廉政制度概述

在当今社会，"廉政"这个议题已经成为世界各国理政治世都必须要面对的一个难题。但从历史发展的脉络来看，"廉政"也并不是从来就有的，而是人类社会发展到一定阶段的特殊产物。当人类社会的生产力与思维能力达到一定水平的时候，出现了部分物质资料的剩余，廉政问题才得以出现。关于腐败与廉政问题的研究，则一直是政治学领域的一个热门话题。腐败作为一种社会现象，古今中外，概莫能外，特别是在社会转型时期——比如英国工业革命和美国独立战争以后——也曾出现较大规模的腐败现象。当今世界190多个国家和地区，有腐败现象的占大多数，但也确实有非常廉洁的政府，或者是轻微的腐败，甚至有被称为"零腐败"的北欧部分国家，中国的香港地区也被政治学专家们划入"零腐败"序列。处在现代化时期的中国，可以把世界上有腐败现象的国家和廉洁的国家相对照，查找腐败的根源是什么，借鉴另外一部分国家和地区建立的廉政制度，参与全球国际合作反腐，推动全球廉政制度建设的发展与完善。

第一节　廉政制度的起源

一、廉政制度的基本含义

研究和推行廉政建设，严惩和预防贪污腐败，首先要对廉政的基本内涵进行科学、准确的界定。廉政并不是从来就有的，廉政的内涵是历史的、具体的。随着社会的发展与廉政制度、政策的日益完善，人们对于廉政的理性认识日益深化。尽管讨论廉政的已经很多，但是尚未有一个放之四海而皆准的"廉政"定义。

廉，《说文解字》里的解释是"庆也。从广兼声。"清代段玉裁为《说文解字》做注，称廉就是厅堂的侧边，天子的厅堂高九尺，诸侯的厅堂高七尺，大夫的厅堂高五尺，士人的厅堂高三尺，侧边的长度与厅堂的高度一样。因此贾谊说："廉远地，则堂高。廉近地，则堂卑。"堂边有棱有角，故廉也可以引申为清、俭、严厉之意。从文字解释学上看，"廉"即廉洁，"政"即国家政权机关及其公务活动，"廉政"同"廉正"。这两个词语珠帘合璧地使用，最早出现在《晏子春秋·问下四》："景公问晏子：'廉政而长久，其行何也？'"吴则虞《晏子春秋集释》引王念孙曰："案'政'与'正'同，《文选·运命论》注引作'廉正'。"廉政即"廉洁的政治"，其反义词为"腐败"。现在所说的"廉政"主要指政府工作人员在履行其职能时不以权谋私，办事公正廉洁。

中国有句俗话说，没有规矩，不成方圆。其意思就是说，没有规则（即制度）的约束，人类的行为就会陷入混乱。制度最一般的含义是指要求大家共同遵守的办事规程或行动准则，具体是指在特定社会范围内统一的、调节人与人之间社会关系的一系列习惯、道德、法律（包括宪法和各种具体法规）、戒律、规章（包括政府制定的条例）等的总和。

"制度是一系列被制定出来的规则、守法秩序和行为道德、伦理规范，它旨在约束主体福利或效用最大化利益的个人行为"。[1]廉政制度是在私有制的出现促成了国家的出现以后，作为阶级的产生和管理经济、社会的工具而产生的。廉政制度是有形的，往往以法律、制度、规章、条例等正式形式表现出来，是一种强制约束，是指人人都能感受到的，具有警告性、必惩性、及时性、公平性。廉政制度的制定必须以有关政策、法律、法令为依据，为国家公务人员的工作和活动提供可供遵循的依据，是通过建立防范、监督的制度和明确的法律来约束人的腐败行为，它注重外在控制手段对公民行为的约束。由于制度这种约束的明确性和稳定性，使人们在行动之前便可以知道自己的行为意味着什么，从而使人们自觉地遵守廉洁从政的各项法律规章。

---

〔1〕 ［美］道格拉斯·C. 诺思：《经济史中的结构与变迁》，陈郁、罗华平译，上海三联书店、上海人民出版社 1994 年版，第 225～226 页。

廉政制度对于公务人员的言行要求具有以下特点：一是指导性和约束性。对国家公务人员做些什么工作、如何开展工作都有一定的提示和指导，同时也明确相关人员不得做什么，以及违背了会受到的惩罚。二是鞭策性和激励性。廉政制度有时就张贴或悬挂在工作现场，随时鞭策和激励着人员遵守纪律、努力学习、勤奋工作。三是规范性和程序性。廉政制度对实现工作程序的规范化，岗位责任的法规化，管理方法的科学化起着重大作用。

二、廉政制度的历史流变

廉政制度作为一种制度，它并不是从来就有的，而是人类社会发展到一定阶段的产物。当人类社会的生产力与思维能力达到一定水平时，出现了物质资料的剩余，廉政问题才出现，廉政制度才成为治理社会不可或缺的重要政治制度。

在原始社会的人类共同劳动与公共生活中，也存在进行组织协调、合理配置资源、维护公共秩序的公共权力。我们知道，凡是具有一定组织性的群体，就会有某种形式的权力存在。但这种权力结构是相当简单的，最高权力职位，即部落首领也不是由制度化的选举产生的，而是一种群体的认可而自然产生。由于生产力水平的低下，劳动成果仅仅用于满足基本的生存需要，所以个人之间的地位与能力差别不大，这就决定了当时的权力资源是极为有限的。而且当时权力的实体化程度很低，其更多地依靠人们的自然认可而发挥作用，因此，这种权力存在随时失去的较大可能性。所以，当时没有产生廉政及相关制度安排的条件与必要。

随着人类社会生产力水平的不断提高，剩余劳动产品逐渐增多，它一方面为私有制的出现和商品交换的进一步发展创造了条件，另一方面增加了人们对各种经济事务与社会生活进行管理与监督的需求。随着人类活动的复杂和各种管理方式的出现，虽然廉政监督没有成为一种专业化的事务，但其已在生产环节和人类生活中渐渐出现了。

私有制的出现促成了国家的出现，于是廉政制度作为阶级的产生和管理经济、社会的工具而出现。国家的统治阶级为了实现其国家职能的需要，就要设置各种管理机构，授予其必要的职能，委托管理人员从事管理工作，以保证国家机器的正常运转。而这些机构和人员在管理过程中，不可避免地出现滥用职权、贪污受贿等行为，因此国家统治者就通过建立专门的机构来对各级管理人员的管理行为和经济状况等进行监督，以避免违背统治阶级意志的行为发生。[1]

在人类社会的不同历史时期，不同的历史条件下，廉政制度的性质、特征、作用及其历史演变过程有许多的不同。廉政制度的产生和发展变化，既受经济基础的制约，同时也受其他政治、文化、宗教等因素的影响。

农业社会的廉政是出于维护统治权力及其统治不受破坏的需要，进而达到维护统治阶级的利益、整肃纲纪、加强吏治、保证国家机器的正常运转、巩固封建君主的统治地位的作用。这一时期的廉政制度主要是附属于皇权的，具体表现为君主对其下属的宏大的官僚系统的垂直监督，君主监督所有的人，呈现为一种自上而下的层层监督体系。"腐败总是会在集权主义、独裁主义和专制主义中滋生，因为这些体制使权力集中到了一小撮不向人民负责的人手中。"[2]这种廉政体制是唯统治阶级利益至上的，受其封建阶级思想的影响，这种廉政制度更多的是一种统治阶级内部的管理与监督制度，处于统治阶级之外的个人和组织是与廉政问题无关的，这种缺乏外在力量监督与制衡的廉政体制注定了其效甚微。在整个工业革命前的西欧，廉政监督虽然随着生产力的发展和国家在社会生活中地位的强化而成为国家管理社会、实行阶级统治的一种有效手段，但是从廉政监督的主体、范围、职能和作用等方面看，仍未形成社会监督网络。

工业革命后，生产力得到了极大发展，社会生产的分工、规模和方式日益复杂庞大，人们的参与意识和法制意识逐步增强，国家管理社会及经济事务的方式和手段也发生了根本性的变化，从而导致监督的范围和规模也得到了拓展。随着国家对社会、经济各种事务的干预的增强，以及对人们生活提供越来越多的福利，其公共权力涉及的领域也越来越广，行政国家日渐形成，政府从原来维护社会秩序、捍卫国家安全和公民人身权利的"守夜人"的消极角色演变为公共利益的捍卫者与公共服务的提供者的积极角色。伴随着权力的日渐扩张而来的是政府机构的日渐膨胀和人员的日渐增多，公共领域中铺张浪费、各种权力滥用、贪污腐败、人浮于事、效率低下、政府信任下降

---

〔1〕倪邦文："廉政建设的宏观考察"，载《中共四川省委省级机关党校学报》2012年第3期。

〔2〕［新西兰］杰瑞米·波普：《制约腐败——建构国家廉政体系》，清华大学公共管理学院廉政研究室译，中国方正出版社2003年版，第52页。

等问题大量出现。这样，廉政建设从最初的维护统治阶级利益和政权稳定，渐渐地发展出一种对公共性的道德追求，并不断演化成今天各国政府纷纷进行的旨在提高政府效能与回应性、建立公平与透明、开放与负责的政府组织与运行机制的行政改革运动。

三、中外廉政制度的历史发展

1. 中国廉政制度发展历程

廉政的历史在中华文明史上源远流长。中国古代廉政制度的建立和发展，历经数千年，其内容庞杂，体系众多。综而观之，体现了中国古代以儒家思想为理论基础，礼法结合的统治观点。虽然其作用仍是服务封建政权，维护皇权至上的社会秩序，但是在廉政制度得到好的执行的时期，其对政治安定、社会发展的作用却不容忽视。首先，廉政制度使治吏得到整顿，强化了中央集权，使国家机器在一定程度上缓和冲突，便于形成稳定的政治环境，调动被统治阶级的生产积极性，使社会生产得到发展；其次，贪污的横行必然使财富过分集中于一些不法官吏手中，只有进行廉政建设，才能使整个国家财力分布均匀，从而增加国家实力，有利于社会进步。从这些方面来看，中国古代廉政制度在今天有很多内容还是值得我们借鉴的。[1]综观中国古代各朝廉政制度的建设，大致形成了注重选贤任能，保证官吏素质；提倡为政清廉，促成廉政风气；建立考课制度，加强激励机制；实行行政监察，纠正不正之风；严厉惩处腐败，依法保证清廉的廉政体系。

中国古代有作为的统治者为维护其王权统治，无不注重廉政建设。据《尚书》记载，早在公元前16世纪商朝的伊尹便在其制定的官刑中，规定对官员中存在的不利清廉政治的"三风""十愆"进行严厉打击。春秋战国时期，为政清廉的思想得到统治者的倡导，至秦汉时期，为政清廉则作为一种制度得到实施，并由此发展下去，在后世起到了整顿吏治、廓清世风的作用。

《周礼》就曾经提出，对官员的考核有"六廉"，即廉善、廉能、廉敬、廉正、廉法、廉辨，意思是说一个官员必须具备善良、能干、敬业、公正、守法、明辨是非等基本品格，六个方面均以"廉"为冠。根据欧阳修的《廉

---

〔1〕 张岩："中国古代廉政制度综述"，载《陕西党风与廉政》2007年第1期。

耻论》，公正清廉，乃"士君子之大节"，也就是说清廉是官员必备的政治品德。明朝的郭允礼撰写《官箴》，系统而明确地提出了"吏不畏吾严而畏吾廉，民不服吾能而服吾公；公则吏不敢慢，廉则民不敢欺。公生明，廉生威"，成为对"公廉"最为后世称道的经典阐释。再有，儒家的"道德人"设计、科举制度和御史制度等，它们成为光辉璀璨的中华传统文化的有机组成部分，在世界廉政制度和文化发展史上独树一帜。它的一些内容对于当前形成中国特色的社会主义廉政制度和文化建设，仍然具有重要意义和重大影响。

政治是否清廉，与官吏的素质有很大关系。中国古代统治者认识到，只有本身清廉正直的人才能够为政清廉，所以选拔官吏时，无不注重选拔"贤良"之人。据秦简《为吏之道》载，秦朝时反对官吏"居官善取"，要求"廉而无别""精（清）洁（洁）正直"，不得贪图钱财，尤其规定"任人所任不善者，各以其罪罪之"。即荐举人对所荐举人要连带担责，以此来保证任用官吏的素质。汉代的吏进制度包括察举、征召、辟准、荐举、考试、任子等选拔形式。察举即选举，主要科目有孝廉、茂才、贤良方正等，以其中的孝廉（孝子廉吏）为吏进正途，其注重选贤任能之风可见一斑。正因为这种重才重德的选吏标准，使秦汉之际出现了大批杰出人才，如卫青、霍去病、张春、董仲舒等，极大地促进了汉王朝的发展。隋唐时期，科举制度的建立延续，为封建国家选拔贤良出任国家官吏，保证官吏素质起到了积极作用。

建立了选贤任能的官吏制度，还必须有切实可行的实施保证，为了杜绝人为因素的干扰，防止任人唯亲，历代都十分注重回避制度。如两汉时期规定"宗室不宜典三河""王舅不宜备九卿""中官子弟不得为牧人职"，同时规定，本地人不得为本地官，婚姻之家不得相互监临。唐朝时规定，三省高级官员及诸王、驸马等，其亲属不得做京师的地方官，一般官员不得在本籍任职。宋朝则从亲属扩及门客，规定对宗室几乎都不得任用。回避制度的实施，更好地保障了官吏任用选拔的公平性，不失为廉政的重要举措。

有了符合统治者素质要求的官吏，还必须有一种廉政的风气，使官吏能自觉地为政清廉。这种清廉风气，一旦由统治者提倡和标榜，便会深入人心，具有了权威性和震慑力。如汉文帝时，"贵廉洁，贱贪污"，他认为孝悌的人是天下最佩服的人，廉吏是人民的表率。汉武帝则明令"不举孝、不奉诏，当以不敬论；不察廉，不胜任也，当免"。隋文帝时，将当时在地方上享有清官盛誉的公孙景茂召到长安，接见宴请，擢升太守，调迁刺史，并将其事迹诏告天下。统治者对清廉官吏的提拔，既是对清廉官吏的一种褒奖，同时由于其本身刚正不阿，一旦重任在身，力求成为表率，也带动了廉政之风。不仅如此，中国古代一些有作为的统治者，还十分重视皇室成员为官清廉，以期以身作则，带动百官的清廉之气。明朝洪武年间，驸马欧阳伦利用职权，指使部属官吏多次贩卖茶叶，牟取暴利，并仗势打击有碍于此的下级官吏，后为朱元璋所知，亲自查处此案，并且下令斩杀欧阳伦。这一事件一时令朝野震动，朝风为之一清。

博大精深的中华文化本身就是一座丰富的廉政制度资源宝库，文化作为一种软实力，在廉政建设中具有独特作用。廉政制度建设只有注入中华文化的基因之后，才会赢得恒久的生命。今天，我们打造中国特色的廉政制度建设，就应该在自豪地对待这份"文化遗产"的同时，积极萃取古代公廉文化的精粹，将其转化为我们党在新时期执政的重要基石和有力支撑。

共和国深入开展党风廉政建设和反腐败斗争的光辉历程，可以分为既一脉相承又与时俱进的四个历史时期。一是以毛泽东为领袖的新中国缔造时期；二是以邓小平为总设计师的改革开放时期；三是以江泽民为核心的与时俱进时期；四是以胡锦涛为核心的科学发展时期。从客观的层面看，若与马克思、恩格斯、列宁在当时所处的历史条件下提出的关于党风廉政建设和反腐败斗争的基本设想相比，以毛泽东、邓小平、江泽民、胡锦涛为主要代表的新中国领袖们的廉政思想，既与马克思主义理论一脉相承，同时又根据中国革命的特点，"不断把马克思主义中国化推向前进，不断把中国特色社会主义事业推向前进"，不断进行理论创新，不断提出新的执政治国理念。另外，历史经验已经证明，在长期的中国革命实践中，以毛泽东、邓小平、江泽民、胡锦涛等为主的新中国领导集体都形成了一个共同的特点，那就是他们都以改造中国与世界为己任，立志为中国最广大的人民谋利益，为中华民族自立于世界民族之林和为全人类的最终解放而奋斗。他们从不畏惧世界上任何强权政治与霸权主义，目光远大，高瞻远瞩，思想解放，高度自信，勇于探索与创新。他们集无产阶级革命家、政治家、思想家、战略家和理论家于一身，既有极为丰富的领导无产阶级执政党进行实践治国的革命经验，又有高度的马克思主义理论修养和中国优秀传统文化素养，具有非凡的胆识和巨大的理论勇气，善于从理论上思考中国革命和建设的根本问题，敢于依据中国革命建设的经验和汇集中国人民的智慧，对马克思主义进行创造性的丰富和发展，在理论上形成了适合于中国环境的毛泽东思想、邓小平理论、"三个代表"重要思想、科学发展观的恢宏博大的科学思想理论体系。因此，我们对毛泽东、邓小平、江泽民、胡锦涛四代领导集体的廉政思想进行深入研究，结合我国当前开展的党风廉政建设和反腐败斗争，具有极其重要的理论意义、现实意义、指导意义和历史意义。

进入新世纪，党和国家有关廉政的法律制度建设的步伐明显加快。2001年7月起中央纪委法规室和监察部法规司多次组织召开起草"中华人民共和国廉政法"的专家论证会；2003年11月召开的全国纪检监察法规工作会议明确提出了建立健全党风廉政和反腐败法规制度体系的规划；2003年底《中国共产党党内监督条例（试行）》和《中国共产党纪律处分条例》颁布实施；2004年《中国共产党党员权利保障条例》《中华人民共和国行政监察法实施条例》和《国有企业领导人员廉洁从业若干规定（试行）》颁布实施；2005年《中华人民共和国公务员法》《建立健全教育、制度、监督并重的惩治和预防腐败体系实施纲要》《关于纪委协助党委组织协调反腐败工作的规定（试行）》等法律和其他规范性文件相继颁布实施。

党的十八大以来，以习近平同志为总书记的党中央高度重视、全面推进党风廉政建设，三年多来，党中央、国务院等部门先后出台了一系列关于廉政制度建设的重要规定。2012年12月出台《十八届中央政治局关于改进工作作风、密切联系群众的八项规定》；2013年相继出台《关于进一步规范党政领导干部在企业兼职（任职）问题的意见》《关于党员干部带头推动殡葬改革的意见》《关于党政机关停止新建楼堂馆所和清理办公用房的通知》等；2014年相继出台《关于加强干部选拔任用工作监督的意见》《关于厉行节约反对食品浪费的意见》《严禁干部用公款互相宴请、赠送节礼、违规消费》等；2015年相继出台《中国共产党廉洁自律准则》《中国共产党纪律处分条例》《中国共产党巡视工作条例》《领导干部干预司法活动、插手具体案件处理的记录、通报和责任追究规定》《推进领导干部能上能下若干规定（试行）》《党政领导干部生态环境损害责任追究办法（试行）》《关于全国性文艺评奖制度改革的意见》等。这些规定具有极强的指导性、针对性、示范性和可操作性。

总之，党的十八大以来的短短几年时间里，有关廉政的制度化建设所迈出的实质性步伐是建党以来前所未有的，颁布实施的一系列法律和制度填补了廉政建设的制度空白，为加强廉政建设打下了坚实的基础。

2. 外国廉政制度发展历程

外国由于西方国家起步发展取得成功经验得较早，所以廉政制度发展历程主要以西方国家为主。西方的廉政理论可以追溯到古希腊、古罗马时期，亚里士多德在二千多年前就强调了"法治优于一人之治"，并极力推崇混合政体。近代的思想启蒙运动提出了三个与廉政密切相关的理论：人权理论、人民主权论和分权制衡论。这三个理论成为现代西方廉政理论的基础，也是现代各国的政治基本原理。

西方大多数国家廉政制度坚持的是"三权分立"的设计原则。随着16、17世纪资本主义商品经济的形成与发展，以洛克、卢梭、孟德斯鸠等为代表的资产阶级启蒙思想家以天赋人权、"三权分立"等思想武器同封建专制统治者相抗衡并取得了资产阶级在政治上的统治权。在资产阶级取得政权之后，这些思想武器成为占统治地位的理论学说。"三权分立"作为资产阶级政治体制的根本原则被宪法和法律确定下来，在国家权力设置上一般表现为议会行使立法权，内阁或总统行使行政权，而法院行使司法权，同时每一机关都具有对其他机关的特定权力，从而形成立法、行政与司法三权之间的监督与制衡。这套"三权分立"与制衡的制度设计是西方大多数国家传统的监督体制与廉政制度，在实践中发挥了积极作用。[1]

基于上述三权之间的这种分工，资本主义国家建立了比较完备的廉政制度。然而，伴随着国家机器的日益扩张、权力界限的日渐模糊，以及公共领域中日渐复杂且多元的利益追求与利益冲突，传统的制度体系已经捉襟见肘，于是不断演化出或建立新的制度与组织机构。发源于斯堪的纳维亚半岛并不断扩展到欧洲国家，乃至其他国家与地区的议会监督专员制度就是最具典型意义的一种从传统监督体系中演化而来的行政监督与廉政建设制度。目前，西方主要发达国家都有着一套完整的监察制度。同时，为了实现行政监督与廉政建设的专职化，世界许多国家建立了具有高度权威性与独立性的廉政机构，时刻监督着整个政府行政机构，最大限度地防止各种腐败现象的发生。此外，当今世界各国的廉政建设制度中一个重要的组织部分就是其人事管理制度，几乎所有认识到廉政建设重要性的国家在公务员管理方面均有一套严

---

〔1〕　倪邦文："廉政建设的宏观考察"，载《中共四川省委省级机关党校学报》2012年第3期。

密的措施。

伴随着公民容忍度的下降以及各种贪污腐败与渎职等行为的日益增多且隐性化，廉政建设的范围在日渐扩大，目的已不仅仅满足于消除腐败，而是要使政府的诚信、效率和公正程度有一个根本性的提高，最终是实现一个更加有力、公正和高效的政府。亦言之，"腐败不只限于以权谋利，它远远不止是公务员和生意人之间为了获得不合法、不道德的好处而做的私下交易。腐败还有许多其他方面，它们不受法律的约束，而且也不总是处于舆论的监督之下……政治及政府领导人的不诚实和竞选中的虚假、高官和政客通过分配特权和清闲职位去消除正常和其他组织的伦理原则及思想活力、从政者违背职业操守，有些腐败则来自于对忠诚的错误理解、彻底的缄口不语以及下属的机会主义行为……"[1]这从反腐与廉政立法的发展历程和廉政建设机构的设置变化中就可见一斑。英国1889年颁布了第一部反腐败法，1906年又颁布了《防止腐败法》，并将其适用范围扩大到不仅包括公共机构的工作人员，而且包括公共机构本身。1916年通过的《防止腐败法》再次扩大了公共机构的范围，包括地方性的公共机构。近年来，许多国家政府在仿效英国政府制定专门性反腐败法的同时，也加强了对公共机构及其工作人员的行为尤其是道德行为的规范，于是纷纷出台了一系列具有预防性和禁止性功能的制度规范与行为准则。

许多国家在基于"三权分立"原则而设立的传统监督体系的基础上，纷纷建立了各种专职性的廉政建设机构和大量的道德管理机构，这一方面是为了适应反腐与廉政建设问题的复杂性而出现的，另一方面也主要是由于随着廉政建设所涉及的范围的不断扩大，廉政建设机构设置日益专职化和细化，从事监督的公务员也在不断增多。

总的来看，西方发达国家基于国家与政府的起源与存在合法性以及人民主权原则，以"三权分立"为基础的政治体系设置仍在很大程度上考虑和满足了普通大众的政治参与意愿和公共服务需求。因此，西方发达国家的廉政制度仍有其进步与值得肯定的一面。而且，西方发达国家民主和法制比较完备，有一套较成熟的监督机制和国家文官制度（公务员制度），廉政建设相对

---

[1] ［新西兰］杰里米·波普：《反腐策略：来自透明国际的报告》，王淼洋等译，上海译文出版社2000年版，第6页。

发展中国家来说也要好些。

但是，西方发达国家政权总的目的是保护资本主义私有制，是保护资产阶级的政治统治，其对廉政建设的追求仍是为了资产阶级的利益，正如列宁所指出的那样："在民主共和国，财富是间接的，但也是更可靠地运用它的权力的，它所采取的第一个方法是'直接收买官吏'（美），第二个方法是'政府和交易所结成联盟'。"[1]表现在政治操作方面，在形式上、手段上是"民主的""平等的""自由的"，但在实质、内容、目的上，"财产""金钱"这只无所不在的"手"起着根本的作用。在选举活动、政党活动、议会活动、行政和司法活动中，这只"手"无所不在，并且随着"法律的完备"而在合法的道路上堂而皇之地登上政治和社会生活等各个神圣殿堂。这对统治阶级来说不仅是允许的，而且是必要的。但任何事物都有到达极限的可能，当某些社会阶层采用合法手段不能满足其利益需求时，采用不正当的非法的权钱交易就成为其必然的选择，最完善的法律也可以找出许多漏洞，成为腐败的突破点和生长点。

第二节　廉政制度与腐败

腐败的本质是权力的"越轨"，反腐败是对权力的限制和矫正。国内外规范研究表明，制度反腐契合当代民主政治发展的时代潮流，是对道德、权力、权利与法律的超越与整合。经验研究也证明，制度反腐是现代国家治理的逻辑，也是实践理性的科学抉择。

腐败的本质是权力的"越轨"，反腐也就变成对权力的规制。一般认为，道德、权力、权利与法律是限制权力的四种选择，其中以道德约束权力，强调道德良知、价值信仰、伦理规范、社会舆论之于权力配置与行使的规范作用，或者内化权力道德为自身责任、要求，自觉进行自我监督、约束；或者进行道德法律化，通过法律规则、社会舆论等保障道德准则的制约力。[2]道德约束是集权政治的信条，在人性善的哲学语境中，古人对"贤人政治"的推崇提供了德治生存的文化"土壤"，使人们意识到个体可以通过"修身"

---

〔1〕　列宁：《国家与革命》，人民出版社1971年版，第13页。

〔2〕　陈国权、毛益民："道德制约权力：现实与可能"，载《学术月刊》2012年第2期。

实现自我完善、自我升华、自我克制。作为维护君主专制的重要工具，权力的价值无疑凸显了人的重要，从而对反腐而言，"只有依靠自己和自身的德行才是安全、可靠和长久的"。[1]但历史证明，道德约束的非强制性无法有效解决制权问题，王亚南先生就认为中国历史本质上就是一部腐败史。

为了弥补道德约束的固有软弱，分权论者主张以权力约束权力，认为"要防止滥用权力，就必须以权力约束权力"，[2]从而提倡立法、行政、司法三者间的相互独立与制衡。分权是前提，要求纵向各级政府间、横向不同职权间的权力分配，以规避集权主义的弊端，预防权力寻租。制衡是关键，分权刺激积极性，过度分权则容易"一家独大"，增加决策成本，影响最高权威，且只有制衡才能防止权力滥用与腐败。自提出伊始，分权理论就被民主国家奉为圭臬，尤以美国为最，其设计出"双重分权"体制并付诸实施，有效补齐了体制短板，增强了监督的力量；但美国依然腐败张扬，从而"以权制权"依然不能独立承担起反腐重任。反腐是指"通过制定和实施一系列的法律、法规、规章、政策和具体管理条例来控制腐败"。[3]就其属性而言，在静态层面要求一个完善的、密切关联的制度体系；在动态层面则要严格执行与落实相关制度、规范，做到"有法必依、执法必严、违法必究"。就制度内容而言，既需要一系列规范主体行为的法规、规章、政策等，也需要建构一个合理的制度结构、体制机制。因此，作为一种混合型反腐设计，制度反腐要求作出观念、制度、体制与执行方面的改变。

制度建设是马克思主义建党学说的重要组成部分。邓小平同志多次指出，制度带有根本性、全局性、稳定性和长期性。制度健全可以使坏人无法任意横行，制度缺陷可以使好人无法充分做好事，甚至会走向反面。因此，预防和治理腐败，应当与经济体制改革、政治体制改革和对外开放的步伐相协调，应当注重发挥各环节的依托互补作用。近年来，我们党在廉政建设和反腐败工作中，着力把握制度建设这一关键环节，不断加大治本抓源工作的力度，取得了明显成效。党的十八大确定了新形势下我们党的指导思想、奋斗目标

---

〔1〕［意］马基雅维利：《君主论》，张志伟等译，陕西人民出版社 2001 年版，第 139 页。

〔2〕［法］孟德斯鸠：《论法的精神》（上册），张雁深译，商务印书馆 1961 年版，第 154 页。

〔3〕朱光磊、盛林："过程防腐：制度反腐向更深层次推进的重要途径"，载《南开学报》（哲学社会科学版）2006 年第 4 期。

以及政治、经济、文化建设与体制改革等一系列重大举措。全面贯彻十八大精神，为进一步推进党风廉政建设和反腐败斗争提供了新的机遇和强大动力。我们要以中国特色社会主义理论体系及其最新理论成果为指导，牢固树立全心全意为人民服务的宗旨，坚持立党为公、执政为民这个本质要求，紧紧抓住发展这个党执政兴国的第一要务，按照从严治党的方针，与时俱进，改革创新，把制度建设贯穿于党风廉政建设和反腐败工作各个环节，贯穿于加强教育、发展民主、健全法制、强化监督、创新体制之中，最大限度地遏制腐败现象的产生。一方面，我们要立足国情，深入研究我国改革开放和经济建设中遇到的新情况新问题，认真总结我们在实践探索中积累的行之有效的经验和做法；另一方面，我们还必须放眼世界，注意研究其他国家和地区的廉政制度，开阔我们的视野，拓宽我们的思路，促进我们的工作。

一、腐败的含义

腐败是反腐倡廉理论中的一个基本概念，科学界定腐败概念也是反腐倡廉理论研究的一项基础性工作。目前，国内外学术界对腐败概念还没有一个统一的定义。近年来，大量与腐败有关的词汇出现在众多新闻媒体上，诸如交通腐败、医疗腐败、学术腐败、新闻腐败、足球腐败、彩票腐败、节日腐败、低龄腐败等，给人的感觉似乎是越反腐败，腐败越严重。但细究起来就会发现，与这些词汇有关的事件大多不属于腐败范畴。例如，把出租车司机绕行称为交通腐败，把剽窃他人学术成果称为学术腐败，把小学生班干部接受同学礼物称为低龄腐败等，这些均属于腐败概念的泛化和滥用。其根本原因在于没有准确把握腐败的概念。腐败的概念泛化有许多弊端，它会歪曲整个社会，降低党和政府的威信，动摇我们治理腐败的信心，但最主要的，这种概念上的模糊和混乱会使反腐倡廉工作失去理论基础，长此下去，必将严重影响反腐败斗争的开展。因此，为防止和纠正腐败概念泛化现象，必须科学界定腐败概念。

腐败是一个具有特定含义的政治术语。腐败一词在《汉书·食货志上》就已出现："太仓之粟，陈陈相因，充溢露积于外，腐败不可食。"意指（谷物）发霉、腐烂。这是腐败概念的生物学释义。后来，它被引申到政治领域，成为一个政治术语。晚清时期，小说《女娲石》中就有"腐败官场"的词汇，腐败意指公共权力的滥用；邹容的《革命军》中也有"革命者，去腐败而存良善者也"的语句，腐败亦指社会不良现象。《现代汉语词典》对腐败概念作了具体解释：一是腐烂；二是堕落；三是制度、组织、机构混乱、黑暗。《牛津法律大辞典》解释腐败（corruption）一是指物质腐烂瓦解；二是指道德堕落；三是指公共事务中的滥用职权。此三种含义，就是释义 corruption 的政治术语。在马恩列斯的经典著作中，除了用"腐败"指公权私用以外，还经常用"腐败"来形容和批判封建主义、资本主义制度的腐朽。这里，"腐败"即"腐朽"，意指某种社会制度腐朽没落，必将被新的社会制度所代替。

上述例子涉及腐败作为政治术语的三种含义：一是公共权力的滥用；二是社会不良现象；三是制度腐朽。但是，腐败作为反腐倡廉理论的一个专有名词，却不能同时具有上述多种含义，必须"择其一而为之"。腐败是一种社会不良现象，但不能认为所有社会不良现象都是腐败。腐败和社会不良现象不能画等号，腐败概念在进入政治领域后，随着政治学、社会学等相关学科的发展，越来越远离它的原始含义，而有了特定指向，即指公共权力的滥用。

国外学者和研究机构从经济学、政治学等多种角度对腐败概念进行了研究和界定。美国经济学家 F. A. 哈耶克给腐败下的定义是："腐败乃是那种强迫我们的意志服从于其他人的意志的权力，亦即利用我们对抗我们自己的意志以实现其他人的目的的权力。"美国政治学家塞缪尔·亨廷顿认为，腐败是指国家官员为了谋取个人私利而违反公认准则的行为。美国耶鲁大学政治学和法学教授苏珊·罗斯·艾克曼女士认为："腐败是国家管理出现问题的一种症状。这种症状表现为那些原本用来管理公民与国家之间的关系的机制，却被官员用来达到个人发财致富的目的。"国际货币基金组织将腐败定义为："滥用公共权力以谋取私人的利益。"〔1〕

国内学者对腐败概念的界定也有许多不同观点。中央政策研究室主任、法学硕士，教授王沪宁给腐败下的定义是："公共权力的非公共运用。"马克思主义理论研究专家、北京大学博士生导师田心铭认为，腐败是"为谋取私利而侵犯公众利益，腐蚀、破坏某种现存社会关系的行为"。北京大学法学院教授、刑法学博士生导师杨春洗认为："腐败是指执政党组织和国家机关及其工作人员，包括受其委托从事公务的组织和人员，为满足私欲、谋取私利或局部利益而实施的严重违背纪律和法律，侵犯人民利益并造成恶劣政治影响

---

〔1〕 楚文凯："腐败概念的泛化和界定"，载《中国监察》2005 年第 16 期。

的蜕化变质行为。"

综合上述国内外学者的观点，有两方面的共识：第一，腐败是利用公共权力谋取私利的行为；第二，腐败是侵犯公共利益的行为。从广义上说，腐败是公共权力行使者利用公共权力谋取私利并严重损害公共利益的行为。从狭义上说，腐败是国家权力行使者利用国家权力谋取私利并严重损害国家和人民利益的行为。

二、腐败的特征

随着人类社会的发展进步，腐败也日益表现出多种形式，并且在不同历史阶段和不同的国家地区，腐败的影响程度和对腐败的认识也存在很大的差异。腐败很早就引起了人们的关注，但是对腐败现象做大范围深入的研究，则开始于 20 世纪 60 年代中期。1993 年，罗马俱乐部提出报告，该报告把政治腐败与环境污染并列为 21 世纪两大难题。美国学者布热津斯基 1993 年在《失去控制：21 世纪前夕全球混乱》一书中则断言，21 世纪将出现"腐败大规模蔓延"的现象。当前，随着经济全球化和区域经济一体化的发展，国家间的经济、政治、文化等交往活动日益频繁，腐败问题呈现出新的特点。

一是覆盖领域越来越广。长期以来，腐败问题的重灾区是金融界和经济界，涉案人员为了某些经济利益不择手段。但如今，腐败问题已越来越多地侵入政界、司法界、医疗界，甚至文艺界、体育界、学术界等。例如"政治献金""政要巨贪""法官受贿""吹黑哨"等各种腐败现象五花八门，令人眼花缭乱、目不暇接。总部设在德国柏林的"透明国际"的材料显示，仅全球建筑领域，每年涉嫌腐败的项目总额超过 30 万亿美元。[1]

二是跨国越来越普遍。为了逃避本国法律的制裁，腐败涉案人员早已将行贿资金打扮成贸易、投资等跨国商业活动，安排在境外进行。如今还在审理的德国西门子公司行贿案，迄今已发现的涉案国家约有 10 个，该公司的贿赂支出超过 10 亿欧元。他们利用在海外设空壳公司等手段进行贿赂，而且是单线匿名联系，完成任务后空壳公司便烟消云散。其作案手段十分隐蔽，即使败露，也很难追查出全部案情。正是为了加大对腐败的打击力度，联合国不久前决定在维也纳郊外成立国际反腐败学院，以提高国际社会预防和打击

---

〔1〕　倪邦文："廉政建设的宏观考察"，载《中共四川省委省级机关党校学报》2012 年第 3 期。

腐败的能力。

三是案件越来越快。应该说,在国际横向比较中,德国是属于管理有效、比较清廉的国家。据德国联邦刑警局的统计,2007 年德国警方登记的行贿案件超过 9600 起,比前一年上升了 38%,其中有 1600 多起已立案调查。1997年,德国立案调查的腐败案为 993 起,但自 2005 年以来,每年立案调查的腐败案均在 1600 起以上。德国哥廷根大学反腐败专家奥格拉贝克对德国腐败案件的分析表明,排在受贿人员前 5 位的分别是地方政府官员、大学教育部门、司法执法机构、医疗卫生单位和城建管理部门。每年至少有 200 亿欧元用来维护与医疗卫生单位的关系。相比之下,德国的政界比较干净,在每年数千件腐败案件中,涉及政界的只有 10 多起。专家指出,败露的腐败案仅为实际腐败案的 5% 左右,绝大多数腐败人员仍未受到应有的处罚。

三、廉政制度建设与腐败

列宁在阅读《逻辑学》的时候,深切地感受到,概念是成对出现的,这一认识是非常深刻的。除了日常用语外,一切概念都有着与之相适对应的另一概念存在。与廉政相对应的就是腐败。如果没有腐败,也就无须谈廉政。这是因为,廉政建设是建立在腐败这一事实基础之上的。廉政和腐败是一个问题的两个方面,二者是对立的统一。

腐败是一种社会历史现象,自从人类社会出现了阶级、国家和私有制以后,无节制地滥用政治权力成为各种腐败现象产生和存在的社会根源、制度根源和历史根源。"从最简单的意义上说,腐败是权力的滥用,它常常是为了个人利益或者为了个人效忠的某个集团的利益。它往往是受贪婪、保持或增大自己权力的欲望或者是非法地获取更大利益的信念的驱使。'腐败'这一术语虽然常用以表示政治家和公职人员对公共权力的滥用,但它描述的是一种几乎在生活中每个方面都可以发现的行为方式。"[1]就是说,腐败是一个普遍存在的现象,它出现在意识形态、经济条件和社会发展水平不尽相同的国家中。尽管一些社会相对来说更容易出现腐败并遭受腐败的更大破坏,但当今世界上没有哪个国家能够免受腐败的影响。腐败现象现在已成为社会公众十

---

〔1〕〔加〕里克·斯塔彭赫斯特、〔美〕萨尔·庞德:《反腐败:国家廉政建设的模式》,杨之刚译,经济科学出版社 2000 年版,第 1 页。

分关注的问题，同时也成为一个世界性的痼疾。

从一定意义上说，廉政本质上与反腐败属于同一范畴。廉政和反腐败针对的都主要是公共权力滥用的问题（尽管腐败还包括了社会其他领域的各种形式的腐化堕落现象）。必须指出，廉政不只是反腐败的问题，即不只是要否定坏的，它还有另一个重要内容，就是要肯定，要建设，要大力倡导、弘扬和扶持廉政的正面力量。在现实生活中，人们有时单独使用反腐败或廉政的概念，有时同时使用反腐败和廉政的概念。例如，国际反腐败风暴、《联合国反腐败公约》《欧洲委员会反腐败刑法公约》《美洲反腐败公约》《非洲联盟预防和打击腐败公约》等国际或地区性反腐败文件以及澳大利亚和中国香港地区设立的廉政署。"透明国际"每年发布一次《全球反腐败报告》来衡量世界各国和地区的腐败状况，它是以清廉指数和行贿指数构成的腐败指数来进行评估的。在我国，反腐败和廉政建设经常是连在一起使用的，2010 年 12月我国国务院新闻办公室发布了《中国的反腐败和廉政建设》白皮书。更多的时候，我国是使用"反腐倡廉建设"这一较为简洁的概念。

研究廉政制度首先必须研究反腐败，反腐败和预防腐败是研究廉政制度创新的前提和基础。恩格斯曾说："不论在自然科学或历史科学的领域中，都必须从既定的事实出发。"[1]腐败现象是现实社会中的"事实"，事实具有个别性、可复核性、精确性和可知性的特点。廉政建设研究正是基于这样的"事实"，为研究"事实"而形成一整套概念、原理、策略等体系。

从中国历史上治乱兴衰的社会变迁看，腐败是导致社会动荡、政治混乱的基本原因，只有实行廉洁政治，才能变"天下大乱"为"天下大治"。确如黄炎培先生所说，历史上哪一个政权都没有跳出"其兴也浡焉，其亡也忽焉"的周期率，其中一个主要原因就是掌权者的腐败。自我国历史上第一个朝代夏朝开始，统治者的腐败便如影随形，直到最后一个封建王朝清王朝，无不如此。一般地说，新上台的统治者经历过政权更迭，知道腐败的危害，比较注意防治腐败，更倾向推行廉洁政治。因而在其治下，社会安定，经济发展，百姓的日子也过得相对好些。等到执政日久，天下太平，统治集团中就会有越来越多的人开始享受腐败这个"带毒的蜜饯"。腐败行为愈演愈烈之后，必然是"民怨载道、社会动荡、政权垮台"。可以说，腐败的潮涨潮落，

---

〔1〕《马克思恩格斯选集》（第 20 卷），人民出版社 1972 年版，第 387 页。

是导致国家的大乱与大治的重要原因。习近平在十八届中央纪委三次全会上发表重要讲话强调，腐败是社会毒瘤。如果任凭腐败问题愈演愈烈，最终必然亡党亡国。我们党把党风廉政建设和反腐败斗争提到关系党和国家生死存亡的高度来认识，是深刻总结了古今中外的历史教训的。中国历史上因为统治集团严重腐败导致人亡政息的例子比比皆是，当今世界上由于执政党腐化堕落、严重脱离群众导致失去政权的例子也不胜枚举啊！[1]

从现实社会矛盾的分析看，腐败是影响政治安定、社会和谐的一个基本原因，只有实行廉洁政治，才能有效化解诸多社会矛盾，实现长治久安。中国共产党始终坚持立党为公、执政为民的执政宗旨，实行正确的治国理政的路线方针政策，我国政局稳定、社会安定、人民安居乐业。在此基础上，经济社会发展取得巨大成就，人民生活水平不断提高。但是不容否认，也发生过社会矛盾激化的问题，对我国政权的巩固和社会稳定产生了严重影响。邓小平同志曾明确指出："出这样的乱子，其中一个原因，是由于腐败现象的滋生，使一部分群众对党和政府丧失了信心。""不惩治腐败，特别是党内的高层腐败现象，确实有失败的危险。"要实现国家的长治久安，必须始终坚持"反对腐败，搞廉洁政治"。

其一，腐败会使党的性质发生根本改变，使国家的长治久安失去领导核心、中流砥柱。中国共产党是马克思主义执政党，是中国特色社会主义事业的领导核心。党的性质决定了党不谋求任何私利，一切工作都是为人民服务；党具有强大的领导力量和高超的领导智慧，能够带领中国人民走向富裕、文明、民主、进步，实现国家长治久安。但是，如果腐败现象滋生蔓延，必然会摧毁党的先进思想、正确路线和牢固组织，最终在事实上改变党的性质。假如执政的共产党变质了、垮台了，哪里还会有社会主义中国的长治久安？

其二，腐败会使人民的正当权益受到侵害，引发人民群众的强烈不满，造成社会不稳定甚至带来社会动荡。近年来，一些地方的矛盾激化乃至群体性事件时有发生。这些问题有着复杂的原因和多种表现形态，但不少与当地某些干部的腐败直接相关。如果群众上访、告状不断，群体性事件不断，正常的生活秩序、工作秩序、社会秩序被打乱，哪会有长治久安？

---

〔1〕 习近平：《在第十八届中央纪律检查委员会第二次全体会议上的讲话》（2013 年 1 月 22 日）。

其三，腐败会使社会公平正义和道德规范受到践踏，使国家的长治久安失去基础。腐败像病毒一样腐蚀干部群众的思想和作风，严重败坏党风和社会风气，严重冲击社会的公平正义和公众的法律信念，使公众对法律、制度的公正性、严肃性产生怀疑。如果公平正义和道德规范被破坏了，国家长治久安的基础不就没有了吗？

社会腐败之风，固然与某些政府官员的思想、道德及作风有关。然而，如果腐败之风屡禁不止，愈反愈烈，这就与制度高度相关了。"制度好可以使坏人无法任意横行，制度不好可以使好人无法充分做好事，甚至会走向反面"，[1]实际上，当前的腐败主要是制度性腐败。腐败现象产生的主要根源在于制度缺陷，即市场经济转型期的制度缺陷。因此，科学地探索腐败现象的深层次问题，分析其现实基础和社会根源，充分认识反腐败斗争的长期性、艰巨性和复杂性，从而采取相应的制度化对策，才能收到切实有效的成果。

根据新制度主义理论，"制度是一个社会的游戏规则，更规范地说，它们是为决定人们的相互关系而人为设定的一些制约。制度构造了人们在政治、社会或经济方面发生交换的激励结构，制度变迁则决定了社会演进的方式，因此，它是理解历史变迁的关键。"[2]这种制约规定了人们可以从事何种政治活动、采用何种政治行为、形成怎样的政治关系，并且其对人们的政治观念也能产生形塑作用。在后发展中国家，受历史遗产因素的限制，廉政制度资源严重不足，廉政制度的供给与需求之间存在巨大差距，腐败现象据此得以滋生蔓延。因此，对后发展中国家来说，廉洁政治建设与现代国家治理是同步的，前者是后者的必要内容，后者规定前者的基本方向，二者都需要采纳新的制度发展策略来重构原来的制度体系。现代国家治理是一个漫长的制度变迁过程，涉及政治、经济、文化、社会等方面的制度建设，当然也包括廉政制度的设计和创新。正如西方学者所言："抑制腐败是一项长期战略，它既要改变人们的态度和行为，也要变革社会的机构制度。抑制腐败不仅仅是伦理与道德方面的问题，它还关系到良好的政府管理和有效地利用公共资源服

---

〔1〕《邓小平文选》第二卷，人民出版社1983年版，第293页。

〔2〕［美］道格拉斯·C.诺思：《制度、制度变迁与经济绩效》，杭行译，上海三联书店1994年版，第3页。

务于大众利益。"[1]

第三节 廉政制度与政治

为政清廉是影响一个政府存在的至关重要的因素。反腐倡廉，建设廉洁政治成为各国政府和政党面临的共同难题，也是当前我国政治建设的重点和努力方向。中共十八大报告强调："要坚持中国特色反腐倡廉道路，坚持标本兼治、综合治理、惩防并举、注重预防方针，全面推进惩治和预防腐败体系建设，做到干部清正、政府清廉、政治清明。"[2]"干部清正、政府清廉、政治清明"三者构成了廉洁政治自身完整的内在逻辑，建设廉洁政治的目标就是要做到"干部清正""政府清廉""政治清明"。十八届三中全会公报提出"坚持用制度管权管事管人，让人民监督权力，让权力在阳光下运行，是把权力关进制度笼子的根本之策"，廉政建设下一阶段的任务应回归和上升到廉洁政治的制度建设层面来。党的十八大报告中提出的这一政治建设新目标，彰显出我们党坚定不移反腐倡廉的鲜明立场。

一、廉洁政治是现代政治文明的内在要求

廉洁政治一直以来都被人类视作国家的政治生命而孜孜以求，它不仅是世界上文明国家执政党一以贯之的政治立场，更是当今中国共产党不懈追求的奋斗目标。党的十八大在党的历史上首次把建设廉洁政治明确写入党代会报告，这一做法不仅体现出中国共产党对全体人民的庄严承诺，更是一种高度负责的政治担当。

从现代国家治理角度来看，廉洁政治是一种政治设计。"政治设计是在一定的社会历史条件下，历史主体依照一定的历史经验与政治传统，以某种理想政治目标为依归，对社会进行以理念创设、制度安排、组织建构为主要内

---

[1] [加] 里克·斯塔彭赫斯特、[美] 萨尔·T. 庞德：《反腐败——国家廉政建设的模式》，杨之刚译，经济科学出版社2000年版，第8～9页。

[2] 2012年11月4日中国共产党第十七届中央纪律检查委员会第八次全体会议公报提出"坚决反对腐败、建设廉洁政治""做到干部清正、政府清廉、政治清明"。同年11月8日，胡锦涛在中国共产党第十八次全国代表大会上作报告再次重申上述要求，并将"坚决反对腐败、建设廉洁政治""做到干部清正、政府清廉、政治清明"正式载入十八大报告中。

容的政治构想、政治筹划、政治创制及其理论形态。"〔1〕政治设计属社会工程的一部分，其核心是制度安排。廉洁政治设计具有历史继承性，传承了人类社会对理想政治生活状态及其图景的期望和向往。亚里士多德的"理想城邦"、柏拉图的"理想国"、莫尔的"乌托邦"、孟德斯鸠的"三权分立"、马克思的"廉价政府"、透明国际的"国家廉政体系"以及中国的"惩治和预防腐败体系"等，无不蕴含着廉洁政治设计理念，代表了不同时期的人们对于"廉洁政治"这一政治图景的共同追求。从政治设计角度来说，廉洁政治不仅以政治理想和理论的形式存在，体现人类精神生产的成果，而且以实实在在的设计工作和制度成果的形式存在，是一项具体的廉政工程。廉洁政治设计所体现的是人类的理性追求，人们力图探究廉洁政治的内在本质和发展规律，建构起符合现实发展的廉政工程。这个廉政工程的建设让人们对廉洁政治的发展充满信心，并与政治体系之间建立信任关系，进而主动维护政治秩序和政治合法性。但是，我们必须注意到，廉洁政治设计不是对原有廉政制度体系的修补，而是在原有廉政制度体系的基础上进行顶层设计，综合考虑和规划廉洁政治的发展框架和路径，寻求实现政治和谐之路。廉洁政治设计必须考虑具体的国家发展情况，把设计思路立基于政治发展现实和社会廉洁需求。对于当前的中国社会来说，进行科学有效的廉洁政治设计是一项紧迫的时代任务，政治体系的存续、政治信任的维系、政治共识的形成等在很大程度取决于能否实现廉洁政治设计。可以说，廉洁政治设计的质量决定了中国特色反腐倡廉道路的发展方向和基本成效。从这个意义上说，廉洁政治建设具有政治合法性意蕴。

廉洁政治是一种价值取向。价值是社会生活的内在深层结构。政治是对公共价值的权威性分配，政治的功能在于运用公共权威协调政治共同体内部的利益关系，合理有效地分配公共利益和公共资源。公共价值分配问题直接关系到政治稳定和秩序，处理不当，会引发利益冲突，进而损害政治合法性和权威性。公共价值分配要实现正义和公平，其基础和标准在于价值分配程序和行为的廉洁性。在这里，程序是静态的，行为是动态的，二者都只有保持廉洁性，才能保证分配结果的公信度。人们之所以追求廉洁政治，其目的在于实现公共价值包括公共利益和公共资源分配的公平，保障自身的合法权

---

〔1〕 秦德君：《政治设计研究》，上海社会科学院出版社2000年版，第16页。

益不受到损害。因而，廉洁是政治生活的基本价值，反映了政治文明发展的基本价值诉求。廉洁政治内在的逻辑结构是价值性的，代表了政治建设的基本方向和评价标准。就基本方向而言，廉洁是政治建设的内在本质，要求贯穿于政治建设过程和人类政治发展过程；就评价标准而言，"这套价值体系提供了人们行为评价的标准，它会告诉我们，什么是值得追求的，什么是应当反对的，什么是可以许可的；以它为基础，形成社会生活的基本理念和组织安排的基本原则。"〔1〕廉洁是评判政治建设的重要标准，政治建设是否成功，要看其是否捍卫了廉洁价值、达到了廉洁目标。在现实生活中，为什么人们质疑社会分配结果，怀疑其缺乏公正性，一个重要的原因在于分配过程和行为处于暗箱操作状态，人们无法获知分配决策的价值取向是私人化的还是公共性的。因此，建设廉洁政治不仅要实现政治本身的清明，而且要实现政治行为的廉洁，实现政治价值取向的公共性。廉洁政治作为一种价值取向，无疑会为政治建设提供基本的发展方向。

廉洁政治是一种实践状态。廉洁政治是变化发展的，是随着人类社会的实践而发展的，其在不同时代具有不同特征。与此同时，"全部社会生活在本质上是实践的。"〔2〕廉洁政治本身是实践的，依赖实践来取得存在空间和拓展发展领域。实践状态其实是廉洁政治设计的实践化和廉洁政治价值的具体化，是实现廉洁政治目标的必然选择。与此相适应，作为一种实践状态，廉洁政治不能仅仅停留于空洞的观念或理想形态，而必须进入实践领域，演化成廉政治理并产生廉政绩效。否则，廉洁政治将成为另一类"乌托邦"，也难以获得公众信任。因此，建设廉洁政治的关键在于廉政实践，即把廉洁政治实践化为具体的廉政制度、廉政组织、廉政行为和廉政技术等，并通过这些内容的具体建构和应用来实现廉洁政治目标。廉洁政治的实践基础在于廉政参与，即要考虑社会公众对于廉洁政治的利益需求、心理预期和集体行动，让社会公众成为廉洁政治建设的重要主体。从实践角度来看，建设廉洁政治需要从实际出发，解决现实的廉政问题，这离不开如何科学规范权力、利益、权利之间关系的问题，也离不开如何对待社会公众的廉政参与等问题。在现实生活中，廉洁政治建设之所以遇到这样或那样的阻碍，除体制机制因素外，还

---

〔1〕 燕继荣：《政治学十五讲》，北京大学出版社 2004 年版，第 67 页。

〔2〕 《马克思恩格斯选集》（第 1 卷），人民出版社 1995 年版，第 56 页。

与我们的实践技术和路径存在不适应性相关。可以说，廉洁政治建设的成败与否，都需要通过实践来检验，实践也是廉洁政治设计变成现实的必由之路。我们重视实践状态的廉洁政治，其要旨在于强调建设廉洁政治是可行的，其关键要看政治主体是否具有明确的建设思路、路线设定、任务规划和执行。总之，实践状态是连接廉洁政治设计与政治价值取向的平台，让二者相互支持和促进，从而为廉洁政治建设开辟道路。

二、廉洁政治是实现国家长治久安的必要条件

腐败作为一种社会现象，古今中外，概莫能外，特别是在社会转型时期——比如英国工业革命和美国独立战争以后——也曾出现较大规模的腐败现象。当今世界190多个国家和地区，有腐败现象的占大多数，但也确实有非常廉洁的政府，或者是轻微的腐败，甚至有被称为"零腐败"的北欧部分国家。我国的香港地区也被政治学专家们划入"零腐败"序列。

处在"后现代化"时期的中国，在社会转型期也未能"脱俗"。习近平总书记指出：大量事实告诉我们，腐败问题愈演愈烈，最终必然会亡党亡国。我们要警醒啊！这就要求我们必须从实现国家长治久安的高度，把"反对腐败、建设廉洁政治"作为始终不变的治党方针、治国大略，切实贯彻落实到治国理政的实践中去。

党的十八大报告强调，"要坚持中国特色反腐倡廉建设，坚持标本兼治、综合治理、惩防并举、注重预防方针，全面推进惩治和预防腐败体系建设，做到干部清正，政府清廉，政治清明"。"建设廉洁政治"和"三清"目标都是第一次出现在党的代表大会报告中，体现了党从更高的站位、更宽的视野，对反腐倡廉建设提出了更高的要求。建设廉洁政治，就是要把反腐倡廉建设放在社会政治文明大局中筹划，在经济社会发展全局中体现，在党风廉政建设和反腐败斗争中落实。"三清"的提出具有很强的现实意义，是我们党根据人民群众的新要求、新期待，对反腐倡廉建设提出的战略性目标，有利于回应社会关切，振奋人们战胜腐败的信心和决心，坚定人们反腐败、与消极腐败作斗争的耐心和恒心。

廉洁政治是一个总体目标，这个目标是由若干子目标构成的。一般来讲，政治管理系统由三个基本要素构成，政治权力执掌者即所谓的公职人员，公共权力部门即政府及部门，管理过程即权力运行。因此，廉洁政治的总目标

要由实现三个子目标来达到，即实现清正的公职人员，廉洁的政治机构和公正透明的政治运作过程。"三清"是廉洁政治总目标的子目标和基本组成部分，也是实现廉洁政治的主要途径、措施和表现。三者的有机结合，构成了廉洁政治的完整系统。

做到干部清正、政府清廉、政治清明，是实现廉洁政治的重要内容和必由之路。"廉洁"在本义上包含了清正、清廉、清明的表述，三者缺一不可。其中，干部清正是建设廉洁政治的基础。清正是党员干部做人立业之本，每一个共产党员都应以廉为荣、以贪为耻，慎待、慎用人民赋予的权力。干部清正是建设廉洁政治的微观基础，着力解决个体廉洁问题。政府清廉，是建设廉洁政府的关键。清廉，是人民政府的本质属性，要把清廉要求与公共权力行使相结合，实现政府服务的公正性。政府清廉是建设廉洁政治的主要内容，着力解决组织廉洁问题。政治清明是建设廉政政治的核心。清明是人民群众对政治生活的现实期待，要把清明的要求作为每一项政治事务的基本规范。政治清明是建设廉洁政治的宏观价值，着力解决制度廉洁问题。

制度建设是反腐倡廉建设的治本之策。中国共产党从诞生之时起，就立志于民族独立解放、人民当家作主、社会发展进步，把实现中华民族伟大复兴和国家长治久安作为奋斗目标。党执政以后，不论是建立社会主义经济制度、政治制度，还是改革开放、推进社会主义现代化建设，归根结底都是为了实现这个目标。长治久安是最广大人民的根本利益所在。实现国家的长治久安需要很多条件，其中最不可或缺的必要条件，就是"反对腐败、建设廉洁政治"。

建设廉洁政治是党一贯坚持的鲜明政治立场。我们党自成立之初，就把"保持廉洁，反对腐败"庄严地写在自己的旗帜上。1939 年，陕甘宁边区政府就明确提出，要"发扬艰苦作风，厉行廉洁政治，肃清贪污腐化"。1947年，毛泽东同志明确提出，要"废除蒋介石统治的腐败制度，肃清贪官污吏，建立廉洁政治"。新中国成立后，为保持党和新生政权的纯洁性，我们党领导开展了"三反""五反"等运动，推进廉洁政治建设。改革开放以来，邓小平、江泽民同志都强调"反对腐败、搞廉洁政治"。进入 21 世纪，胡锦涛同志在党的十六届中央纪委二次全会上深刻指出，既要通过加强社会主义政治文明建设来推进党风廉政建设和反腐败工作，又要通过做好党风廉政建设和反腐败工作来推进社会主义政治文明建设，为改革开放和社会主义现代化建设提供有力的政治保证和法律保障。党的十八大报告指出，要坚定不移反对腐败，永葆共产党人清正廉洁的政治本色。这一系列重要论述和加大反腐力度措施，表明建设廉洁政治是我们党的一贯方针和孜孜以求的奋斗目标。

制度建设是干部清正的有力保障。干部的廉政风险源自其掌握的权力。干部要做到正确、规范使用权力，仅仅依靠自律是不够的。反腐败斗争的实践证明，制度更带有根本性、全局性、稳定性和长期性。正如邓小平同志所指出的，"制度好可以使坏人无法任意横行，制度不好可以使好人无法充分做好事，甚至会走向反面"。因此，必须坚持从实际出发，建立一套功能完备、运行有效的制度体系，对过于集中的权力，进行科学的分权限权；对风险等级较高的权力点，加强监督。同时，加强反腐倡廉教育和廉政文化建设，把秉公用权、廉洁从政教育贯穿于干部培养、使用和管理的全过程，使干部深刻认识权力的来源、权力的本质和权力使用的规则，打牢廉洁从政的思想政治基础，用思想上的清醒保证用权上的清醒，确保广大干部清正廉洁。

制度建设是政府清廉的必然要求。"公生明、廉生威"，清廉是政府公信力的基石。如果不能有效遏制和解决腐败问题，政府就会失去公信力。法律制度赋予了政府管理社会事务的职责，同时也规定了政府的权限。只有坚持用制度管权管事管人，把权力关进制度的笼子里，才能从源头上消除滥用权力、以权谋私、权力寻租的可能性。因此，实现政府清廉，须建立系统、科学、完备的制度体系，界定权力边界，规范权力运行，确保决策权、执行权、监督权既相互制约又相互协调，既有力维护行政秩序、规范行政行为，又有效降低行政成本、提高行政效率；依靠制度引导和保护人民群众对政府工作的监督，进一步激发人民群众的主体意识、责任意识，促使领导干部严格按制度办事，不断提高政府的公信力和执行力。

制度建设是政治清明的根本途径。纵观古今中外历史，政治清明的国家和朝代大多具有高效完备的制度体系。"问渠哪得清如许，为有源头活水来"。不断完善、不断健全的制度体系，就是政治清明的"源头活水"。从根本上说，有效防治腐败、实现政治清明，必须通过制度建设科学配置权力，确保权力运行公开、透明、规范。应进一步提高反腐倡廉制度的科学性和系统性，注重抓好法规制度的系统配套，特别是注意保持制度建设与反腐倡廉决策、法规的有机统一，保持上下位制度和同位阶制度之间的衔接匹配。既重视基本法规制度建设，又重视具体实施细则完善；既重视实体性制度建设，又重视程序性制度配套；既重视中央立法，又重视地方立规，做到统筹兼顾、系统推进，从而保证反腐倡廉制度行得通、管得住、用得好。

中共中央总书记习近平在当选后的首次亮相中就以"打铁还需自身硬"表露了反腐的决心，而在两天之后，十八届中共中央政治局第一次集体学习时，习近平又以"物必先腐，而后虫生"来警示大家。他说，近年来一些国家因长期积累的矛盾导致民怨载道、社会动荡、政权垮台，其中贪污腐败就是一个很重要的原因，大量事实告诉我们腐败问题越演越烈最终必然会亡党亡国，我们要警醒。他进一步表示，对一切违反党纪国法的行为都必须严惩不贷，绝不能手软。习近平指出，坚决反对腐败，防止党在长期执政条件下腐化变质，是我们必须抓好的重大政治任务。反腐败高压态势必须继续保持，坚持以零容忍态度惩治腐败。对腐败分子，发现一个就要坚决查处一个。要抓早抓小，有病就马上治，发现问题就及时处理，不能养痈遗患。要让每一个干部牢记"手莫伸，伸手必被捉"的道理。"见善如不及，见不善如探汤。"领导干部要心存敬畏，不要心存侥幸。习近平在中国共产党第十八届中央纪律检查委员会第三次全体会议上发表重要讲话。他强调，坚持党要管党、从严治党，强化党对党风廉政建设和反腐败工作统一领导，强化反腐败体制机制创新和制度保障，加强思想政治教育，严明党的纪律，坚持不懈纠正"四风"，保持惩治腐败高压态势，努力取得人民群众比较满意的进展和成效。

中国改革已经到了攻坚阶段。一些深层次的改革能否取得实质性推动，未来5年是关键。中国改革作为前无古人后无来者的伟大事业，其持续推进需要天时、地利、人和等诸多条件的综合保障。当前，十八大已为廉政建设指明了新的发展方向，人民群众对于反腐倡廉事业也寄予了很高的期望，应当说天时地利人和诸项条件均已具备。党和国家应抓住历史机遇，积极推进诸如纪检监察工作体制改革、官员财产公开等深层次改革，努力开创廉政建设新格局，确保国家的长治久安。

三、廉洁政治的制度建构

当前反腐倡廉、建设廉洁政治应该把"三清"作为具体的目标路径，扎实地从廉政建设的"教育、预防、监督、惩处"四个具体环节出发，分领域、分步骤、分层次的针对腐败现象，通过建章立制，不断完善廉洁政治的制度体系建设。

1. 建设干部清正

纵观古今中外的社会发展史，官德建设与政治秩序之间有着紧密的联系。在古代的中国，儒家传统的"内圣外王"之学使以官僚阶层为主导的道德儒士阶层，在担负着传承和弘扬儒家文化的使命的同时，还担负着"道统"传承的责任，即以他们自身的道德人格风范引导民众和社会的道德风尚，从而规范与引导现实政治秩序和社会伦理秩序。目前针对当前干部精神领域的诸多问题，要突出共产主义理想和信念教育、全心全意为人民服务的宗旨教育、艰苦奋斗、勤俭节约的精神教育等内容。在新时期，自上而下各级领导干部要以身作则，严格要求自己，形成更具影响力的榜样作用。

针对当前部分官员行为严重偏离人民公仆身份的做法，当前迫切需要在预防环节完善和制定几项具体制度安排。一是限制高级官员特权。高级官员位高权重，更容易滋生腐败，对其特权的限制也就有相当的难度。消除现有官员身后隐含的特权，需要在认真研究当前官员特权现象的基础上，充分借鉴其他国家经验教训，完善相关的法律法规。二是倡导财产申报。掌握公共权力的公职人员，极易借助个人职权获得非法收入，产生腐败。为使其收入公开透明，避免徇私枉法现象的滋生，很多国家制定了财产申报制度，从财产的来源方面约束公职人员的行为。

当前中国主要存在三大反腐机构——党的内部监督机构，即纪律检查委员会、政府系统的监察机构和隶属于司法机关的反贪污贿赂局。但毋庸讳言，这种三家并立的反腐构架也存在很大程度上的弊端。为了消除上述弊端，使腐败现象得到强有力的遏制，我们认为一种方案可以建起具有统一、独立、权威、专门特性的廉政机构，独立专门负责防腐惩腐工作；另一种可行的方案是大力整合现有的各种资源，建立以纪检监察为领导核心的，预防腐败局、审计局、反贪局等多部门合作参与的工作协调机制，并不断丰富和完善相应的协调会议制度、检查督办制度、协作办案制度和信息反馈和情况通报制度等内容。[1]

世界各国对行政处分的规定各不相同，但一般而言都是从轻到重梯次惩戒，主要类型有行政处罚和经济处罚。相对于纳入刑法的腐败行为，纳入行政法的腐败行为，通常是那种程度比较轻微的滥用职权行为，这类行为对社

---

〔1〕 项继权、李敏杰："论廉洁政治的制度基础"，载《理论与改革》2014 年第 3 期。

会的影响较轻，如对公共权力的侵犯，以及对行政道德的违背。当前，作为国家权力之一的行政权日益膨胀，涉及生活的方方面面。因此，需要对那些暂时达不到刑法判决要求的腐败行为进行制约。在实践生活中，越来越多的行政处罚手段，与传统的刑法处罚手段相比，日益成为制约腐败行为的惩处手段。

2. 建设政府清廉

为政清廉是影响一个政府生存的至关重要的因素，建设清廉政府，政府需要加强廉洁、高效、限权思想的培养。当前应在政府机构内部广泛地宣传和建立廉洁的思想，使社会主义制度下的政府机构重新回归到为人民服务、毫无私利的本质。效率从来是和成本相互关联的。没有有效的成本约束观念和制度保障，与政府机构谈效率仅仅是一句空话。这一点，在新中国成立后的人民公社时代暴露无遗。随着公民社会的崛起，政府、市场、社会日益成为一个功能互补的治理体系，面对着来自社会内部的挑战，淡化行政主导一切的政府霸权意识，不断调整政府传统的优越傲慢姿态，成为当前政府管理的必然选择。

针对政府的预防环节，当前一是需要科学设置政府组织和结构。继续推进大部制改革。按照精简效能的组织原则，预防高度集权、职能部门庞杂、职位人数超标、机构设置不合理等问题；二是需要强化政务公开。政府信息公开程度和公民获取政府信息的便捷程度都是评估一个国家政府清廉度的重要指标。"没有信息就不会有问责……人民能够获得信息，对于一个国家廉政体系来说至关重要。"[1]三是需要完善廉政审计。当前要不断完善"各级党委和政府应当建立健全经济责任审计情况通报、审计整改以及责任追究等结果运用制度，逐步探索和推行经济责任审计结果公告制度。"[2]在政府清廉的监督环节，一是建立和完善司法审查和违宪审查。针对当前行政权力不断强化的趋势，要遵循权力制约的路径和逻辑，从制度上加强立法权、司法权对行政权力的监督，二是充分发挥媒体的监督。由于媒体在当今社会中的广泛影

〔1〕〔新西兰〕杰瑞米·波普：《制约腐败——建构国家廉政体系》，清华大学廉政研究室译，中国方正出版社2003年版，第161页。

〔2〕中共中央办公厅："党政主要领导干部和国有企业领导人员经济责任审计规定"，载 http://www.china.com.cn/policy/txt/2010－12/09/content_ 21506779. htm，2014年4月19日访问。

响力，有些国家甚至称媒体为"第四种权力"。通过媒体曝光等方式，在新闻媒体上能够开展各种形式多样的反腐倡廉活动。特别是通过公开批评政府的腐败行为，能够使政府引以为戒，提高对反腐败工作的认识。

政府、社会、个人三者之间的矛盾一直是政府权力运作中面临的主要问题。因此，面对政府当前出现的腐败现象，要对政府自身权力进行有效的监管，通过立法等手段规范政府行为、取消当前政府享有的各种特权、建立有限政府。要按照小政府大社会的行政改革目标，通过法律等手段，对政府机构进行调整，对政府行为进行制约。同时，还要进一步淘汰和分流政府富余人员，依法对行政编制人员进行管理。从而减小腐败发生的动力，降低政府腐败的程度。

3. 建设政治清明

建设政治清明，首先，需要从教育环节培育民主、公正、法治的精神。专制体制下也不乏所谓的明君和名臣，但是，由于专制制度自身的体制性问题，最终却无法阻止腐败的蔓延和帝国的崩溃。民主政体下，国家不再是一人一家之私产，所有的腐败行为，都是对人民主权的直接或者间接侵犯。[1]当代著名的政治哲学家罗尔斯明确指出，"公正是社会制度的首要价值"，[2]康德也认为"公正法则是确保社会和平与和谐的必要而充分的条件"。[3]因此，当前要把公平正义等作为立法的基本价值取向，不断完善以宪法为基础的社会主义法律体系，通过培养人们的法治观念，建设遵法守法的政治氛围。

其次，要严格规范政党、加强新闻自由、促进公民参与。依法治党的问题是一个全球性的普遍问题，历史证明，执政党的腐败现象是危及执政党内部团结、导致执政党失去政权的直接原因。在当前阶层多样化、利益多元化背景下，必须对政党腐败保持高度的警觉。媒体的舆论监督个受地域、行业、领域的限制，可以对社会进行全方位扫描，并且干预迅速、社会成本低。政治过程是公权力的运作过程，也是参与其中的各种政治行为者的互动过程。要拓宽公民参与反腐败的渠道，使公民对政策的制定享有更多的"知情权"。

再次，加强对政治领域权力运用的制约和监督，是人类政治发展史当中

---

〔1〕　任建明：《反腐败制度与创新》，中国方正出版社 2012 年版，第 12 页。

〔2〕　［美］约翰·罗尔斯：《正义论》，何怀宏等译，中国社会科学出版社 1988 年版，第 5 页。

〔3〕　宋希仁：《西方伦理思想史》，中国人民大学出版社 2004 年版，第 339 页。

的一个永恒主题。为此，也要进一步改革和完善行政体制，按照"结构合理、配置科学、程序严密、制约有效"的要求，建立健全决策权、执行权、监督权既相互制约又相互协调的行政体制和运行机制。此外，要着力加强党的监督，加强政协的民主监督，使舆论监督、公民信访等体现人民群众直接监督和国家机关的监督形成合力，形成一个程序严密、制约有效的权力制约机制。

最后，现代政治是政党政治，政党在政治生活中发挥着重要作用。世界各国政党为约束党员行为，都有相应的纪律和惩处制度与措施。当前需要坚持"零容忍"的反腐理念，进一步完善《中国共产党纪律处分条例》和《行政机关公务员处分条例》的配套规定；健全对党的机关、人大机关、政协机关、民主党派机关公务员的纪律处分规定，制定对事业单位工作人员和国有企业人员的纪律处分规定；通过进一步规范纪检监察机关与检察机关相互移送案件工作，提升纪检工作法制化水平。

廉政建设是一个涉及政府内外部多元主体的系统工程。政府内所有与腐败问题有重大利害关系的部门如行政部门、公务员系统、调查机关、检察机关、法院系统、教育部门、信息部门以及易腐败的关键性部门如海关、采购机构、税收系统和地方政府；政府之外的市民社会、宗教领袖、私人部门、法律、审计、会计、卫生和教育等领域的相关职业团体，以及消费者利益代表团体等。区别于传统的廉政建设主体的单一化与线性监督体系，目前世界多国的廉政建设都呈现出多元化主体所形成的全方位、系统化的监督网络。随着治理理念的出现与发展，具有强大能量的社会力量被大量释放出来进而进入到公共领域，加速了廉政建设过程的开放性。目前，在世界各国的廉政建设体系中，非政府组织、企业、新闻媒体以及公民个体在加强自律的同时，都纷纷将焦点集中于公共领域中公共权力的行使过程。诸多社会力量的不断壮大与发挥作用，对各国政府及其公职人员的廉洁从政都具有重要的监督作用。

总之，反对腐败、建设廉洁政治，是各国人民普遍的愿望，也是各国政府和政党面临的共同课题。在国际化、全球化的今天，中国的反腐倡廉也离不开与国际的交流与合作。只有相互借鉴、取长补短、相互支持、共同努力，才有可能彻底扫荡政治生活中的污泥浊水，真正打造清廉政府，实现政治清明，建设民主、法治和文明的社会。

第四节　廉政制度的实践与操作

"天下之事，不难于立法，而难于法之必行"。反腐倡廉，建设廉洁政治成为各国政府和政党面临的共同难题，制定好的反腐倡廉制度不容易，把这些制度落实好则更难。制度建设的成效如何，最终取决于制度的执行力。各国的实践证明，健全完善制度固然需要加大力度，但强化制度执行力的检查考核、适时评估更为重要。

一、廉政制度的实践与操作是一个社会建构的过程

参照英国社会学家安东尼·吉登斯的结构化理论（Giddens' Structuration Theory），制度与人类活动之间存在着互相制约与影响的建构关系，同理，廉政制度是一个人类建构物，其与公共领域的人类活动有着互相建构的作用，是一个社会建构的过程。

一方面，廉政制度是作为约束一个社会共同体内各成员的工具而建构出来的，其目的往往是实现社会成员的组织化、确保廉洁政治，从而提高其公务活动的效率和效果。廉政制度是由具有特定职权的人来制定和设立的，用来迫使公职人员适应廉政现实的需要，并对其职务行为进行规范与约束。因此，廉政制度作为一种独立于公职人员的客观存在物，其在客观上要求公职人员根据相关制度的轨道进行，否则就会受到公共权力机关中负责监督制度实施的组织机构的惩处。例如，法国有国会行政监察制度、行政法院、行政调解专员制度和关于兼职受礼申报制度，英国有议会行政监察制度、议会行政监察专员制度、地方行政监察专员制度、行政裁判制度、官员接受礼品、宴请和防止贪污制度以及其他行政监察专员制度等，联邦德国有专门的联邦宪法法院、行政法院、惩戒法院及其他专职法院、议会申诉监督制度和禁止兼职受礼贪污的规定，日本有国会行政监察制度、行政对话制度和行政审议会制度，而美国的有关规定就更多了，包括国会行政监察制度、监察长制度、行政监察专员制度、行政法官制度、独立检察官、政府道德署、检举控告及保护制度、财产申报制度、官员受礼、游说和防止贿赂制度等。发达国家的这些关于防止腐败的规定，经过长期的实践和强化，在政府官员心目中留下了深刻的印象，这样一来，就可以有效防止因为不了解制度和规定或因为无

章可循而导致的贪污腐败。另一方面，公共领域中人的行为对廉政制度也有着建构与影响的作用，直接或间接地影响着制度实施的效果和制度的创新与变迁。虽然廉政制度作为一种制度设计是客观存在的，公职人员作为一个具有主体能动性的个体，对廉政及其相关制度安排的理解与认知是存在差别的。公职人员个体是廉政建设的关键性因素，因此人事行政中的廉政设计就显得十分重要了。

二、廉政制度的健全是其实践与操作的基础

腐败的产生与现代化进程和政治体制的类型有一定关系，与国家治理能力直接相关。国家治理能力低下就会导致腐败，腐败则会进一步降低国家治理能力。国家治理能力实际上是政府的治理能力，在深化改革进程中，提升国家治理能力就是要对政府进行准确定位，防止政府因错位、越位而导致权力腐败。腐败是世界各国普遍存在的问题，各国在治理腐败方面受诸多因素的影响而治理的方式不一样，治理绩效也大相径庭，但其中不乏卓有成效的腐败治理方式，总结世界清廉指数排名靠前的国家，其有一个共同点，那就是拥有健全的廉政制度。

首先，建立廉政奖励惩罚制度。廉政奖励惩罚制度是廉政建设的激励部分，常见的廉政奖罚制度有惩罚条例制度、廉政奖励制度、廉政先进评优办法等。明确规定何种情况下奖励与惩罚，通过正负激励措施，使符合廉政文化要求的行为得到鼓励，使违反廉政文化的行为得到抑制。

其次，完善廉政监督制度。要保证各种反腐倡廉文化精神有效地贯彻实施，离不开强有力的监督制度保障。监督制度能促使掌握公权者严格依法行政，把各种廉政文化建设措施落实到实处，成为一种习惯，保证权力沿着制度化、法制化的轨道运行，防止权力滥用。一定要进一步健全和完善廉政监督机制，科学系统地制定结构合理、配置科学、程序严密、制约有效的权力运行机制，着力加强对权力的制约和监督，最大限度地减少权力"寻租"机会，切实防止领导干部在行使权力的过程中出现权力失控、决策失误、行为失范。加强对权力运行的制约和监督，必须充分发扬民主，使各监督主体积极发挥作用，形成整体合力。我们应"参照古今，博辑中外"，以民主、宪政、权利、自由、监督、参与等现代理念为主旋律，打造以民主政治为核心的具有中国特色廉政监督制度。民主是廉政监督的基础，没有民主就没有廉

政监督。要保证人民群众的表达权、知情权、参与权、监督权，最大限度地增强工作透明度和群众知情度，使权力在阳光下运行，有效地铲除腐败文化生存的土壤，为廉政文化的构建提供保障。

最后，调整廉政反贪制度。建立严厉的反贪污法律，加大贪污的风险和成本，使腐败官员们"不敢为"。这并不是要求一味的严刑峻法，而是要改变制度反贪的策略。以往，我们对腐败分子惩罚的法律底线是高起点的，看腐败问题是从"量"上看的，以至于造成很多腐败行为得不到应有的处罚。我们应该学习我国香港特区政府，采取"有贪必肃"的政策，"一元钱也调查"以是否构成犯罪的"质"而非"量"作为标准，只要符合贪污构成要件的行为就要调查，就要处罚。而不管其贪污的数目，数目只对处罚的轻重有意义，对是否处罚、是否启动调查程序无关；我们也要学习新加坡，新加坡是亚洲乃至世界反腐保廉工作做得最好的国家之一，其实现和长期保持廉洁的一个重要因素就是依法治贪，把建立健全防止官员贪污的法律制度作为廉政建设的主要内容，使肃贪倡廉规范化、法律化和制度化，这些举措收到了良好的防腐效果。如果仅以"量"来论罪，不考虑其"质"的问题，致使大量的"小"腐败行为得不到司法惩罚。其结果是，这些"小"腐败就会毒化社会风气，从而使一般民众丧失反腐信心，不利于廉政文化的构建。

三、廉政制度的落实是其实践与操作的最终目的

制度的生命力在于执行，再好的法规制度，如果不去执行，也会形同虚设。在世界经济全球化进程日益加速、各种思想文化相互激荡交融的今天，无论是传统国家还是现代国家，无论是发展中国家还是发达国家，罕有能独善其身者。克服腐败，廉洁政治，已成为各国面临的一个共同性课题。加强反腐败国际合作，促进各国廉政建设经验交流，在全球遏制腐败的进程中就具有十分突出的可行性和必要性。在反腐倡廉的建设中，世界各国的廉政制度已建立了不少，重要和关键的环节是要一项一项地抓好落实，付诸实践、见诸行动，而不应是开开会，提提要求，就以此作为廉政工作的全部，或者要求的多，落实的少，必须以求真务实的精神切实转变工作作风，把精力用在如何抓好各项廉政制度的落实上，把工作的重点放在采取有效措施抓好廉政制度的执行上，把工作的着眼点放在研究和解决执行制度过程中发现的问题上，要防止和纠正把廉政建设工作以及廉政制度的落实当作"软指标""软

任务"，下更多的气力，做更多的工作，使党风廉政建设真正取得实效。

从不少国家的发展进程看，当一个国家处在经济快速增长、社会激烈变革的阶段，往往是腐败现象的多发期。18世纪的英国、19世纪的美国和20世纪中叶的新加坡，都出现过腐败多发的情况。我国的改革开放才进行了30多年的时间，从党的十四大提出建设社会主义市场经济体制到十八大提出加快完善社会主义市场经济体制才20多年。仅用了短短的30多年，我国已成世界第二大经济体，工业化、城镇化、市场化、信息化、国际化步伐加快，走过了西方国家上百年的发展之路。我国腐败的多发期是在这样的背景下出现的。在改革的时间短、进程快，制度和管理漏洞多的同时，由于一些地方和单位长期管党治党不严，制约反腐败因素还大量存在，"不敢腐、不能腐、不想腐"的有效机制还未形成等原因，决定了度过腐败多发期须经过较长的时间。

我们党和国家历来十分重视廉政建设工作，始终把惩治腐败、改善党风政风作为关系执政党生死存亡和现代化建设事业兴衰成败的大事来抓。多年来，我们坚持党中央确定的反腐败指导思想、基本原则、领导体制和工作格局，紧紧围绕提高我们党的领导水平和执政水平，提高拒腐防变和抵御风险能力这两大历史性课题，不断推进党风廉政建设和反腐败斗争，取得了新的明显成效，党政机关和干部队伍中腐败现象蔓延的势头不同程度地得到遏制，初步探索出一条适合我国现阶段基本国情的有效开展党风廉政建设和反腐败斗争的路子，积累了一些基本经验。

当前，我国正处于体制转轨、结构调整和社会变革的历史时期，客观上存在诱发腐败的多方面因素，廉政建设和反腐败工作面临许多新情况新问题。制度上存在漏洞便是其中一个重要方面。实践充分证明，廉政建设和反腐败工作必须加强制度建设和制度创新，必须走标本兼治、综合治理之路。

廉政制度建设今后需要加强以下几个方面的工作：第一是加强制度整合。我国的廉政规章制度种类繁多、数量极大，这实际降低了制度的整体效力和执行效果。目前应进行适度的制度整合，一是要合并前后内容重复的相似制度，二是要把某些重要的规章制度上升到法律，以提高制度本身的权威性和威慑力。第二是定期制度更新。有些廉政制度由于施行时间较早，已明显不适应当前的现实需要。我们应本着求真务实的原则，定期审查并及时更新现有的各项廉政制度，以确保其内容能够与时俱进，切实解决现实问题。第三是强化制度执行。执行是制度的生命。再好的制度如果得不到严格执行，就难以发挥其应有的效力和作用。我国应针对现有的各项廉政制度建立起定期的执行评估机制。对于明显执行不力的制度，要深刻反思并作出及时调整。通过整合、更新与加强执行，我们一定能够建立起更加完备、简洁、高效的廉政制度体系，从而为惩防体系建设奠定坚实的制度基础。

今天我们的廉政制度建设置身于现代民主的政治环境之下，需要赋予其新的内涵和时代特征。首先，廉政制度建设是建设社会主义先进文化的重要内容，加强廉政文化建设是建设社会主义核心价值体系的重要组成部分。廉政文化建设的根基打牢了，才能更好地用马克思主义中国化最新成果武装全党、教育人民，用中国特色社会主义共同理想凝聚力量，用以爱国主义为核心的民族精神和以改革创新为核心的时代精神鼓舞斗志，用社会主义荣辱观引领风尚。其次，加强廉政制度建设是全面提升我国文化软实力的重大课题。有人说，美国靠"三片"影响全世界，即好莱坞大片、麦当劳薯片、英特尔芯片。实际上，"三片"附着的就是文化的强大渗透力和影响力。当今时代，随着世界格局多极化、经济全球化深入发展，围绕综合国力的全方位竞争更趋激烈，文化已经被视为国家核心竞争力的重要因素，提高文化软实力已经成为许多国家的重要发展战略。对于面临难得发展机遇的中国来说，加强廉政文化建设已经成为我国在新世纪和平崛起的重要任务，这是"提高国家文化软实力"的重要内容，这是时代赋予廉政文化建设的崭新意义。最后，"清官制度"的历史局限性，很重要的一点就在于它过分依附于个人的品质和道德，不具有普遍性和稳定性，今天的廉政制度建设要克服这一弊端，必须与法律建设相得益彰。我们知道，廉政制度一旦形成和固化，其所表现出来的道德约束力，往往更有力度，更具有持久性、稳定性和连续性。

制度建设是带有全局性、根本性和长期性的问题，在我国，抓住了制度建设，就抓住了新形势下推进党的建设一个十分重要的环节，抓住了提高拒腐防变和抵御风险能力的一个十分重要的切入点，只有深入持久地加强党风廉政和反腐倡廉制度建设，真真切切落实执行好制度，才能真正做到用制度管权、用制度管事、用制度管人。

◀▶ **延伸阅读案例一：韩国通过 "最严厉" 反腐败法立法过程饱经坎坷**

经过 3 年零 9 个月的审查和修改，韩国国会于 3 日下午正式通过反腐败法

《金英兰法》。这部被韩国媒体称为杀伤力最强的反腐败法案自提出以来备受争议，许多人对它的惩罚力度和合理性表示怀疑。

《金英兰法》是以它的提案者命名的。2011年6月，韩国首名女性大法官、时任国民权益委员会委员长的金英兰向国务会议提出反腐法草案。该草案在立法过程中遭遇重重阻碍，朝野双方为此争持不下，直到今年1月8日双方才达成一致，反腐法案通过审查，之后又经过多处修改，3日才正式通过。

《金英兰法》的主要内容是：禁止公务人员进行不正当请托或接受不正当请托；不论赠予是否与职务相关，禁止公务人员一次性接受他人100万韩元（100韩元约合人民币0.57元）以上的现金、等值物或招待，违反者将受到3年以下有期徒刑惩罚或支付受贿财物5倍以上的罚金；如果一次性收受财物不满100万韩元，但与职务相关，则违反者要处以收受金额2～5倍的罚金；收受的财物不满100万韩元、与职务无关，但公务人员在一年内从同一对象处合计收到超过300万韩元的财物也属违法。该法案同时禁止公务人员的配偶收取贿赂。

值得注意的是，公务人员不单指公务员，还包括媒体记者和编辑、私立学校的理事会成员和教师。法案规定的财物不仅包括现金、商品、门票、折扣券等有形财物，还包括交通、住宿等各种招待和提供工作、减免债务等无形的获利行为。另外，《金英兰法》详细列出了不正当请托的15种类型，包括直接或间接向公务人员请托处理许可和执照、减免罚款惩处等行政处罚、介入人事采用和晋升、介入学校入学成绩评定等。

对于该法案，韩国媒体充满期待。《首尔经济》报称，"希望《金英兰法》成为韩国社会步入清廉文化的转折点"。韩联社认为，该法案能成为对付官商勾结的利器。

不过，《金英兰法》也存在争议。有人对该法案能否奏效提出质疑，因为它涉及的公务人员及其家属群体过于庞大。也有法官提出，法案的处罚力度过大，而且公务人员的范围不包括在司法中起到重要作用的律师，这点很不合理。

另据韩国《京乡新闻》3日报道，韩国又爆出军购腐败丑闻。政府花费1590亿韩元建造的新型扫雷救援舰"统营"号核心装备不达标，两家军工企业涉嫌以不正当方式获得合同向军方提供伪劣产品。（来源：环球时报，2015－03－04，万宇）

延伸阅读案例二：反腐倡廉根本要靠法规制度

在中共中央政治局第二十四次集体学习上，习近平总书记强调，要加强反腐倡廉法规制度建设，把法规制度建设贯穿到反腐倡廉各个领域、落实到制约和监督权力各个方面，发挥法规制度的激励约束作用，推动形成不敢腐、不能腐、不想腐的有效机制。就此话题，本报记者采访了廉政问题研究专家、武汉大学教授李斌雄。

治标与治本是相互联系的反腐败斗争过程

记者：中央政治局集体学习研究用法规制度建设来深入反腐倡廉，这是否意味着反腐倡廉从治标向着治本的方向深入拓展？

李斌雄：党的十八大以来，中共中央政治局一共进行了 24 次集体学习。2013 年 4 月 19 日下午中央政治局进行集体学习，研讨中国历史上的反腐倡廉，要求积极借鉴我国历史上优秀廉政文化，不断提高拒腐防变和抵御风险能力。而这次是在纪念建党 94 周年前夕开展的第一次专门学习、研讨党风廉政建设和反腐败工作的学习会，学习的主题是加强反腐倡廉法规制度建设。

如何理解个中意味？一是要看到党的十八大以来，反腐倡廉建设已经取得阶段性成效，同时反腐败形势依然严峻复杂。二是需要正确认识党风廉政建设和反腐败斗争过程中"治标"和"治本"的关系。治标的过程与治本的过程是相互联系的反腐败斗争过程。三是正确认识反腐败斗争过程中"减少腐败存量"与"遏制腐败增量"的关系。不能把"减少腐败存量"简单地理解"治标"，也不能把"遏制腐败增量"简单地理解为"治本"。"减少腐败存量"过程与"遏制腐败增量"过程是同时进行的反腐败斗争过程。目前阶段，中国共产党加大反腐倡廉法规制度建设的力度，让法规制度的力量充分释放，还是为了实现党的十八大确定的"三清"目标。

法规制度是治党之法宝

记者：为什么说在反腐倡廉中，法规制度具有根本性、全局性、稳定性、长期性的特点？

李斌雄：这是因为法规制度体现了维护党和国家的根本利益、全局利益和长远利益，体现了维护人民群众的根本利益、全局利益和长远利益。同时，法规制度是调整党内关系、党和人民群众关系、党和国家政权关系的正式行为规则，具有稳定性和正式性的特点。

记者：我国反腐倡廉的现有法规制度，有哪些优点，还存在哪些不足？

李斌雄：中国共产党建党94年以来在党风廉政建设和反腐败斗争中，逐步制定各类纪律规范，到目前已经形成了包括党章和党内政治生活若干准则以及财经纪律、政治纪律、宣传纪律、廉政纪律、群众纪律、保密纪律、军事纪律、外交纪律、社会主义道德纪律等在内的纪律体系，有十多个纪律部门。

从广义的纪律来看，党的纪律体系包括了党内法规制度。在改革开放历史进程中，随着党风廉政建设和反腐败斗争的深入，党的反腐倡廉法规制度体系也初步形成，保障了党风廉政建设和反腐败斗争实践在法规制度的轨道上运行。党的十八大以来，随着党风廉政建设和反腐败斗争的全面深入展开，中国共产党又制定和执行了一系列廉政"新规"，保障了党风廉政建设和反腐败工作取得了阶段性成效。从目前反腐倡廉法规制度建设的实际状况来看，有些法规制度在不同环节上还存在问题。例如，有的法规制度制定的随意性较强，有的条款抽象地规定、理想主义色彩浓厚、应然性规定多，有的具体条款规定有部门化色彩、保护特殊利益，有的法规制度缺乏时效性和适用性，有的法规制度长期被虚置、多数人不遵守。这些问题的存在，不同程度影响了法规制度刚性约束作用的发挥，也影响了党风廉政建设和反腐败斗争的效果，影响了全面从严治党的绩效。因此，习近平总书记强调，加大反腐倡廉法规制度建设力度，必须把中央要求、群众期盼、实际需要、新鲜经验结合起来，本着于法周延、于事有效的原则制定新的法规制度、完善已有的法规制度、废止不适应的法规制度，努力形成系统完备的反腐倡廉法规制度体系。

必须遵循的几个原则

记者：反腐倡廉法规制度建设是一项系统工程，今后怎样才能进一步完善，并充分体现出科学性、针对性、可操作性？

李斌雄：必须遵循这么几个原则：第一，坚持问题导向、突出重点原则，使反腐倡廉法规制度建设解决客观矛盾和突出问题。第二，坚持宏观思考、总体规划原则，既要注意体现党章的基本原则和精神，符合国家法律法规，也要同其他方面法规制度相衔接，提升法规制度整体效应。第三，坚持系统完备、衔接配套原则，立治有体、施治有序，把反腐倡廉法规制度的笼子扎细扎密扎牢，做到前后衔接、左右联动、上下配套、系统集成。第四，坚持务实管用、简便易行原则。第五，贯彻责任明确、奖惩严明的原则，明确责任主体，确保可执行、可监督、可检查、可问责。

关键在真抓，靠的是严管

记者： 反腐倡廉的法规制度怎样才能落到实处，发挥出应有的作用？

李斌雄： 关键要抓好制定、执行、监督和遵守等多个环节的落实。第一，法规制度的生命力在于执行和遵守。在一手抓制定完善的同时要一手抓贯彻执行和遵守。贯彻执行法规制度关键在真抓，靠的是严管。第二，各个党组织要加强监督检查，落实监督制度，用监督传递压力，用压力推动落实。对违规违纪、破坏法规制度踩"红线"、越"底线"、闯"雷区"的，要坚决严肃查处，不以权势大而破规，不以问题小而姑息，不以违者众而放任，不留"暗门"、不开"天窗"，坚决防止"破窗效应"。第三，各级党组织要健全问责机制，坚持有责必问、问责必严，把监督检查、目标考核、责任追究有机结合起来，形成法规制度执行强大推动力。问责的内容、对象、事项、主体、程序、方式都要制度化、程序化。要把法规制度执行情况纳入党风廉政建设责任制检查考核和党政领导干部述职述廉范围，通过严肃追究主体责任、监督责任，让法规制度的力量在反腐倡廉建设中得到充分释放。纪律检查机关要加大监督检查力度，对有令不行、有禁不止的，不仅要严肃查处直接责任人，而且要严肃追究相关领导人员的责任。（来源：湖北日报，2015 – 07 – 13，王才忠）

📚✍**学习与思考**

1. 简述廉政制度的基本含义。
2. 结合延伸阅读案例一，试述廉政制度与政治清廉的关系。
3. 简述廉政制度与腐败的关系。
4. 结合延伸阅读案例二，简述中国当前的廉政制度建设。
5. 联系实际谈谈如何实现廉洁政治的制度建构？

参阅文献：

［美］道格拉斯·C. 诺斯：《经济史中的结构与变迁》，陈郁、罗华平译，上

海三联书店、上海人民出版社 1994 年版。

　　［美］约翰·罗尔斯：《正义论》，何怀宏等译，中国社会科学出版社 1988 年版。

　　列宁：《国家与革命》，人民出版社 1971 年版。

　　［意］马基雅维利：《君主论》，张志伟等译，陕西人民出版社 2001 年版。

　　［法］孟德斯鸠：《论法的精神》（上册），张雁深译，商务印书馆 1961 年版。

　　［加］里克·斯塔彭赫斯特：《反腐败——国家廉政建设的模式》，杨之刚译，经济科学出版社 2000 年版。

　　［英］克里斯托弗·胡德等：《监管政府——节俭、优质与廉政体制设置》，陈伟译，三联书店 2009 年版。

　　［新西兰］杰瑞米·波普：《制约腐败——建构国家廉政体系》，清华大学公共管理学院廉政研究室译，中国方正出版社 2003 年版。

　　《马克思恩格斯选集》（第 1 卷），人民出版社 1995 年版。

　　燕继荣：《政治学十五讲》，北京大学出版社 2004 年版。

　　秦德君：《政治设计研究》，上海社会科学院出版社 2000 年版。

　　任建明：《反腐败制度与创新》，中国方正出版社 2012 年版。

　　宋希仁：《西方伦理思想史》，中国人民大学出版社 2004 年版。

　　陈国权、毛益民："道德制约权力：现实与可能"，载《学术月刊》2012 年第 2 期。

　　朱光磊、盛林："过程防腐：制度反腐向更深层次推进的重要途径"，载《南开学报》（哲学社会科学版）2006 年第 4 期。

　　倪邦文："廉政建设的宏观考察"，载《中共四川省委省级机关党校学报》2012 年第 3 期。

　　项继权、李敏杰："论廉洁政治的制度基础"，载《理论与改革》2014 年第 3 期。

　　《十八大以来廉政新规定（2015 年最新版）》，人民出版社 2015 年版。

第二章

中外廉政制度之主要内容比较

　　纵观古今中外之历史轨迹，历代统治政权之所以覆灭，无一不与统治者的腐败有关，可谓内耗最终导致内溃。只要借助于历史教训的视角，就不难发现当今权力腐败的严重性与制度反腐的紧迫性。现代国家廉政制度体系是以选举制度和分权制衡原则为核心、保障政权对公民负责的一系列机构和规则所组成的体系，建立现代国家廉政制度体系是有效防治腐败、走出政权兴亡周期律的根本途径。从中外廉政制度的主要内容来看，主要有公务员制度、监督制度、惩戒制度三大类。

第一节　公务员制度

　　国家公务员制度是现代民主政治制度的重要组成部分，是各国廉政制度体系中最为关键的一环。现代社会发展离不开科学和有效的制度安排，但制度的维持和推行又有赖于人的素质，尤其是国家公务员的素质。人是社会的主体，是现代化建设和发展的直接推动力，人的素质或人的现代化水平直接制约和规定着国家现代化发展的质量。在人的现代化"链条"中，国家公务员的素质和水平最为重要。作为执行国家现代化建设任务的主体力量，具有干练、清廉、忠诚等高素质的公务员队伍，是国家现代化的坚强支柱，只有一流的公务员队伍才有一流的政府管理。

　　世界各国公务员制度千差万别、形态各异，但在基本含义方面大致相同。国家公务员制度（文官制度）是指通过制定法律和规章，依法对政府中行使国家行政权力、执行国家公务的人员进行科学管理的一种人事制度。文官制度是国家关于文职官员的考选、考察、奖惩、待遇、培训、流动、退休等方面的体制和规章制度。建立健全的文官制度或公务员制度，是提高政府工作效率，促进勤政廉政，遏制腐败行为的有效手段之一。

一、公务员制度的历史发展

1. 公务员制度的渊源

公务员有广义和狭义之分。广义的公务员，是指政府中行使行政权力和承担政府公务的所有工作人员，既包括通过选举产生的政府官员，也包括常任制的、非选举产生的政府公务人员。狭义的公务员，特指非选举产生的政府公务人员，他们一般通过公开竞争考试被择优录用，在无过失的情况下，一经录用，即可长期任职而可以不与内阁共进退。

作为政府行政管理的一种基本制度和国家政治制度的组成部分，国家公务员制度最早形成于 19 世纪中叶，至今已有 100 多年的历史。1993 年，美籍华人学者罗纳德·S. 苏（LeonardS. Hsh）曾经在他的《孙逸仙——他的政治和社会理想》一书中这样写道："几乎所有的西方学者都没有注意到当今世界现存的高级公务员制度起源于中国这样一个事实。我们有足够的证据证明中国对这一制度的影响，而它往往被西方学者所忽视。我们认为，中华帝国的科举制度，随着时间的推移得到传播，并成为世界其他国家实施和发展行政精英制度的基础。毫无疑问，美国公务员竞争考试的特点主要受英国的影响，而英国的公务员制度则来源于中国。"罗纳德·S. 苏的这段话明确无误的指出，中国古代的科举制度是西方现代国家公务员制度的渊源。

中国科举制度对西方产生影响可追溯到 16 世纪后半期。最早向西方介绍中国科举制度的是葡萄牙的两位传教士克鲁兹和胡安·冈萨雷斯·德万多萨。前者著有《中国游记》一书，对中国通过科举考试选拔官员的做法倍加称颂，后者在《伟大的中国》中则详细介绍了科举考试的方法和内容。这两本书在欧洲出版后广泛流传，尤其是后者引起了欧洲人对中国政治制度的认真关注。据统计，1570～1870 年间，用英文出版的有关中国官吏制度和政治制度的书籍达 70 种之多。孙中山先生曾说："现在各国的考试制度，差不多都是学英国的。穷流溯源、英国的考试制度原来还是从我们中国学过去的。"

西方世界之所以看中科举制度，原因是多方面的，而核心则是科举制度的合理性。科举制度"有利于打破世袭贵族的政治垄断状态，符合资产阶级平民登上政治舞台的历史要求。"而且，西方近代教育制度中行之有效的学士、硕士、博士分级学位制，就有这种科举取士（秀才、举人、进士）制度的遗迹。刘海峰先生认为，18 世纪以前，欧美各国的文官任用方式"不可避免地导致任用私人，带来结构性的贪污腐败，使各种无能之辈充斥于政府之中，因政党更迭而大批撤换行政官员还会引起周期性的政治震荡和工作连续性的中断。而科举制度实行竞争考试、择优录取，政权向贫民开放，标榜公开取士，唯才是举。比起贵族等级制或君主赐官制等选官制度来，科举取士无疑具有其优越性"。在亚洲，我国科举制很早就对周边国家产生过影响。20 世纪 80 年代以来，我国的改革开放逐渐深入。当我们在引进思想与效率、要借鉴西方文官制度以建立公务员制时，人们才发现原来西方文官制度竟然还是从我国的科举制度学过去的。[1]

2. 西方公务员制度的历史演进

国家公务员制度（文官制度）是从 19 世纪中后期开始，为适应西方工业化时代政府管理的实践需要而逐步形成和发展起来的。它构成了 20 世纪西方各国的公共行政管理以及官僚体制的基石。在经济全球化的推动下，这种现代管理制度也逐渐被世界各国借鉴，随着西方各国由工业社会向后工业社会的转变，为了适应信息社会以及全球化时代政府管理实践的需要，自 20 世纪 70 年代末 80 年代初以来，西方掀起了一场声势浩大的政府改革运动，作为官僚体制支柱的文官制度，首当其冲，成为改革的焦点。20 世纪 80 年代中期，伴随改革开放的伟大历史脚步，我国开始了建立国家公务员制度的理论与实践，并取得了历史性的突破。而随着我国市场经济体制的建立和完善以及政治行政体制改革的逐步深化，我国公务员制度的发展建设也经历了一个曲折的过程。

如果以 1854 年著名的诺斯科特·屈维廉报告——《关于重组英国文官的报告》作为英国文官制度诞生的标志的话，那么西方的文官制度（公务员制度）已经历了近 160 多年的历史演变过程。西方各国的职业文官队伍出现于14 世纪民族国家形成与中央权力扩张的时期；而文官制度则是近代资本主义生产方式、工业化以及城市化发展的产物，是资产阶级在反对封建君主制度的"恩赐官职制"和总结资产阶级早期的"政党分肥制"的经验教训基础

---

〔1〕　项继权、李敏杰："论廉洁政治的制度基础"，载《理论与改革》2014 年第 3 期。

上，在两党竞争条件下为寻求一个稳定的政府工作而逐步建立和发展起来的现代人事管理制度。[1]

西方文官制度的核心价值或基本精神是竞争择优、职位常任、功绩制、政治中立和对公众负责等。这些核心价值或基本精神典型地体现在1854英国《诺斯科特·屈维廉报告》和1883年美国的《彭德尔顿法案》（《文官制度法案》）上。《诺斯科特·屈维廉报告》首次以政府文件的形式将政府文职人员称为"文官"，建议改革现有官职制（公职任用制度），建立一支常任文官队伍。《彭德尔顿法案》确立了美国文官制度的一些重要原则，体现了美国文官制度的功绩制、政治中立和对公民负责的核心价值和精神。具体说，这些原则包括以下方面：第一，公开考试，择优录用——公开政府官职的空缺，欢迎公民报考；公开竞争，机会均等（不分党派、一视同仁）；择优录用，并实行功绩薪俸制。第二，职位常任——即永业制，凡通过考试被录用者，不得因政治原因被免职；所有被录用者一律实行职业保险即职务常任。第三，政治中立——禁止文官参加政治运动或强制任何人采取政治行为；文官职位不受政治活动和党派利益的影响；文官在党派斗争（政治斗争）中必须保持中立立场（不应持党派观点）。此外，该法案提出设立一个由共和党和民主党两党成员组成的文官委员会来实施这一法律。

到了20世纪60年代以来，西方各国都普遍建立起比较完善的文官制度（公务员制度）并获得了较大程度的发展。众所周知，第二次世界大战后，西方国家经济在工业生产、国际贸易等方面获得了稳定的发展，科学技术日益成为经济发展的主要动力。尤其是20世纪60年代以后，新的科学技术革命蓬勃兴起，西方国家开始进入所谓的"信息社会"或"后工业社会"。科技革命不仅推动了社会经济的飞速发展，而且给政府管理以极大的影响，政府管理手段越来越走向办公自动化和电子计算机化，文官越来越趋向职业化和专门化。在此情况下，传统的文官制度在许多方面相对落后，不能适应新的挑战的需要。为此，西方一些国家着手对文官制度进行改革，从而促进了文官制度的大发展。

在英国，1968年，以苏塞克斯大学名誉副校长福尔顿勋爵为首的12人委

---

[1] 陈振明："转变中的国家公务员制度——中西方公务员制度改革与发展的趋势及其比较"，载《厦门大学学报》（哲学社会科学版）2001年第2期。

员会提出了改革文官制度的报告。这份报告共 158 项，主要内容有：精简文官层次，打破行政官员系统的封闭性，建立开放的、统一的分类制度；成立文官事务部，代替财政部行使文官管理权限，改革对文官的管理办法；重视专家和专业技术人员的作用；成立文官学院，专门从事对文官的培训和继续教育工作，等等。报告建议具体，操作性强，其中大部分建议被采纳和实行，大大推动了英国文官制度的发展。

在美国，第二次世界大战后，国会通过了一系列有关文官制度的法律，其中职位分类是最为重要的法律之一。职位分类注重职位的性质和对职位的工作要求，强调职位与责任、职位与能力的有机统一，职位分类的实行，有助于科学地选拔人才，有利于提高文官的素质和政府的工作效率。1978 年 10 月，卡特政府提出并由国会通过了《公务员改革法》，对联邦政府文官制度进行了重大改革。这次改革的主要内容包括，确立九项成绩制原则、改革人事管理机构、推行成绩工资、改革考核制度等，其核心是推进按工作表现付酬的成绩制，以达到提高政府管理效率的目的。

上述改革措施，促进了文官制度的进一步完善和发展。进入 21 新世纪以来，文官制度正在适应经济全球化和信息网络化的趋势，呈现出新的发展特点：这就是录用形式趋向多样化；越来越重视文官的专业化；越来越重视文官的权利保障；实行开放式管理，强化文官的流动性；强化职业培训的终身化；强化人事行政管理机构的职能和作用；等等。

西方文官制度尤其是英美的文官制度具有明显的韦伯主义的特征，即通过竞争性考试录用，职位永久性，职业化或专职工作，按职位付酬和等级制。作为一种与西方工业化社会相适应的现代人事管理体制和模式，西方文官制度为保证在两党或多党竞争的政党政治条件下政府行政管理工作的连续性，对于吸引和选拔优秀人才进入政府管理领域，提高行政效率，保证公开、公正、公平，对于促进社会经济的发展曾起到了重要的作用。但是，随着西方由工业社会向后工业社会或信息社会的转变以及全球化时代的来临，传统的文官制度的局限性日益暴露出来，越来越不适应于新时代的需要。传统的文官制度业已成为一种过时的政府人事管理体制，它的基本原则或精神在当代受到了严峻的挑战。

3. 中国公务员制度的历史演进

著名史学家司马迁曾言："安危在出令，存亡在所任。"国家机器的运转离不开人的操作，官吏素质的优劣直接影响着行政机制的运行及效能。只有不断地输入高质量的官员，才能促进国家的兴盛。相反，官员素质低劣必将造成政权的低能甚至引起政乱国衰。中国有数千年的悠久历史，创造了灿烂的东方文明，其历史和文明凝聚的一个重要标志，就是起始于上古而完善于封建中央集权制建立以来的文官制度。自战国和秦汉时期开始逐渐完善起来的对官吏的选拔、任用、俸禄、监察、考课、回避、退休等一套严密的文官制度，是中国封建社会国家管理体制的一大创造，也是东方文明的巨大成果。它对中华民族的形成与发展，对中国社会政治体制的构建，对华夏文明远播世界的影响，有着不可低估的历史和现实意义。

先秦时期，文官来源主要是奴隶主世袭继承，也有少量的军工进入政界。秦朝存在时间较短，但废除了奴隶主世袭制，文官来源于军功人员。汉朝文官主要是保荐制，有地方官吏将自己辖区内的有识人士保荐朝廷。人员是管理后代和一些知名人士。三国两晋南北朝沿袭了汉朝文官选拔制度。对地方官考核靠上级稽考和中央御史巡案检查。到了隋朝隋炀帝时，开始采用科举选士，要求各地有识之士通过考试选用，合格者任用。到了唐代周朝，科举制度进一步完备，武则天实行闭卷考试，还开设武举和殿试，考试内容有算学，理学等科举设进士科和地方试。进士科录用这为文官。第一甲第一名为状元，第二名为榜眼，第三名为探花，前三名大多被皇帝先任为监察御史，因他们刚出仕，朝内没有关系网，出身底层了解民间疾苦，巡案结束就留在京都，其他人员到各地任知县，级别为正七品。宋元沿袭唐代科举制。到了明朝文官制度进一步完备，设立殿试、会试、乡试、童试几级。进士多被任用为知县，也有少数留在京都任官，留在京都的多为进士前三名。正七品以下多由举人担任，凡举人担任的职务非特别优秀一般升不了知县。监察也是有京察巡案和上一级考察两种。清沿用明代制度。

清末统治者已经发现传统的文官制度已经不能适应大门洞开的政治要求，因此，从清末新政就开始着手改革传统的官僚制度，如废除科举制，对留学归国的学生与国内大、中学校的毕业生进行考试后授予官职。但将传统官僚制全面改造为近代化的文官制则是从北洋政府开始的。

北洋政府从1912年建立时起就开始制定各种文官管理法规，到1921年止，中国已初步形成了近代化的文官管理法规、法令体系。这些法规、法令规定了文官的分类、任用、俸禄、休假、保障及惩戒等内容。北洋政府实行以品位分类制与职位分类制相结合的文官分类法，废除官与吏之间的等级差别，废除古代九品官等制，实行四级文官等级品位制，初步实行职位分类法。这种文官制度区别了古代传承演化的古代文官官僚体制，有了近代化的初步模型。北洋政府在法律上最终废除了中国古代官吏任用中的恩荫制与捐纳制，对文官的任用采取留任旧任官吏与通过新式考试任用相结合的办法。

由于1000多年来，中国传统的科举考试制度已经形成了公开考试、平等竞争、择优录取的基本原则以及严密而且严格的考试程序，因而由科举考试向近代文官考试制度的转型就显得较为简单，只需以近代自然科学与社会科学知识代替传统科举考试中的八股化经学作为考试内容之后，中国文官考试制度的近代化也就初步完成了。

由于北洋政府时期的中国并不具备统一实施近代文官制度的政治条件，因而上述文官制度的实际施行范围主要限于中央政府。"当时北京政府命令是不出都门的，故中央简派的地方官吏恒遭当地军阀予以挡驾"。有实力的地方军阀往往自行委任官吏。无论北洋政府的文官制度有着怎样的缺陷，但它在中国法律近代化进程中的地位是不应该被抹煞的。在清末改革的各项法律中，行政法的改革是较为滞后的，近代化的文官制度则是空白。在几乎没有任何制度基础的情况下，北洋政府在不到10年的时间内就基本废除了中国封建职官管理制度，初步建立起了中国近代文官法律制度的雏形，并对南京国民政府乃至于我国台湾地区现行的公务员制度产生了重大影响

自新中国成立以后一直到1993年10月，我国干部人事制度除了管理权限和范围等方面在不同历史时期稍有变化之外，总体制度基本上保持相对的稳定性，政府的人事管理一直沿用干部人事管理制度。在我国，在政府机关中工作的干部大体上就相当于西方的公务员。我国的干部人事管理制度，是在民主革命时期解放区和人民军队干部制度的基础上逐步建立和发展起来的，它继承和发扬了我国优秀的历史传统，同时也接受了苏联的一些人事管理经验。当然，我们必须承认，这一干部人事管理制度还受到了我国历史上的科举制度和西方文官制度的影响。

随着计划经济向市场经济的过渡，我国社会的经济、政治、文化等各个领域都发生了深刻的变化。特别是市场经济体制的逐步确立和完善，对政府管理尤其是政府人事管理提出了全新的要求，急切地要求改革传统的人事管理制度，建立起与市场经济体制下政府职能相适应的新型人事制度——国家

公务员制度。

党的十一届三中全会以后，中央着手对干部人事管理制度进行了一系列的改革。1980 年 5 月，中央组织部根据中央的指示精神，发出了《关于重新颁布〈中共中央管理干部名称表〉的通知》，重申和强调了干部管理的若干规定。在邓小平关于改革干部人事制度思想的指导下，自 20 世纪 80 年代起，我国不遗余力地进行人事管理干部制度的改革，这使我国的干部人事制度有了很大的改进。例如，废除领导干部职务终身制，建立离退休制度；改革干部管理权限；改革干部任用制度，实行考任、聘任、民主推荐等多种形式选拔干部，建立岗位责任制，以克服责职不清和官僚主义；确立干部"革命化、知识化、年轻化、专业化"的"四化"标准，调整充实各级领导班子等。这一系列改革不仅动摇了我国传统的干部人事制度，而且为新的干部人事制度奠定了一定的基础。但是，由于这些改革措施还只局限于干部人事制度的某些方面，且缺乏应有的法治权威，因而还不能相互联系以较好地发挥其整体效应，我国干部人事制度的主要弊端并没有从根本上得到消除。同时，干部人事制度改革的实践也证明，必须进一步建立现代国家公务员制度，才能适应我国社会主义现代化建设事业发展的需要。而多年来我国人事管理体制改革的经验教训又为建立有中国特色的国家公务员制度奠定了理论基础和实践基础。所以，从这个意义上可以说，国家公务员制度的建立是我国干部人事管理制度改革和发展的必然结果。

从 1984 年开始，我国对干部人事制度进行了一系列的改革与创新，并着手建立国家公务员制度。同年，中央组织部和原劳动人事部组织有关专家学者和相关部门的实际工作者开始起草《国家工作人员法》。后因国家机关工作人员的范围太广，于 1985 年改为《国家行政机关工作人员条例》。1986 年，该条例又经过多次修改和补充，形成《国家行政机关工作人员条例》第十稿，这就是《国家公务员暂行条例》的前身。1986 年下半年党的十二届六中全会以后，中央专门成立了政治体制改革研讨小组，下设干部人事制度专题组，该专题组专门讨论中国政府人事制度改革的方向。他们所提出的方案接受了西方国家公务员制度的普遍规律和特点，结合我国的具体国情和实际情况，对《国家行政机关工作人员条例》作了重大的修改，同时将其更名为《国家公务员暂行条例》，第一次使用了"国家公务员"概念，并建议实行国家公务员制度，这一建议得到了中央的原则同意。尽管条例前后名称不同，但目的都是根据邓小平同志的思想，对政府机关干部从"进口"到"出口"的各项管理环节作出了明确的规定，建立起一套科学的、完整的人事管理体系。

1987年，建立国家公务员制度作为国家政治体制改革的一项重要内容，被写进了党的十三大报告。十三大报告指出"进行干部人事制度的改革，就是要对国家干部合理分解，改变集中统一管理的现状，建立科学的分类管理体制；改变用单一模式而管理所有人员的现状，形成各具特色的管理制度；改革缺乏民主法制的现状，实行干部人事的依法管理和公开监督"。"当前干部人事制度改革的重点是建立国家公务员制度，即制定法律和规章，对政府中行使国家权力，执行国家公务的人员依法进行科学管理"。1988年3月，全国人大七届一次会议通过的《政府工作报告》指出："在改革政府机构的同时，抓紧建立和逐步实施国家公务员制度。尽快制定《国家公务员条例》，研究制定《国家公务员法》""今后各级政府录用公务员，要按照国家公务员条例的规定，通过考试，择优选拔"。这样，国家公务员制度和公务员条例的起草工作正式得到了党和国家最高权力机关的批准，也使得国家公务员制度从理论探讨开始走向实践。1988年，国家还成立了人事部，专门管理国家公务员制度的运作。1989年初，在国务院六个部门即审计署、海关总署、国家统计局、国家环保局、国家建材局进行了公务员制度的试点工作。1990年，又在哈尔滨和深圳两个地方试点，同时对《国家公务员暂行条例》进行了重要的修改，并逐步推广。1992年以后，全国有20个省、市进行了试点工作。试点结果表明，公务员制度符合我国国情，有利于对干部队伍的科学管理和严格要求，对于转变干部作风、提高工作效率，以及推进社会主义经济建设和改革开放事业，都具有重要的促进作用。1992年10月，江泽民同志在中共十四大报告中郑重提出："尽快推行国家公务员制度。"

1993年4月24日国务院第二次常务会议通过，李鹏总理于8月14日签署发布了《国家公务员暂行条例》，该条例于1993年10月1日起施行。《国家公务员暂行条例》共计十八章88条，规定了我国公务员制度的基本原则、国家公务员的涵义、权利和义务、职务分类制度、录用和考核制度、奖惩制度、职务升降和任免制度、培训和交流制度、回避制度、工资保险福利制度、辞职辞退和退休制度、申诉控告制度、管理与监督制度等。《国家公务员暂行条例》是新中国第一部人事管理的总法规，它的颁布实施，标志着我国公务员制度的初步确立，从而也标志着我国公务员管理在规范化、科学化、法治化的道路上迈出了历史性的步伐。

经过二十余年的探索与实践，我国公务员制度建设已取得了令人瞩目的成就，初步实现了由传统的人事制度向现代公务员制度的转变，建立起国家公务员制度的基本框架，形成了一个以《国家公务员暂行条例》为主导，由近40个单项法规和实施细则为配套的公务员管理的法规体系；国务院和县级以上的地方各级政府机关已完成了职位分类和人员过渡工作。与此同时，国家公务员的各种基本运行机制逐步确立起来。例如，公开、平等、竞争、择优的竞争机制已初步形成，各地普遍推行公务员录用考试，通过公开考试，择优录用；严格考核、凭功绩晋升的激励机制已开始发挥作用，各级政府机关全面推行年度考核，考核的办法也逐步完善；勤政廉政的机制也开始确立，各地普遍采用轮岗交流、回避、政务公开的做法。通过全面实施国家公务员制度，我国公务员队伍的结构得以优化，公务人员的素质明显提高。

十八大对深化干部人事制度改革、建设高素质执政骨干队伍作了全面部署，对完善公务员制度提出了新的更高要求，为进一步完善公务员制度工作指明了方向。明确了干部队伍建设的目标是努力建设一支政治坚定、能力过硬、作风优良、奋发有为的执政骨干队伍，并提出了建设职能科学、结构优化、廉洁高效、人民满意的服务型政府的任务；强调要坚持党管干部原则，坚持五湖四海、任人唯贤，坚持德才兼备、以德为先，坚持注重实绩、群众公认，深化干部人事制度改革；提出要完善竞争性选任干部方式，完善干部考核评价机制，完善公务员制度；强调要注重从基层一线培养选拔干部，拓宽社会优秀人才进入党政干部队伍的渠道；强调要加强和改进干部教育培训，从严管理监督干部；要求建立国家荣誉制度等。自此，国家公务员制度将会不断趋于完善，实施工作也会随之不断走向深入。

二、国外公务员制度的主要特点及启示

国外公务员制度是西方国家在行政管理领域长期探索与实践的成果，它的建立实现了全体公民进入政府工作和担任官职的权利；它的成功运作开辟了行政管理法治化的新时代，并成为人类文明宝库中的共同财富。公务员制度是西方国家政党制度的直接产物——政党轮流执政的结果。由于西方国家公务员制度的产生有其相似的经济、政治、文化背景，并且各国相互吸收和效仿，因此，各国公务员制度尽管有许多细微差别，但都具有以下共同特征，

体现了现代西方宪政的理念和行政管理的法治要求。

1. 实行分类管理

公务员分类管理是现代公务员制度的重要组成部分，直接影响着公务员的任用、调任、薪俸、考绩和辞退。当代西方国家公务员分类管理包括两大类别：一是以英国为代表的品位分类制，二是以美国为代表的职位分类制。

品位分类制建立在行政人员品级、官等、资历和薪俸基础之上，与工作的性质和难易程度的关系不大。在品位分类中，文官既有官阶，又有职位。官阶标志品位等级，代表地位高低、资格深浅和报酬多寡；职位标志权力等级，代表职责轻重和任务繁简。官与职相分离，因此有官无职、有职无官、官大职小、官小职大的现象都有可能出现。英国公务员品位分类经历了由简单到复杂的过程。行政人员内部等级划分由 19 世纪末的两级增加到"二战"后的四级，分别为行政级、执行级、事务员级和助理事务员级。文官类型由战后的一般行政人员和专业人员两类扩展到目前的综合、科学、专业技术、培训、法律、秘书、社会保障、警察、资料处理和调查研究十类。不同类型的公务员有不同的级别数目，工资待遇独立于职位级别。

职位分类制一般先根据职位性质分类，然后在各类别下按职位职责大小、工作难易和资格要求划分若干等级。换言之，文官自身的等级与行政部门中的职位等级合二为一，官与职融为一体，不存在独立于职位的官阶。因此，一旦脱离职位，文官便无等级可言。同时文官的工资级别由职务决定，能够体现按劳分配。1883 年的《彭德尔顿法》使美国成为世界上最早实行职位分类的国家。2008 年，美国在《职位分类手册》中将联邦政府职位划分为两大类：白领职位和蓝领职位。白领职位包括专业类、行政类、技术类、文员类和其他类；蓝领职位则包含电器设备安装及维修组、机械工具工作组和印刷组等 36 个职组。[1]

总体而言，两大体系各有特色，目前职位分类制占据主流。品位分类以"人"为中心，结构更具弹性，操作简单易行。但由于职位变动不会影响官阶和薪酬，致使品位"只升不降"，容易在公务员队伍中出现高品低效和论资排辈现象。职位分类借鉴现代管理学原理，以"事"为中心，以工作决定薪俸，

---

〔1〕 周乐："中国公务员制度：历史变迁、现状与发展评述"，载《东方法眼》2009 年 12 月 30 日。

能够避免"同工不同酬"现象；由于职位数量有限且相对稳定，职位分类能够实现全局规划和标准化操作。职位分类更能体现公务员录用和晋升的开放性、工资福利分配的公平性以及公务员职业发展的专业化水平，并有助于增进公务员对与职位相关的责、权、利的了解。但该体系过于庞大复杂，制定过程较为繁琐，可能会加重管理负担。

例如，美国的一般行政类序列包含23个职组，每个职组又包含数量不等的职系。其中人力资源管理职组包含7个职系，商务和产业职组包含24个职系，工程和建筑职组包含31个职系。加拿大公务员管理也采用职位分类制，其职组划分曾经达到2600多个，涉及1300种薪酬表。可见，职位分类适用于专业性较强、容易规范说明的职位；而对于工作内容变化较大且依赖公务员智慧和创造力的职位，适用性较弱。除了技术难点外，职位分类在实施过程中还可能遭遇来自传统人事制度的冲击，日本的经历就是典型。

"二战"后，日本曾在美国专家的影响下于20世纪50年代通过《关于国家公务员职阶制的法律》，对职位分类的定义和框架做出具体规定，但这部法律最终未能实施。一方面，日本对职位分类体系设计缺乏经验，操作过程中的技术性问题难以解决；另一方面，职位分类管理遭到了公务员工会的强烈抵制，许多人认为这项分类改革可能会形成新的身份等级制。直到2006年日本修订《工资法》，才将普通公务员分为行政职、专门行政职、税务职、公安职、海事职、教育职、研究职、医疗职和指定职等类别，替代了未能顺利实施的职位分类制。2008年，日本国会通过了《公务员改革基本法案》，将公务员选拔考试重新设置为重视政策规划能力的"综合职考试"、重视行政事务能力的"一般职考试"和重视专业技术能力的"专门职考试"，从考录环节开始进行分类选拔和管理；同时，设立"研究生录用考试""中层任职考试"和"女性挑战者考试"，吸引特殊应考者。

可见各国对公务员范围的界定模式不一，方法不同，但总体上对于西方各国而言，国家公务员制度普遍实行"两官分途"，即将公务员分为政务类公务员与业务类公务员。政务类公务员实行任期制，由民选产生或由政府首脑任命，负责政党政策在政府工作中的贯彻执行；业务类公务员实行常任制，多数通过考试录用，主要负责执行政府的日常业务。两者不得相互转任。政务类公务员的产生和管理办法与业务类公务员不同，两者或者各自独立适用不同的法律，或者在同一部法律中独立规定。

2. 保持政治中立

所谓"政治中立"是指公务员不得参与党派斗争活动，不得参与党派竞选，不得以党派偏见影响决策。这是西方国家公务员普遍采用并自我标榜的一种选任原则。西方国家既要坚持"政党轮流执政"，又要避免"政党分赃"的腐败现象，因而特别强调业务类公务员得保持政治中立：必须忠于政府，不得带有党派倾向和其他政治倾向，不得参与党派活动，同时其管理也不受政党干预。按照美国的法律规定，联邦政府高级公务员职位一旦出现空缺，必须向公众公布。除在报纸电视等新闻媒体上公布外，最新的办法是在因特网上公布（至少保持 14 天），任何人均可方便地在网上查询到有关信息。公布的职位分为两种情况，一种是只有联邦政府的属员才能申请，一种是任何人均可申请。为方便申请者，人事总署公开出版求职指南，介绍基本要求和工作程序，指导求职者如何填写申请书英国在公务员的内部纪律中规定，公务员"不得参加政党和担任政党机构的官员，或为政党从事政治活动""不得发表政治言论，表明自己的政治观点，不得发表批评政府的政策和措施的意见"等。美国在 1883 年施行的文官制度法（亦称《彭德尔顿法》）中规定："文官在政治上必须采取中立态度，禁止参加竞选等政治活动，禁止进行金钱授受""文官须忠实于政府，对现行政体和政治组织，不得产生怀疑"。《日本国家公务员法》规定："公务员不得为政党和政治目的谋求接受捐款及其他利益，或者不得以任何方式参与这些行为""公务员不得作政党或政治团体的负责人、政治顾问或有同等作用的成员"。

3. 贯彻公开、平等、竞争原则

公开、平等、竞争的原则源于近代西方国家民主宪政的思想文化基础，这是公务员制度的基本标志，也是在公务员制度中落实宪法规定的公民权的基本要求。该项原则体现在公务员制度的各个环节上。英美两国的官吏制度改革，是以建立考试录用制度为开端的，法国、日本、德国等国建立现代国家公务员制度也是从实行考试录用开始的。许多国家的法律都明文规定，政府任用官员或填补空缺，除政治性任命外，其他的必须从考试合格者中选用，不得任用不合格者。美国《1978 年文官制度改革法》规定："保证人人机会均等，经过公开的竞争性考试，只根据能力、知识、技能来决定录用和提升"。《日本国家公务员法》规定："一切官职都对考试成绩优秀者敞开大门""国民不分民族、信仰、性别、社会身份、家庭出身、政治见解和政治所属关系，在本法面前一律平等"。美国联邦官员中有90%是通过公开竞争考试的办法录用的。"平等"主要表现在不能有"与生俱有"的差别歧视，公务员参加录用考试不因民族、种族、性别、出身、党派、宗教信仰、家庭背景、婚姻状况等因素而遭受歧视或享受特权，但对一定职位所需的技能、资历、学识等资格条件，得普遍作出一定的要求，从而保证平等与竞争的有机结合。公务员的录用考试均通过报刊、广播、电视等途径公布有关事项。主要按报考人的考试成绩，参考其资历、学历、品德和健康状况，择优录用。

4. 实行功绩制

世界各国对公务员的考核，称呼不尽相同，如埃及称"考核"，法国称"鉴定"，日本称"勤务评定"，奥地利称"工作成绩评定"等，内容却无实质性差别，其主要内容是考绩，即通过对公务员工作能力、努力程度，尤其是工作成效等的考核，决定其职务的升降和奖惩。功绩制强调的是实实在在的工作成绩，而不是年资高低、亲疏关系、党派关系等其他因素。它要求必须按照公开考试的成绩录用公务员，必须按照工作的成绩提升公务员。功绩制体现了"任人唯能"和"奖优罚劣"的思想，实现了担任政府职位"机会均等"的原则。

对于考绩的具体内容，许多国家都根据本国情况作了比较详细的规定。例如《德国公务员资历条例》规定："公务员的录用、任用、授职、提职、晋升，只能依据公务员的资格、胜任工作的能力和工作成绩来决定""工作成绩就是按照工作要求对公务员的劳动成果所作的评定"。英国对公务员实行"功绩考核制"。考核的内容主要包括日常考勤和定期考核，以考绩为主。美国《1978 文官制度改革法》规定："工作成绩良好者继续任职，工作成绩不好者必须改进，工作达不到标准者予以解职"。考核在美国人事管理中占有重要的位置，被认为是合理惩戒的尺度提升解雇得依据，调整薪金的参考，提高效率的途径。它主要通过考勤和考绩为主。《日本国家公务员法》规定："公务员的任用，依照本法和人事院规则的规定，根据考试成绩、工作成绩或者其他能力的考核结果进行""政府机关首长必须对所属公务员的工作进行定期评定，并根据评定结果采取适当措施"。法国公务员的考核项目共有14项，即身体适应性、专业知识、守时值勤、整洁及条理情形、工作能力、合作精神、服务精神、积极性、工作速度、工作方法、洞察力、组织能力、指挥监督能力、判断能力。法国地方公务员的管理比国家公务员的管理简单得多，但同样要遵守《法国公务员总章程》。巴黎市大约有5万名地方公务员，有的地方仅有数千名地方公务员甚至更少。

5. 保障公务员权利

西方国家公务员制度都很重视保障公务员的合法权利。目前世界各国工资制度普遍采取的以下四个基本原则：第一，定期原则，即定期提薪；第二，平等原则，即同工同酬；第三，平衡原则，即与其他行业人员工资保持平衡；第四，适应形势原则，即薪金增长率大于物价上涨率。其他行业人员工资随着企业经济效益和物价变动而自然升降；而公务员的报酬是依据法律法规进行程序性调节的。两种截然不同的工资形成和调节机制，这就势必造成二者之间的工资差距，尤其是同类人员工资待遇方面的不平等。为了更多地吸引人才、留住已有人才，而又不至于使国家财政开支过大，目前西方发达国家都参照私营企业同类人员工资的增长幅度，调整公务员的工资水平。市场经济就是法治经济，工资立法既是工资制度的定型化，也是公务员工资制度正常运行的重要保障。各国都十分重视在每年国家财政支出中保证公职人员的工资费和提薪费。外国人事行政学者认为只要实现工资的合理化，才能达到工作的有效化。除了较高的工资收入外，大多数国家公务员及其家属享有全额的公费医疗，并且政府负担公务员的全部养老金和子女的全额免费教育以及住房福利待遇。此外，国外公务员还有各种收入不同和种类不同的名目繁多的奖金、津贴和补贴等。从国外公务员的补贴和福利（以货币计算）占工资的比例来看：法国的高级公务员占41.9%，低级公务员占21%；古巴仅午餐补贴就占18.9%；新加坡仅公积金一项就占40%。各国公务员的工作相对稳定，一般属于终身制，不需缴纳失业和养老保险费，这些均由国家统一发放。

公务员除享有一般公民的权利以外，还享有保障公务员身份的特殊权利，主要包括以下权利：就职平等权、合理报酬权、职业培训权、带薪休假权、辞职权、申诉权等。为保障公务员的合法权利，各国一般都在公务员制度的有关规定中对公务员的权利和义务进行明确规定，并设立专门的机构受理侵犯公务员权利的事宜，如英国设有"功绩制保护委员会"、日本设有"公平审查委员会"、法国设有"对等委员会"等。此外，许多西方国家还建立了公务员工会，充当公务员的利益代言人，就公务员的权益问题与政府谈判，如美国的联邦公务员，就有三家工会组织。西方国家通过这种权利保障制度，有效地防止了行政长官滥用职权处分公务员的行为，维护了公务员的合法权利。

德国：公务员晋升机会多

德国公务员晋升的方式主要有职务晋升和职级晋升两种。职务晋升遵循的是"适才适用"，旨在加强公务员的专业化建设。它分为科、处、部等近20个等级。职级晋升依照的是"适才适遇"，通过设计科学合理的工资福利制度，给予合适的待遇。公务员晋升渠道很多，除了可依表现、工龄晋升之外，还可参加公开考试直接升职。对那些表现特别突出的公务员，破格晋升的机会也很多，但破格晋升的，须经过一年试用期。无论哪种情况，政府部门都会事先公布职位和录用条件。一些公务员在职务上可能短时间内没有机会晋升，但可以通过职级晋升来"弥补"。

新加坡：不搞上下级双向考评，也不搞同级左右互评

新加坡对公务员的考评很严格，建立了一套科学、完整的考评体系。程序上，按照自我报告、上级考评和更高一级复签的办法，每年考评一次。考评报告分为两种，一种是工作报告，主要考评工作目标的完成情况，包括个人品质、态度、责任等。这是公开性的，考评结果要反馈给被考评人本人；另一种就是潜能报告，主要考评公务员开阔的视野、分析能力、想象力和现实感，也就是李光耀所说的"直升机"素质。这是秘密性的，主要作为公务员升迁级别的依据。新加坡不搞上下级双向考评，也不搞同级左右互评，目的是鼓励各级领导大胆管事，对下属严格要求，不怕得罪人，树立领导层的权威，提高公务员的执行力，同时也是为了避免同事之间因互评带来的人为矛盾。

美国：评估考核的结果作为公务员任用、晋升的唯一依据

对公务员的评估主要是根据公务员本人胜任工作的能力和工作业绩，而不是年资高低、亲疏关系、党派关系等其他因素。工作业绩就是按照工作要求对公务员的劳动成果所作的评定。美国《1978年文官制度改革法》规定："工作成绩良好者继续任职，工作成绩不好者必须改进，工作达不到标准者予以解职。"人事部门每年都要定期对公务员进行全面评定，政府机关首长必须根据评定结果决定对公务员的奖惩、任用。公务员评估考核的结果作为公务员任用、晋升的唯一依据。

英国：强调通才通专结合

英国是世界上最早实行公务员制度的国家。在人才选拔中，注重选拔对象的教育程度、文学素养、掌握知识的多少，以及综合、推理和判断能力。就初任考试而言，英国的专业技术职务自然要以专业知识为主，而"通才"观念主要体现在行政类官员的初任考试以及晋升到高级文官的人才类型中。"通才"标准强调个人学历，故公务员录取者多为剑桥、牛津等名牌综合性大学的优秀毕业生。这种选拔人才的标准，使"专才"在文官队伍中地位低下且日益减少，无法进入高级行政人员的行列，参与行政决策和政策制定。但现代社会的政策与决策主要依赖于专业知识，于是英国人在实践中也逐渐发现以"通才论"考选公务员有很大弊端，于是在 20 世纪 60 年代着手改革，力求"通专结合"。"通专结合"要求公务员知识面宽广，一专多能或者多专多能，体现了既要重视公务员的知识和学历，也不轻视公务员的专业性和技能。

三、中国特色公务员制度

中国特色公务员制度作为中国特色社会主义制度的重要组成部分，是随着我国经济体制改革和政治体制改革不断深入逐步建立起来的，是改革开放进程中干部人事制度的重大改革。它顺应了时代发展的潮流，符合人民群众的愿望。自改革开放以来，公务员制度建设、队伍建设的各项工作在整体推进中重点突破，与时代发展同进步，与党和国家事业齐发展，同时也为我国全面改革的不断深入提供了制度保证和组织保证。

1. 中国特色公务员制度在改革开放中建立、发展、完善

干部人事制度是国家政治制度的重要组成部分，是实现国家经济社会发展目标的重要条件。改革开放以后，随着我国经济体制改革的推进，迫切要求在干部选拔上增加透明度、开放度和群众的参与程度，要求在更大范围内创造一个有利于人才脱颖而出的局面，干部人事制度改革很快提上党和国家重要议事日程。1980 年 8 月，邓小平同志指出：坚决解放思想，克服重重障碍，打破老框框，勇于改革不合时宜的组织制度、人事制度。关键是要健全干部的选举、招考、任免、考核、弹劾、轮换制度。并强调，随着建设事业的发展，还要制定各个行业提升干部和使用人才的新要求、新方法。将来很

多职务、职称，只要考试合格，就应当录用或者授予。这一系列重要指示，为干部人事制度改革指明了方向，为建立和推行公务员制度奠定了重要的理论基础。1987年党的十三大正式提出，干部人事制度改革的重点是建立国家公务员制度。从党的十四大到十七大，从七届全国人大到十一届全国人大，都对推行、完善公务员制度，加强公务员队伍建设，提出了明确的任务和要求，这既表达了党和国家的意志，也反映了实际工作蓬勃发展的进程。

中国特色的公务员制度基本建立。经过10多年的研究、论证和试点，1993年8月14日，国务院颁布《国家公务员暂行条例》，标志着公务员制度在我国正式建立。按照中央和国务院的部署，各级组织人事部门坚持"整体推进，突出重点，分步到位"的思路，又经过十多年的艰苦努力，公务员制度在全国各级党政机关全面入轨运行。2005年4月，第十届全国人大常委会第十五次会议审议通过了《公务员法》，《公务员法》配套法规体系和分类管理制度初步形成。2006年1月1日《公务员法》开始实施，标志着公务员管理进入了新的法制化阶段。这是我国50多年来干部人事管理第一部总章程性质的法律，在干部人事工作历史上具有里程碑意义。以《公务员法》为基本依据，公务员考核、录用、奖励、处分、调任、职务与级别、非领导职务设置、职务任免与升降、培训、申诉、新录用公务员任职定级、辞去公职、辞退、日常登记、录用考试违纪违规处理等15个配套政策法规及一批专项处分规章陆续颁布，初步形成了公务员管理制度体系框架，公务员管理的主要环节实现了有法可依。这些法律法规，进一步健全了我国公务员管理的制度体系，为科学、民主、依法管理公务员队伍提供了重要依据。各地区、各部门根据实际情况，也制定了一些实施办法和细则，公务员管理实现了有章可循，有法可依，公务员管理工作实现了由适应计划经济的管理体制到适应社会主义市场经济体制的历史性跨越。分类管理和聘任制制度建设稳步推进，在工商、税务、海关系统开展了行政执法类公务员管理试点，在公安机关、国家安全机关开展了专业技术类公务员管理试点，在深圳市开展了公务员分类管理试点。按照中央深化司法体制改革的要求，组织实施公安机关执法勤务机构人民警察警员职务套改工作，在人民警察队伍中先行完成了分类管理的基本框架。先后在深圳市、上海浦东新区、中国证监会启动聘任制试点，为推进聘任制工作积累了经验。[1]

充满生机和活力的公务员管理机制有效运行。实践中，始终围绕促使优秀人才脱颖而出、克服选人用人的不正之风等重点问题，在完善管理机制方面进行了许多创新。公开、平等、竞争、择优的科学用人机制初步建立。坚持凡进必考，严把公务员"入口"关。《公务员法》实施以来，通过考试录用为各级党政机关选拔了大量的优秀人才，优化了公务员队伍结构，增强了公务员队伍的生机与活力。在考试录用工作中坚持基层导向，不断加大从基层和生产一线考录公务员的力度，省级以上机关录用有基层工作经历人员的比例逐年提高。通过加强考录相关课题理论和技术研究、加强专家队伍建设等措施，公务员考试录用的科学化、规范化水平不断提高。在职务晋升上，破除"论资排辈"，积极推进公开选拔和竞争上岗，坚持民主、公开、竞争、择优方针，提高了选人用人公信度，树立了正确的用人导向，使一大批优秀公务员脱颖而出。激励保障机制普遍推行。实行考核制度，对公务员的"德、能、勤、绩、廉"进行综合评价，改变了干多干少一个样，干好干坏一个样的现象；奖励制度的完善，激励公务员爱岗敬业、争创一流；申诉控告等制度的实行，有效维护了公务员的合法权益。新陈代谢机制基本形成。退休、辞职、辞退、交流等制度的建立，有效破解了"能进不能出"的难题，机关逐步告别了"铁饭碗""铁交椅"，实现了公务员的正常交替更新，增强了队伍的生机与活力。监督制约机制发挥有效作用。行为规范、纪律、处分、轮岗、回避等制度的实行，强化了对公务员的监督约束，规范了公务员的履职行为，促进了机关廉政建设。这些机制的建立和有效运行，为公务员队伍建设提供了广阔的空间和持久的动力。

一支政治坚定、业务精湛、作风过硬、人民满意的公务员队伍正在形成。作为治国理政主体的公务员队伍，其素质和能力决定着党的执政能力和国家的管理水平。在公务员制度建立、推行中，始终把公务员队伍的思想政治建设、作风建设和能力建设作为重点。坚持理论武装，组织广大公务员认真学习马列主义、毛泽东思想、邓小平理论、"三个代表"重要思想，深入学习实践科学发展观，贯彻党的十八大和十八届三中、四中全会精神，进一步坚定

[1] 宋世明、王红缨："中国的公务员制度——对西方经验的拒绝、改造、引进与超越"，载《经济社会体制比较》2010 年第 6 期。

公务员的理想信念，强化公务员的宗旨意识、责任意识、廉洁意识，增强了贯彻党的路线、方针、政策的自觉性。坚持大规模培训和实践锻炼，优化了公务员队伍结构，提高了队伍素质。从学历上看，大专以上人员占总数的比例由1992年的30%，上升到2007年的86%；从知识结构上看，公务员的公共管理、公共政策、市场经济、现代科技、法律以及计算机等知识得到了补充；从能力结构上看，公务员的依法行政、公共服务、调查研究、沟通协调、应对突发事件、学习创新等能力有了很大提升。坚持培育弘扬公务员精神，深入开展做"人民满意的公务员"和行为规范教育实践活动，公务员作风建设得到加强，为人民办实事、办好事的热潮兴起，在促进经济发展、社会进步、文化繁荣、人民生活改善等方面发挥了重要作用，1996年以来共评选出全国"人民满意的公务员"130名，"人民满意的公务员集体"72个，人民群众看到了党政机关和公务员的新形象。

充分发挥了干部人事制度改革的示范和导向作用。公务员制度的建立与推行，是改革与计划经济体制相适应的政企、政事不分的大一统人事管理体制的突破口，奠定了干部分类管理的新格局，推动了分类管理的进程。公务员制度确立的管理机制、管理规则，为整个干部人事制度改革提供了经验，起到了示范作用，促进了干部人事制度改革的深化。考试录用、竞争上岗、公开选拔等制度的大力推行，改变了不适应市场经济的用人模式，公开、公平、公正的选人用人观念日益深入人心，在全社会起到了良好的导向示范作用，为民主政治建设注入了生机，给社会生活带来了广泛而深刻的影响。

2. 公务员制度的探索实践，积累了四个方面的宝贵经验

公务员制度的探索实践，实际上是一个不断落实邓小平同志干部人事制度改革思想的过程，是不断探索将科学的人事管理理论与中国实际相结合的过程，也是采取领导与群众相结合，集思广益、集中各方面智慧的过程。实践深刻表明，我国的公务员制度是适应社会主义市场经济需要、符合社会主义民主政治发展方向，既体现优良传统又具有时代特征的好制度。各地区、各部门在建立和推行制度工作中积累了丰富的经验，摸索出了一些带有规律性的东西，概括起来主要有以下几个方面：

第一，必须始终坚持以中国特色社会主义理论为指导，保持正确的政治方向。公务员队伍是党的干部队伍的一支重要力量。在建立和推行公务员制度过程中，我们始终高举中国特色社会主义伟大旗帜，坚持用中国特色社会

主义理论指导公务员管理工作，全面贯彻落实党的路线方针政策。公务员录用、晋升，体现公开、平等、竞争、择优的原则，体现"革命化、年轻化、知识化、专业化"的方针；考核体现群众公认、注重实绩；奖励弘扬正气、引领时代风尚；处分体现严格要求、严格管理、严格监督，惩前毖后、治病救人；培训把思想政治素质教育放在首位。实践充分证明，只有坚持以中国特色社会主义理论为指导，认真贯彻落实党的干部路线方针和政策，自觉服从服务于国家经济社会发展大局，才能确保公务员管理的正确方向。

第二，必须始终坚持从中国国情出发，同时借鉴国外有益经验。公务员制度的建立和推行，始终立足于社会主义初级阶段这个实际，立足于巩固和加强党的领导，坚持四项基本原则，坚持党的干部路线、方针和政策。同时，根据建立社会主义市场经济的客观要求，吸收和借鉴国外有益经验，遵循公务员管理的一般规律，引进竞争机制，合理有效地配置人才，继承和发扬我国的优良传统。使党管干部的原则，德才兼备、任人唯贤、群众公认的任用原则与公开、平等、竞争、择优，依法办事有机结合，从而使公务员制度植根于中国的政治文化之中，使其具有蓬勃的生机与活力。

第三，必须始终坚持为人民服务的宗旨，使制度建设取得实效。公务员制度的推行要始终抓住全心全意为人民谋利益这一出发点和根本点。针对人民群众关心的热点和改革的难点问题，重点抓好考试录用、辞职辞退、竞争上岗、轮岗、开展做人民满意的公务员活动，强化公务员队伍的思想政治建设和职业道德建设，激发公务员队伍的活力、效率和积极性。这充分反映了人民的心愿和呼声，得到了人民的拥护，而广大群众的广泛关注和热情参与，又保证了推行工作的顺利进行。

第四，必须始终坚持解放思想、实事求是、与时俱进。一项制度是否有生命力，关键是看能否适应新形势、解决新问题。实践中，我们不断把思想认识从那些不符合时代要求的观念、做法和体制的束缚中解放出来，把解放思想与实事求是结合起来，不断研究新情况新问题，努力使公务员管理工作体现时代性、把握规律性、增强主动性、富于创造性。始终把建立起能上能下、能进能出、有效激励、严格监督、竞争择优、充满活力的用人机制作为重点，认真总结基层创造的新鲜经验，积极探索竞争上岗、任职试用期、任前公示、聘用制、人民群众评议公务员工作等制度。实践充分证明，公务员管理领域取得的每项重大成就，都是坚持解放思想、实事求是、与时俱进的结果。在新的历史时期，只有不断解放思想，坚持实事求是，切实解决不适应不符合科学发展观要求的突出矛盾和问题，才能不断开创工作新局面。

3. 中国特色公务员制度的独特性

国家公务员是代表国家的从事社会公共事务管理、行使行政职权，履行国家公务的人员。公务员制度是一种对公务员实行科学管理的制度。国家公务员的制度是人事管理科学发展到一定阶段的产物，是人类文明发展的共同成果，具有共同的特点。但由于各国的社会制度的性质不同，人事制度形成的基础和所处的历史条件以及所有达到的政治目的不同，国家公务员的范围和职责也不同，它的内部管理的形式、内容、原则和方法也有很大的差异，因而各个国家在不同时代所制定的国家公务员制度都具有自己的特点。

国家公务员局数据显示，到 2012 年底，中国公务员总数已达到 708.9 万人，经过多年的实践与发展，中国已经初步建立了中国特色的公务员制度。中国国家公务员制度与世界上英、法、美、日等资本主义国家的西方文官制度相比，与我国传统的干部管理制度相比，具有鲜明特色。[1]

一方面，与西方文官制度相比，中国国家公务员制度适合社会主义制度的本质要求，有着鲜明的政治特色，成为中国国家公务员制度区别于西方各国文官制度的根本特征。国家公务员制度是为国家政权服务的。什么样的国家政治制度，决定着什么样的政权组织形式，而这政体的不同，必然要求有与之相适应的用人及管理制度。中国是社会主义国家，国体政体及政府宗旨与西方国家有着本质不同，中国公务员制度与西方文官制度的区别，从根本上说，是反映了社会主义政治制度与资本主义政治制度的区别，这是我国公务员制度最鲜明的特色。

第一，我国的公务员制度坚持党的"一个中心，两个基本点"的基本路线。我国建立国家公务员制度，目的是为了从组织上保证党的十一届三中全会以来的路线、方针和政策的贯彻执行，使政府机关的人事管理工作更好地为经济建设这个中心服务。四项基本原则是我国宪法规定的基本原则，是我国的立国之本。我国立法和建立各项法律制度必须以四项基本原则为根本指导思想。而西方国家由于各政党之间相互制衡，文官制度都不讲公务员的政

〔1〕 胡维佳："专家谈中西方公务员制度最大区别：党管干部原则"，载《中国经济周刊》2013 年 12 月 3 日。

治性。我国规定，国家公务员制度贯彻社会主义初级阶段的基本路线，贯彻中国共产党的干部路线和方针，并把它规定为义务，在各项具体管理制度中也都坚持和贯彻这一指导原则。这与西方国家强调公务员要保持"政治中立"、不准参与政治活动形成鲜明对照。中国共产党的基本路线是建立中国公务员制度的根本指导原则。建立公务员制度的目的就是要为贯彻和执行党的基本路线提供制度保证。所以，不搞"政治中立"，要求公务员必须始终与党中央保持一致，坚决捍卫和执行党的路线、方针、政策。而西方文官制度则强调所谓"政治中立"的原则，要求文官不得参加党派等政治活动，在公务活动中不得带有党派的政治倾向性等。

第二，我国公务员制度坚持党管干部的原则。我国公务员制度是在党的组织路线和干部政策的指导下建立的，是党的干部制度的一个组成部分，各项管理制度是按照党的干部路线、方针、政策制定的。党管干部主要表现为党制定国家公务员工作的方针、政策，指导政府人事管理改革，做好对政府人事工作的宏观管理和监督；各级政府组成人员和其他重要公务员，由党的组织部门考查，党委讨论决定，依法由各级人大选举产生或由各级政府任命。而西方国家实行政党政治，两党或多党竞争，轮流执政。为了避免由于政党的更替造成政府工作人员大换班的混乱，它强调公务员是一个独立的管理系统，不受政党干预，与党派脱钩。

第三，我国公务员制度坚持德才兼备的用人标准。"德才兼备"是我们党在长期的斗争中创造、形成的行之有效的选拔和使用干部的原则。坚持德才兼备原则，就是在选拔使用公务员时，要用"德"和"才"两把尺子去衡量，要求二者同时具备，并把坚定的政治立场和正确的政治方向放在首位，它体现在我国公务员制度的各项具体的管理制度之中。比如，公务员的录用和晋升，既注重政治思想表现，又注意工作能力和工作实绩，公务员培训，坚持政治教育与业务培训相结合。我国公务员制度强调公务员必须接受马列主义毛泽东思想的教育，把学习马列主义、毛泽东思想，作为公务员的义务，对公务员的培训，要坚持政治培训与业务培训相结合。而西方文官制度只注重对业务知识的补充、更新，不讲政治思想的教育与培训。这些规定同西方公务员制度有原则上的区别。

第四，我国公务员制度坚持为人民服务的宗旨。做人民公仆，为人民办事，对人民负责，受人民监督，这是中国公务员最根本的行为准则。中国公务员没有自己集团的特殊利益，也不存在任何形式的特权。而西方国家的文官则是一个独立的利益集团，它受雇于政府，是政府的雇员，一切服从政府需要，为政府利益服务。我国的公务员是人民群众的公仆，他们代表国家和人民执行公务。这就决定了他们的一切活动必须坚持全心全意为人民服务的宗旨。因此，我国规定，公务员必须全心全意为人民服务，要接受群众监督。而西方国家的公务员，相对于老百姓来说是政府官员，而相对政府来说是雇员，政府与文官的关系是雇主与雇员的关系，是一个特殊的利益阶层。

第五，我国的公务员不搞西方上的"政务官"与"事务官"之分。不搞"两官分途"，这是由于我国是共产党执政的国家，不搞多党轮流执政，所以不存在政务官与事务官的截然分野。而西方文官制度则实行"两官分途"，强调政务官的所谓政治化和事务官的所谓职业化，这是两个截然不同的职官体系，相互之间不能转任。在我国政府机关中，政府组成人员和非政府组成人员，在生产方式上虽有不同，但所有的工作人员，不论职位高低，都是人民公仆，党和国家对他们的要求，都必须既懂政治，又懂业务，努力做到"又红又专"，他们之间可根据工作需要互相转任。我国公务员队伍，不是一封闭的系统，政府机关工作人员和党的机关工作人员，其他机关的工作人员、企业事业单位的人员，要以通过一定的程度和办法经常交流的。而西方公务员制度强调维护文官的特殊利益，是一个封闭系统，其他行业的人难以进入，而一旦进入，便可任职终身。其公务员为维护自己的利益，常通过公务员组织向政府提出要求，与政府进行谈判。

另一方面，与我国现行的人事干部制度相比，国家公务员制度科学化、民主化、法制化、现代化方面有了新的突破性发展，表现出有别于传统干部管理制度的鲜明的时代特色。

我国公务员制度是在新的历史条件下，在深刻总结传统干部制度的基础上建立和完善起来的，是对原有人事干部的改革和发展。我国国家公务员制度不仅与西方的文官制度有着本质的区别，与我国现行的人事干部管理制度相比，也克服了存在的种种弊端，有了很大的发展。与原有的人事干部制度相比，既有原则的坚持，也有内涵的改善；既有吸收和继承的内容，也有完善和发展的实质，在科学化、法制化上大大前进了一步，在管理机制上比原有人事干部制度进一步健全和强化，在工资福利保险上比原有人事干部制度有较大的改善和提高。具体表现在以下几个方面：

第一，从系统结构上确立了科学的分类管理体制。国家公务员制度是对人事实行分类管理的一种制度。逐步建立健全符合机关、企业和事业单位特点的科学的分类管理体制，是我国人事劳动制度改革的一项重要内容。我国公务员制度主要适用于政府机关，与企业、事业单位的人事管理方式相区别，这就从根本上改变了以往笼统按一个模式管理的办法。因此，公务员制度的建立，不仅标志着具有中国特色的国家行政机关人事管理制度的形成，也标志着我国人事分类管理制度正初步确立。

第二，健全了法制化管理体系。国家公务员制度是行政机关工作人员管理的一整套规范，要求对政府中行使国家行政权力，执行国家公务的人员严格依法办事，这就改变了人事管理法律法规不健全的状况。公务员制度除了有总法规，即《国家公务员暂行条例》之外，还有各个单项法规及其实施细则，形成一套比较健全的法规体系，使公务员管理有法可依，逐步提高公务员管理的法制化水平。

第三，具有良好的激励竞争机制。公务员的录用，按照"公开、平等、竞争、择优"的原则，实行面向社会，公开考试，严格考核，择优录取。对公务员进行严格考核并以考核结果作为主要依据，按照一定的程度对公务员进行奖惩、培训、职务晋升、晋级增资以及职位调整，做到能上能下，有利于调动积极性和创造性，克服"干好干坏一个样"的现象。

第四，建立了正常的新陈代谢机制。打开"入口"，疏通"出口"，是我国干部制度的一个重大突破。我国公务员制度一方面在人员录用上严格把关，坚持公开、平等、竞争的原则选拔优秀人才，充实公务员队伍，以保证公务员队伍的良好素质；另一方面，在建立正常退休制度的同时，还规定必须进行人员交流，部分职务聘任制，规定不同职务的最高任职年龄的梯度结构，以及采取辞职辞退等办法，使公务员做到能进能出，以增强机关的生机与活力。

第五，强化了勤政廉政的约束机制。公务员制度把勤政、廉政作为对公务员的一相基本要求，贯穿和体现在公务员的义务与权利、纪律、录用、晋升、考核、奖励、回避、交流等各项制度和管理环节之中。在公务员制度的运行和管理过程中，通过这些制度的实施和加强监督，将促进和保障公务员勤政为民，廉洁奉公。[1]

4. 中国特色公务员制度的创新与完善

按照党的十七大和十七届四中全会的要求，中央制定印发了《2010～2020 年深化干部人事制度改革规划纲要》（以下简称《规划纲要》），《规划纲要》是新形势下推进干部人事制度改革的纲领性文件，明确提出了建设中国特色社会主义干部人事制度的改革目标，这是继续推进干部人事制度改革必须牢牢把握的政治方向和根本要求。

第一，坚持公务员制度改革创新的政治方向。公务员制度是政治制度的重要内容，具有鲜明的政治性。在公务员制度建设中，必须按照《规划纲要》确定的目标和方向，坚持用马克思主义中国化的最新理论成果指导工作实践，坚持以邓小平理论、"三个代表"重要思想和科学发展观为指导思想，贯彻党的干部路线和方针，确保公务员管理工作的正确方向。全面贯彻深化干部人事制度改革的指导原则。干部人事制度改革是干部人事工作从思想观念、体制机制到方式方法的全面变革，政治性、政策性都很强，必须坚持原则，积极稳妥推进。《规划纲要》明确提出了"四个坚持"的原则要求，即坚持党管干部原则，坚持德才兼备、以德为先用人标准，坚持民主、公开、竞争、择优的改革方针，坚持科学化、民主化、制度化方向。这"四个坚持"同样也是公务员制度改革创新必须自觉遵循的原则，不能有丝毫动摇。准确把握深化干部人事制度改革的核心要求。《规划纲要》提出，要通过坚持不懈的努力，逐步形成"广纳群贤、人尽其才、能上能下、公平公正、充满活力"的中国特色社会主义干部人事制度。这 20 个字是中国特色社会主义干部人事制度改革目标的根本要求，是衡量改革成效的重要标准。在过去十几年建立和推行公务员制度的过程中，我们已经朝着这个目标作了不懈的努力，今后应继续把这个目标作为公务员制度改革创新的根本要求，坚定不移地加快完善公务员制度。

第二，加快推进公务员分类管理和聘任制。分类管理是实现公务员科学管理的前提和基础，是《公务员法》确定的一个重大原则，也是一个重要的制度创新。公务员制度本身就是干部分类管理的重大成果，公务员制度的完

---

[1] 胡维佳："专家谈中西方公务员制度最大区别：党管干部原则"，载《中国经济周刊》2013年 12 月 3 日。

善同样需要科学合理的分类管理作支撑。加快完善公务员分类管理机制，对于拓展不同类别公务员职业发展空间，建设高素质、专业化的公务员队伍，具有十分重要的意义。《规划纲要》对此提出了明确要求，必须抓紧研究落实。从客观条件看，应当说这项工作目前已经有了比较好的实践基础。《公务员法》实施以来，按照"试点先行、制度跟进、突出重点、统筹兼顾"的原则，在公安、质检、工商、税务、海关、证监会等部门和上海、深圳等地进行的分类管理和聘任制试点，业已取得重要的阶段性成果。特别是近期公安机关警员职务套改工作已经开始，标志着行政执法类公务员管理工作取得实质性进展，对下一步整体推进公务员分类管理工作具有很好的示范作用。继续深化公务员管理分类改革，重点要从三个方面入手：一是加快试点进度。要及时总结试点经验，扩大试点范围，深化试点内容，不断加以完善，从中积累更多的经验，为分类管理打下坚实基础。二是加大制度建设力度。要在试点和充分听取各地、各有关部门意见的基础上，尽快建立专业技术类、行政执法类公务员职务序列并制定管理办法，抓紧制定聘任制公务员管理办法，并及早着手研究完善各类公务员的考录、考核、奖励、培训等相关政策。三是注意统筹三类公务员的关系。综合管理类、行政执法类、专业技术类公务员既相互独立，又都是整体的有机组成部分。在制度设计上要努力做到兼顾各方，综合平衡。既要在管理上突出各自特点，又要把握好适度平衡和合理衔接。

　　第三，建立职务与职级并行制度，健全科学的公务员考核评价机制。实行职务与职级并行制度，是干部人事管理制度的重要创新，对于拓展基层公务员的发展空间，完善公务员的激励机制，加强公务员队伍建设，都有着十分重要的意义。要在现行职务与级别相结合的基础上，增强级别的独立性，完善级别晋升制度，进一步强化级别的激励作用，注重向基层和低职务人员倾斜。这项制度的建立，涉及面广，情况复杂，广大公务员非常关注。下一步要在集中力量进行调查研究，广泛听取各方面的意见尤其是基层公务员意见的基础上，抓紧着手研究并形成相关政策建议。考核制度是公务员管理制度的重要一环。公务员能否牢固树立科学发展观和正确政绩观，很大程度上取决于有没有科学的考核评价机制。中央印发的"一个意见"和中组部配套出台的"三个办法"，是干部考核评价工作的纲领性文件，必须在公务员考核工作中认真加以贯彻，同时要结合非领导成员公务员的岗位特点，进一步加以细化和充实完善。一要完善考核内容。根据不同区域、不同层次、不同类型非领导成员公务员岗位的性质、任务和要求，确定岗位职责，构建促进科学发展的考核指标体系。特别是要注重从履行岗位职责、完成工作任务情况、对待个人名利等方面进行考查，实事求是、全面准确地考核评价公务员，切实发挥考核的导向、评价和监督作用。二要强化平时考核。建立健全和推行平时考核制度，规范平时考核方法和程序，以岗位职责为依据，及时了解和掌握公务员的日常工作表现，加强日常管理，真正发挥平时考核的基础作用。三要加强年度考核。要严格考核程序，切实避免考核程序流于形式、走过场。要切实扩大考核民主，探索引入服务对象评价机制，充分保障人民群众对公务员考核评价工作的知情权、参与权、表达权和监督权。四要强化考核结果运用。要把考核结果作为选拔任用、培养教育、管理监督和激励约束的重要依据，把考核作为从严管理公务员队伍的重要环节，认真贯彻落实中央关于从严管理干部的意见，将相关要求纳入考核内容，并且作为一项经常性、基础性的工作，长抓不懈，切实抓好落实，抓出实效。

第四，坚持和完善从基层一线选拔公务员制度。基层和生产一线是干部成长的摇篮，是党政机关补充人员的重要来源。新形势下，从基层和生产一线选拔录用公务员，是加强党的执政能力建设、增进广大公务员与人民群众血肉联系、建设高素质公务员队伍的战略举措，是解决机关公务员队伍来源比较单一、经历比较简单、素质结构不尽合理等问题的迫切需要。坚持和完善从基层一线选拔干部制度是干部人事制度改革的一项重点任务，我们要着眼于党和国家事业的长远发展，从战略和全局的高度充分认识从基层一线选拔公务员的重要性和紧迫性，加大竞争性选拔公务员力度，加快建立来自基层一线的公务员培养选拔链。一是要把招录有基层工作经历公务员作为公务员考录工作的头等大事，充分发挥考录政策的导向作用。加大从农村、社区优秀基层干部中考录公务员力度，探索从优秀工人、农民等生产一线人员中考录公务员的办法。省级以上机关录用公务员，要逐年提高具有两年以上基层工作经历人员的比例。为此，要对公务员录用工作进行整体规划、系统设计，不断加以完善，切实把那些有基层工作经历、了解基层情况、了解国情、同人民群众有深厚感情的各类优秀人才吸收到公务员队伍中来。要抓紧制定关于进一步做好录用有基层工作经历人员的指导性意见，科学界定、准确理解基层工作经历含义，明确相关政策，搞好政策衔接，完善措施办法，细化工作要求。要积极探索分级分类考试，切实提高考录的针对性和有效性。同时，要进一步完善相关政策措施，鼓励优秀高校毕业生到基层和生产一线去，在实践中增长才干，经受磨练。二是积极推进公开遴选工作。要组织开展公开遴选试点工作，积极推动上级党政机关面向下级机关和基层一线遴选优秀公务员，切实把那些政治素质好、工作实绩突出、具有丰富基层工作经验、与人民群众关系密切、群众公认的基层优秀人才选拔到上级党政机关。同时，对缺乏基层工作经历的公务员，要有计划地安排到基层培养锻炼。

从以上分析中我们可以看到，中国人事制度的改革在不同方面引进了国外特别是西方国家的经验，但同时对外国的经验也在很大程度上进行了改造。在中国公务员制度的设计过程中，西方相关经验在制度设计过程中发挥了反证、指导和估证的作用。第一，中西方的公务员管理具有一些共同的规律。如分类管理的原则、公开平等的原则、监督约束与激励保障并重的原则等共同的做法，中国往往采取接受的态度。中国公务员制度设计对西方经验的借鉴，往往不是借鉴某一具体国家的做法，往往分类型考查其相关制度长期演变共同规律。第二，中国的公务员制度与西方国家公务员制度的发展处于不同的发展阶段。英国公务员制度确立于1870年。美国公务员制度确立于1883年，至今已经是一个"老年人"。日本公务员制度确立于1947年，可以说是一个"中年人"了。而中国公务员制度建立于1993年，刚刚朝气蓬勃地走向自己的"成年"。有些做法，将来中国可以大规模地借鉴，现在则需要留有余地，如职位聘任制。基于此点，中国对西方相关经验往往采取改造的做法。第三，中西建立公务员制度的初衷截然不同。西方各国建立公务员制度主要是为了完全否定"政党分赃制"。中国建立和发展公务员制度的目的与初衷主要是为了解决传统干部人事制度的弊端，不是解决什么"政治中立"问题。这个根本区别往往构成中国拒绝西方相关做法的理由。如政务类与业务类的划分。

进入21世纪的中国公务员制度面临着新的发展环境。随着信息化和全球化时代的来临，世界经济一体化趋势加剧，世界经济社会环境变化迅速，国际竞争日趋激烈，这为我国的公务员制度以及政府改革提供了机遇与挑战，特别是全球范围的政府改革以及文官制度变革的浪潮为我国的行政改革以及公务员制度建设提供了合适的国际大环境，也创造了相当大的外部压力，各国文官制度改革的经验教训为我国公务员制度的发展提供了借鉴。在新的形势下，党中央、国务院对深化干部人事制度改革，加强公务员制度和公务员队伍建设提出了一系列新的任务和更高的要求。适应新形势，立足新实践，我们必须把完善公务员制度放在当今世界深刻变化和当代中国深刻变革的大环境中来审视，放在党的十八大确定的奋斗目标大背景下来思考，放在更好实施人才强国战略、深化干部人事制度改革、加强机关自身建设和公务员队伍建设的总要求中来把握、来推进，在《公务员法》这个新的制度平台上继续探索、勇于改革创新，健全充满生机与活力的科学化、民主化、法制化的中国特色公务员制度。

中国公务员制度大事记

1989 年

人事部在 6 个国家部门和两个地区（深圳、哈尔滨）实行公务员考试录用试点。

1993 年

国务院颁布《国家公务员暂行条例》，建立和推行公务员制度。

1994 年

人事部下发《国家公务员录用暂行规定》，公务员考试录用制度正式建立。同年 8 月，人事部组织了中国首届公务员考试。

2000 年

国考首次加入申论，考生根据指定的材料进行分析，提出见解，并加以论证。

2003 年

国考报名人数首次突破 10 万，达到 12.5 万人。

2005 年

《公务员法》正式出台，"凡进必考"等一系列制度通过法律形式予以确立。

2009 年

国考报名人数首次突破百万。

2013 年

国考报名人数突破 150 万，"国家统计局重庆调查总队合川调查队业务科室科员"以 9470∶1 的竞争比例，成为国考最热职位，被称为"万里挑一"。

第二节　监督制度

一、监督制度概述

1. 监督制度的源流

监督，从字面上看，指对现场或某一特定环节、过程进行监视、督促和管理，使其结果能达到预定的目标。多指监察督促。《周礼·地官·乡师》"大丧用役，则帅其民而至，遂治之"。汉郑玄注："治谓监督其事。"贾公彦疏："谓监当督察其事。"《隋书·炀帝纪上》："〔大业〕二年春正月辛酉，东京成，赐监督者各有差。"《水浒传》第五六回："叫汤隆打起一把钩镰鎗做样，却教雷横提调监督。"因此，监督起源于社会生产和分配中的记事和契约活动，后引用于公共治理之中。所谓监督制度，"主要是指人们为了达到政治、经济、军事、司法方面的某种目的或目标，仰仗一定的权利，通过对社会公共治理中若干事务的内部分工或外部民主性参与控制等途径，针对公共权力的资源、主体权责、运行效能及其公平公正等而相对独立地开展的检查、审核、评议、批评督促、纠正和惩戒活动"。[1]从公共治理的角度来看，监督制度能够抑制权力的专断独行、促进各种权力主体对政治生活的有效参与、及时纠正治理中的偏差等。在西方制度体系中不存在称为"监督"这样的公法意义上的制度。除了在个别国家称市镇长官为 supervisor 之外，supervision 或 supervisor 都是在非国家性的场合使用。《牛津法律大辞典》中几乎找不到一个与汉语"监督"对应的英文词汇。在中国，"监督"是从古到今我们政治生活中十分重要的一个词汇，监督也是中国政治法律体系与社会结构体系中极其重要的制度现象和社会现象。

2. 西方监督制度的历史流变

监督制度作为政治制度中重要的一个组成部分，它的起源与西方民主政治的发展可谓同呼吸共命运。将西方民主的起源追溯至古希腊，特别是古希腊的雅典城邦，这是目前相当流行的学术观点。

依法监督约束公共权力，是人类进入文明社会后始终探索的一个政治课

---

〔1〕　尤光付：《中外监督制度比较》，商务印书馆 2003 年版，第 1 页。

题。古希腊雅典早在公元前6至4世纪，在建立奴隶主民主政治的同时，就形成了与之相适应的法律监督机制，该机制在保障民主政治、防止权力腐败方面，发挥了积极的作用。其监督体制可分成三个组成部分：一是民众大会，民众大会本身是国家权力机构，由它来选举产生行政官员，但它同时也是最主要的监督机关，随时可以对行政官员实行弹劾和惩罚。民众大会监督行政官员最有力的方式就是可以对行政官员或公民提出不信任案，认为其有危害国家安全、危害公民自由等行为，就可以提交民众大会全体举行表决，如多数通过，则对其人实行放逐。但民众大会最足称道的还是在公元前509年的克利斯提尼改革时所确立的"贝壳弹劾法"，即把那些滥用权力、危害国家和公众以及破坏雅典民主制度的人的名字写在贝壳上，过半数则该人在10天内必须离开国境，10年之内不准回国。二是500人会议。500人会议是民众大会的常设机构。500人会议是分全国为10个选区以抽签方式各选50人组成，按地域部落分成10组轮流值班。在没有召开民众大会期间，500人会议承担着对国库、国家印玺和政府官员进行监督的职责，同时也负责监督民众大会通过的各项法律的准确执行。三是陪审法庭。陪审法庭主要是司法机关，但在一定程度也行使着监察机关的权力，对行政官员的活动实行监督。古希腊雅典国家的监督制度赋予了公民很大的监督权力，在其政治经济生活中发挥了很大的作用，但需要指出的是，雅典国家并没有独立的专门监察机关出现，在监督体制上呈现一种多元化的局面。

进入中世纪，欧洲在基督教神学信仰的影响下，存在大量的权力界限问题，比如王权与贵族、城市之间的权力界限，等级会议与国王的权力界限，不同法律的管辖权和司法权的界限等。权力界限问题远远超出权力归属问题，占据政治思考和讨论的核心。沿着中世纪政治开创的这个方向，产生了现代的人权与宪政思想，产生了一整套作为现代政治思想主流的自由主义理念。它们都源于中世纪对权力界限的思考，在全欧洲范围内进行了深入而广泛的大讨论，一直持续到当代。讨论的主题是教权和王权各自是一种什么性质的权力，它们的权力关系、权力界限在哪里？文艺复兴、宗教改革、17世纪英国政治辩论、18世纪的启蒙运动和美国建国与制宪时期的政治讨论、19世纪的政治改革和相关的讨论，直到"二战"后，都是继续在解决这个问题。简言之，沿着城邦时代的政治思考，产生了民主；沿着中世纪的政治思考，产生了宪政。而西方的政治文明，如果从制度的形态来说，就是这两个东西，其他的东西都可以归结在这两个概念下面。民主和宪政下面是一整套的理念，再下面就是相关的政治态度、政治情感、政治价值取向，也就是深层次的政治文化。政治制度、政治理论和政治心理，都是相互耦合的，大体上也是同步变化的。

中世纪的欧洲虽然在政治上形成了封建制度，但没有严格意义上的监督制度，一直到了中世纪的中期，欧洲的监督制度才开始孕育。而且首先出现在英国。其时英国并没有出现国王的专制，国王必须取得骑士、市民的支持才能维持稳定的统治，在这样的背景下，形成了英国封建社会的国会制度。这种国会制度与资本主义时代的议会制度在性质上是完全不同的，它是英国国王为维护封建统治而采取的一种统治阶级各阶层联合的形式。1265年，英国第一次国会召开，它不但有大贵族参加，也有地方骑士和市民代表参加。14世纪时，国会又分为上下两院。上院由僧俗贵族组成，也称为贵族院；下院由骑士和市民代表组成，也称为平民院。国会的主要职权是讨论决定税收，后来又取得了制定法律的权力，也就是说有了立法权。以国会的成立为标志，英国也就建立了等级君主制。和法国的三级会议一样，英国国会完全是封建国家统治机器的一部分，是阶级压迫的工具。广大农奴在国会中没有自己的代表，因而国会丝毫也不能代表人民的利益。1343年，英国国王爱德华三世慑于国会的压力，宣布贵族院有权控告大臣，这是国会监察弹劾权之开始。1386年，平民院又因财政大臣萨福克伯爵滥用职权，向贵族院起诉，经过判决，萨福克被撤职。这样，就确立了平民院提出弹劾案，贵族院审判的监察弹劾程序，并作为惯例保留下来。以后，在资产阶级取得政权后，这种程序又被继承下来，并得到1701年英国《王位继承法》的确认。该法规定：国王的赦免权对弹劾案无效。1787年，美国第一次以宪法的形式肯定了议会的监察弹劾权，规定了弹劾的范围、标准的程序。此后，监察弹劾权作为议会监督政府的手段，被资本主义国家广泛采用。

孟德斯鸠提出了立法、行政、司法三权分立，以权力制约权力的主张。他认为，"制约"和"均衡"是为了防止权力的滥用。"一切有权力的人都容易滥用权力，这是万古不变的一条经验。""要防止滥用权力，就必须以权力约束权力。"当前世界各国的监督制度，主要是通过行政、立法、司法、社会团体及社会舆论共同构筑而成，对于遏制腐败发挥着重要的功能。一是确保公共权力的公益性。现代国家是基于公共利益的大众基础而构建起来的，否定了传统社会中公共权力家族或私人占有模式。正是因为如此，公共权力的运行的"公共性"则成为其核心要义所在。然而,人的私利性追求,促使公共权力拥有者或行使者极易变异公共权力的公益目的,使之成为谋取私利的便利工具。现实社会中,"家长制""一言堂土皇帝"等专职作风,极易发生"权钱交易、权力寻租"等腐败现象,在道德准则及价值观念发生扭曲的情况下,使得公共权力私有化倾向严重。基于此,监督制度就是通过在政府与社会之间、政府不同部门之间,建立结构合理、边界清楚、分工科学的权力监控机制,从而实现对权力持有者的有效监督,避免个人权力的极度膨胀及公共权力的私有化倾向。二是促进公共权力运行的阳光化。从本质上而言,权力是一种支配他人的影响力,通过此影响力达到特定的目的。权力的这种特性决定了其获取私利的便利性,进而使其具有扩张趋向。正是因为如此,现实社会中手握权力的人通过各种方式取一己之需,并且在一定的条件下,不受监督、暗箱操作的权力会导致私欲的极度膨胀,进而引发各种腐败现象的发生。正是基于此,健全的监督机制促使各种权力的运行须置于别种组织或权力的监督之下,使之无法单独运行、暗箱操作。

3. 中国监督制度的历史流变

监督在中国源远流长。尽管它不是现代意义上的"制度",但监督在中国是作为一种制度而长期存在和发展沿革的,只不过这种制度不是今天我们所谓的法治意义上的制度(制度还存在于人治社会,所以还存在人治意义上的制度)。

唐宋以前的言官与察官分立,谏官司言,监督君主,御史司察,监督官僚。从功能上看,是对君主权力和官僚权力的约束。在传统政治思想中,前者则源于民本思想,其极致便是孟子主张的"暴君放伐论",后者是"忠君"和"吏治"的体现,如韩非认为国君对臣下要"因任而授官,循名而责实,操杀生之柄,课群臣之能者也。"——这些政治思想体现在正式制度上,前者的代表则为谏议制度,后者的代表为御史纠察制度。尽管历代制度屡有变迁,但监督官僚和监督君主一直是监督制度的主要内容,其中尤以前者的御史纠察制度为重,而这可以说是世界上其他国家所未曾有过的独特制度。

在战国时期,封建监察制度即已萌芽。秦统一六国后,随着统一的封建专制主义中央集权国家的建立,封建监察制度开始形成。秦汉是中国官制的定型时期,也是正式监督制度的形成期:秦代的御史从"掌赞书而授法令"[1]转变

---

[1]《通典》卷二十四《职官典》。

为专司纠察之任的最高监察官吏（中央长官为御史中丞，地方设监御史），是为中国正式监督制度的发端；相应地还有《置吏律》《除吏律》《为吏之道》等相关的法令和道德规范；以及皇帝的最终裁决和任免权。汉代基本继承了秦代的监督制度；除御史外，汉武帝时在全国划分了 13 个监察区，每区设刺史代表中央总管地方监察；至东汉时，御史和刺史已经组成独立的、极具权威的监察体系；而在法令方面则有《尚方律》《上计律》等更加细致的规范。

两汉时期，由于中央集权国家的巩固发展，监察制度在秦代的基础上进一步完备起来。以汉武帝时 13 州部刺史的设置和西汉末年时以御史中丞为台长的御史台的建立为标志，中国封建监察制度趋于基本形成。东汉王朝的建立，不但完成了西汉末年监察制度的调整，而且把它固定下来，初步定型为一种模式，即以专职监察官为首脑的御史台模式。这样，中国封建监察制度得以正式确立。

总的来说，秦汉时期封建监察制度的确立和实施是成功的，对于确保封建国家机器的正常运转，维护国家的统一和中央集权，都产生了积极的作用。但由于这一时期封建监察制度尚属初创阶段，故表现出种种不成熟：一是监察机关尚未完全独立。秦代自不必言，即以两汉论之，西汉的御史大夫"内[1]承本朝之风化，外佐丞相统理天下"，故西汉的御史府还不是专门的监察机关，也就谈不上机构独立。东汉的主要监察机关御史台，虽然已经成为国家专门的监察机关，但其行使监察职权并不是完全独立的，只是一种相对的独立。御史台除监察外尚兼有其他工作，特别是在组织体制上仍然隶属于少府。少府是皇帝的私府，系一宫廷服务性的机构。这说明御史台尚未完全摆脱宫廷服务性质，尚未能成为完全独立的中央监察机关，这不能不影响其监察职能的发挥。二是监察机构重叠。汉代监察组织实行多元制，中央监察机关除了御史台外，尚有直隶于皇帝的司隶校尉和隶属于丞相府的丞相司直。这三个监察机构的并存，虽然有时候可以起到互相监督的作用，但由于它们监察的对象，除三公以上的个别人物以外，大致相同，监察的范围也大致相等，因而职权上颇多重叠之处，人事重复，互相牵制，不便管理，影响了监察机关监察职能的发挥。三是监察官事权混杂，其监察权往往与行政、司法、治安及宫廷服务职能搅在一起。这方面司隶校尉的情况最为典型，司隶校尉既

---

〔1〕《汉书·薛宣传》。

是监察官，又是治安官；既是中央监察官，又是具体的京师及京畿七郡的地方监察官，种种职权集于一身。再如刺史，本是专职之地方监察官，但往往被皇帝派遣担任军事、司法、出使等具体使命，因而最终导致其向地方行政长官转化而失去监察作用。

魏晋南北朝时期，虽然属于封建乱世，但各王朝的封建统治者，为了巩固政权，在动乱中求得生存和发展，往往比较注意政治制度的建设。因此，中国封建监察制度在这一时期不仅没有因王朝的不断更替而废弃，反而在动荡、分裂、割据的总背景下获得了巩固，并能有所发展。御史作为皇帝直接掌握下的独立系统得到进一步扩充，御史的权力扩大到可以无须真凭实据地"风闻言事"；与此同时，监察系统形成了"位卑（御史的品级都比较低）、权重（具有广泛权力，可监察高品级的官员）、赏厚（升迁迅速）"的特点，这些特点在中国传统的监察制度中一直有所体现。一是监察机关组织上完全独立。西汉的御史府尚不是专门的监察机关，东汉的御史台虽然已经是专门的监察机关，但至少在名义上仍隶属于少府，说明它尚未能成为完全独立的中央监察机关。魏晋以来，此点即已发生变化。至东晋初立，御史台即脱离少府，[1] 成为完全独立的监察机关。二是监察机构实现了初步统一。东汉之后，魏晋各朝均不再设置丞相司直，而且，司隶校尉也由于长期独领一州又兼有治安之责，逐渐向地方行政长官转化，至东晋废置，其行政权归于扬州刺史，其监察权则归于御史台，从而实现了监察机构组织上的初步统一。三是监察机关职权扩大。从侍御史所掌诸曹的扩大来看，汉代侍御史所掌只有五曹，曹魏增至八人，晋增至九人，而有十三曹之多。南北朝时，虽然诸曹或有合并，但侍御史总数多维持晋代水平，如南朝宋、齐均为十人，梁、陈均为九人。北朝魏、齐均为八人。侍御史所掌诸曹的增加，说明监察机关的职权在不断扩大。此时各王朝监察长官有权监察皇太子、王公和文武百官，可谓"职无不察""无所不纠"。自晋代开始，还许御史以"风闻言事"的权力。显然，魏晋南北朝时期，监察机关的职权呈现出不断扩大的趋势。

总的来说，魏晋南北朝时期监察制度得到了巩固，但也不能不指出，这一时期的地方监察却削弱了。自东汉后期州部刺史演变为地方行政长官，州演变为一级行政区后，魏晋南北朝各朝由于全国相继陷于分裂，战乱频仍，

---

〔1〕《晋书·职官志》。

中央皇权受到削弱，加之魏晋南北朝各封建王朝所控疆域趋小，故再也没有在地方设置固定的专门监察机关和监察官掌管地方监察，而是改为不定期地由中央派遣御史巡察各地，这在一定程度上使对于地方的监察受到了影响和削弱。

隋唐宋元时期是封建监督制度的完善成熟时期。隋唐是中国封建社会的鼎盛时代，随着整个封建政治制度的成熟完备，封建监察制度也已相当成熟和完备。主要体现在：一是监察组织体制健全，分工明确。①御史台实行三院制。隋朝设置了专司监察之责的御史台和司隶台，虽有机构重叠之嫌，但已呈现出统一的趋势。至唐朝，废除司隶台，以御史台总监察之职，把魏晋以来因事设职、权限不十分清晰的御史分为三类，并设三院于御史台之下：侍御史隶台院，殿中侍御史隶殿院，监察御史隶察院。从而使中国封建监察机关的基本组织模式御史台模式由初期阶段发展到成熟的一台三院制阶段。以后历经宋辽金而至于元，基本上维持了一台三院制的组织形式。这一组织形式的特点是机构统一，分工明确，三院御史各有所掌，而又统于一台，从而克服了以往监察机构重叠及御史名目繁多、职权不清、统属紊乱的情况，监察体制得以健全。②在御史台之外有言谏官组织辅之，亦是此一时期监察组织体制的一个特点。言谏官组织设置已久，但至隋唐，其监察作用才明显化。唐朝是言谏官监察作用发挥得最好的时期。宋代谏官已有固定或独立的机构，但监察指向已由君主转向宰相及百官，且已开始言谏合一的过程。至元代，则实现了台谏合一。元朝虽然无谏官，但御史台已有了言谏之责，即对于政事的建议权。这也是此一时期言谏官制度发展的必然结果。③地方监察系统已趋完备。隋唐宋元诸朝都十分重视地方监察。隋朝置司隶台掌管地方监察。唐朝置十道巡按分区监察地方。宋朝虽无专职之地方监察机关，但在各府、州、路广置监司、通判行多元监察，严密程度不亚于隋唐。元朝的地方监察系统分为二级：划全国185路地方为22道小的监察区域，置肃政廉访司掌管之，这是基层一级；其上，划全国为三个大的监察区域，置行御史台掌管之（以其中一区域交中央御史台直辖），以22道肃政廉访司分隶之。行台之上，则是全国最高监察机关御史台。因此，元朝的地方监察系统已非常完备。二是监察机关职权广泛，监察范围几乎已及于所有国家机关和部门。唐朝御史大夫"掌邦国刑宪、典章之政令"，侍御史"掌纠察百僚及入阁随诏、知、推、弹、杂事"，殿中侍御史"掌殿廷供奉之仪"，监察御史"掌分察百僚，巡按州县，狱讼、军戎、祭祀、营作、大府出纳皆莅焉"，大历十四年"监察御史分察尚书省六司"。[1]十道巡视按则以六条巡按州县。六条是："其一，察官人善恶；其二，察户口流散，籍簿隐没，赋役不均；其三，察农桑不勤，仓库减耗；其四，察妖猾盗贼，不事生业，为私蠹害；其五，察德行孝悌，茂才异等，藏器晦迹，应时用者；其六，察黠吏豪宗兼并纵暴，贫弱冤苦不能自申者。"[2]可见唐代监察机关对行政、司法、治安、财经、军队、选举等拥有广泛的监察权。可见，监察范围几乎已及于所有国家机关和部门。三是监察法规比较完备。唐代专门的监察法规有：州郡"六条"，这是专门针对地方的监察法规。武则天时期删定的《风俗廉察》48条，对御史巡察的范围、内容以及监察程序都作出了较详细的规定，进一步充实了监察法规的内容并使之系统化。宋代沿用了唐代对郡县的六察之法，其值得称道的是制定了第一部关于对监察官吏实行再监察方面内容的监察法规《监司互监法》。金的监察法规尤足称道，其监察法规对御史官员的选任权限、考核都作了比较详细的规定，如《监察御史黜陟格》《监察御史失察法》《监察御史违法的决法》等等。元代在金的基础上更为完备起来。元代先后制定了近20部监察法规，按其适用范围可分为针对御史台的，针对行御史台的，针对肃政廉访司的等三类具体部门的监察法规。按其内容来说，则涉及监察机关的职权范围，实施监察的程序细则，监察官吏的选任、管理，以及具体的监察事项等各方面的规定。可谓集一千多年来监察法规之大成，其完备、系统已达相当水平。四是在监察官吏的选任和管理方面已形成制度。①关于监察官吏的选任已有固定程序，历代均比较重视，但隋唐以前，并未有固定选举程序。至唐，"尤重宪官""其将除拜，皆吏部与台长官、宰相议荐议定，然后以选例补奏"。[3]可见唐代选任监察官吏已有固定程序，开始形成制度。至宋朝，为了限制相权，也为了克服宰相荐举的监察官吏对行政长官监察不力的弊病，令"宰执不得荐举台谏官"，御史"委中丞举之"，但因遭到行政长官反对，后改为"中丞与两省并举"，或"两省属官举之"。[4]元代则在宋制的基础上形成了台官自选的制度，确定选举程序并制度化，这是一个进步。②对监察

---

〔1〕《唐六典》卷一三。

〔2〕《唐代六察法》或者《新唐书》卷四十八《百官志三》载十道巡察。

〔3〕《通典·职官六》。

〔4〕《宋史》卷一百六十。

官的考核奖惩在唐代开始形成制度，基本方法是限制监察官员的任期，加强考课。按照唐代考课法规《四善二十七最》的规定，对监察官吏考课的主要内容是"访察精审，弹举必当"，政绩卓著者迁，一般者调职，差者降职。宋代，专门制订了监司考课格，对路一级地方监司官既作一般官吏考课，又作为监察官吏严肃考核。元代，对监察官吏的考核制度更为完备，例如对肃政廉访司官吏制订了专门的考核标准。③加强对监察官吏的再监察。隋唐均以尚书省的左右仆射和左右丞来监察御史，御史纠弹有不当，左右仆射、左右丞可再纠弹之。宋代进一步发展此制，在尚书省特设都司御史房，掌管对御史的再监察，专事弹劾御史等监察官。宋代还颁布《诸路监司互监法》，以法规的形式规范地方监察官员之间的互相监察。

　　然而，此一时期监察制度也存在许多不足之处：一是随着监察机关职权的扩大，监察权与司法权相结合。唐、宋、元三朝都是如此。御史频繁参与各种司法活动，尤其是宋朝，还曾在御史台设专司审判的推直、推勘官。二是随着监察机关职权的扩大，监察权严重掣肘行政权。此点，唐、元两朝尚不十分突出，而以宋代最为明显。宋代台谏事权过重，使得相权每每受制于台谏。台谏官劾罢宰相的事，屡有发生，且往往是宰相罢职。故宋人王禹说，"天下是非，付之台谏，其所进退宰相，皆取天下公议，台谏是则黜宰相"。[1] 苏轼说，宋世宰相"但奉行台谏风旨而已"。[2] 同时，台谏势力过分膨胀，也使有作为的政治家难于清除社会的弊端。

　　明清时，中国封建社会已进入晚期，随着封建专制主义的中央集权的国家制度日益向极端的君主专制方向发展，监督的制度更加严密、机构更加复杂、而独立性则逐渐削弱，并呈现出末期的特点。主要体现在以下方面：一是监察组织高度完备。明清时期监察制度发展的一个最显著特点就是封建监察机关的基本组织模式御史台模式由唐宋元时期的一台三院制阶段发展到了都察院的一院制阶段。明清两朝都在中央设置都察院作为国家最高监察机关总揽全国监察事务。明代在都察院之外还设置了独立的六科给事中稽察六部。清代则进一步将六科给事中归入都察院，不仅台谏合一，而且台省合一。都察院的组织形式打破了唐宋御史台三院的分工，但是它又实现了新的分工。

---

〔1〕《宋史·王禹传》。

〔2〕《宋史·苏轼传》。

都御史"总宪纲，惟所见闻，得纠察"。[1]监察御史既分工监察全国各监察区各道，又分工监察中央各机关包括六部在内的各衙门。六科给事中亦分工监察六部及其他在京衙门。对中央各机关构成了由六科给事中和监察御史组成的双重监察。这样，朝廷内外上下各衙门及其官吏，无一遗漏地纳入了监察机关的监察范围之内，具体的衙门有具体的监察官员承担具体的监察之责，分工具体，责任分明。由此构成了一张纵横交错、上下相维的严密的监察组织网络，而由皇帝总制其纲。二是监察机关职权高度膨胀。明清时期，适应君主专制高度强化的需要，监察机关的职权高度膨胀。明清都察院的长官都御史品级皆与六部同，"职专纠劾百司，辨明冤枉，提督各道，为天子耳目风纪之司"。[2]监察御史品卑权重，"主察纠内外百司之官邪，或露章面劾。在内两京刷卷，巡视京营，监临乡、会试及武举，巡视光禄，巡视内库、皇城、五城……在外巡按，清军，提督学校、巡盐、茶马，巡漕，巡关，赞运，印马，屯田。师行则监军纪功，各以其事专监察。而巡按则代天子巡狩，所按藩服大臣、府州县官诸考察，举劾尤专，大事奏裁，小事立断……有大政，集阙廷预议焉。"清代都察院都御史和监察御史的职权也基本与此同。监察范围之广，权力之大，均已超过历代。最突出的特点是：①监察范围已包括思想学术领域。②司法权过度膨胀。③法定之人事黜陟权增大。监察机关职权的高度膨胀具有明显的消极性。以对思想、文化、教育领域的监察为例来说，这不仅导致了明清两代思想文化专制的高度强化，演成了一桩又一桩的文字狱，而且，对于思想言行的监察也损害了监察制度自身的严肃性、确定性、规范性。再如明代的监察御史，由于他们"代天子巡狩"，举劾尤专，握有"大事奏裁，小事立断"的权力，致使"按临之日，百事俱废，多方逢迎"，[3]"藩臬守令不得专行其职，则事皆禀命于巡按矣"这不仅干扰了地方行政机关职能的正常发挥，而且也为御史的弄权不法、贪污受贿提供了条件。需要指出的是，明清两代监察机关的职权虽然高度膨胀，而其所掌的言谏权、封驳权却不断萎缩。明清两代尽管不断有皇帝在鼓励监察官进谏，但在实际上，科道官员之言谏已很难施及于皇帝本人，起到司君之失的作用；而只能指向

---

〔1〕《明史》卷73《职官二》。

〔2〕《明史·职官志二》。

〔3〕《明经世文编》。

臣下。指向臣下的结果又使得这种言谏与劾奏的区别逐渐缩小。至于给事中所掌之封驳权，在明代实际上就只能"驳"而不能"封"，到清代雍正年间，则无论是"封"还是"驳"权，基本上丧失殆尽。三是特务监察的出现。明清两代都出现了特务监察。明代，在一般监察机关都察院和六科给事中之外，又设立了对臣民进行秘密监察的特务机关——厂卫。厂卫专司"缉访谋逆、妖言、大恶"。[1]有权独立审讯断狱，并有专设的监狱。对于其活动，作为三法司的都察院、刑部、大理寺均无权过问。厂卫一般由皇帝左右的亲信宦官直接掌握，是皇帝监视和镇压官员、百姓的直接工具。明代的厂卫以手段毒辣而著称，其滥用酷刑、捕风捉影、陷害忠良、附会邀功、扰乱朝政、扰乱民生，使当时官员和百姓胆战心惊，不安于位。"时京官每旦入朝，必与妻子诀，及暮无事，则相庆以为又活一日"。[2]清代雍正皇帝为了加强专制统治，恢复了明代的特务监察。这些特务不再由宫内宦官充任，而是豢养了大批职业特务来对官吏和百姓的言行进行秘密监察。雍正皇帝同时建立了允许科道监察官员密折言事的制度，鼓励告密。历代封建皇帝都不同程度地任用特务，密行伺察，以加强对官吏的控制和对人民的统治，但是以明清为甚，而且特务监察组织正式成为国家机关的组成部分也是自明朝才开始的。特务监察机构的出现是古代监察制度的大颠倒，正规的监察机关反而不那么受重视，监察制度的正常作用受到削弱，这也说明，中国传统的监察制度已走上了它的最后阶段，很快就会临近其终点了。

1840年鸦片战争爆发，英国殖民者用大炮轰开了古老中国的大门。从此，中国由一个闭关自守的封建社会，开始一步一步地变成一个半殖民地半封建的社会。但是，在半殖民地半封建的条件下，帝国主义在中国的统治仍然是以封建主义为基础的。封建制度虽然适应帝国主义的入侵有了若干变化，但其根基很深固，在时间上延续很长久。也正是由于此，传统的封建监察制度并没有轻易就发生变化。

20世纪初年，在民族资产阶级登上政治舞台，民主革命浪潮兴起的压力下，清朝统治者预感到革命风暴即将来临，为挽救自己的统治，不得不宣布"预备立宪"，仿照资本主义国家"三权分立"的原则，开始着手进行政治制

---

[1]《明史·刑法志三》。
[2]《廿二史札记》卷二十二。

度的改革。其中一项重要内容就是以日本为榜样，以法国、德国为蓝本，对传统的监察制度改革，开始司法改革。1906 年 11 月 6 日，清政府发布命令，宣布正式实行厘订的中央新官制。刑部改为法部，专掌司法行政；大理寺改为大理院，专掌审判；在中央设立总检察厅，专掌检察；都察院改为都御史一员，副御史二员。检察厅和大理院均受法部的行政监督。这样，检察权即法律监督权从都察院的职权中分离出来，从而具有了现代意义；同时，旧有的"三法司会审""九卿会审"等不再存在，都察院的审判权脱卸，审判权为大理院专掌，亦具有了现代意义。而都察院不仅规模大大减小，而且职掌净化，只能"纠察行政缺失，伸理冤滞"，职权指向开始向现代之行政监察权靠拢。必须指出的是，经过这次官判改革，传统的监察制度虽然开始发生变化，但它仍然得以保存下来，直到 1911 年辛亥革命爆发，清政府被推翻，随着几千年封建君主专制制度的终结，中国传统的监察制度，才最后寿终正寝。

监督制度在中国非常发达并有顽强的生命力，究其原因，它与中国社会以权力为核心的精妙绝伦的金字塔型的社会结构与官僚体制相关。在一元化的传统社会中，所谓"监督权"只是国家权力一部分，和一般官僚权力并无本质区别：监督权力来源于君主，机关层层设置、权力层层下达、监督者层层向上级负责——完全是以行政的方式运作；在人员的来源上，监督人员和普通官僚也是几乎一致的。实行科举之后，监官主要来自于科举出身的进士，这个比例在宋代达到 90%；在清代则明文规定只有进士出身者才能成为监管。[1]但是另一方面，出于监督的目的，需要对监督者和被监督者之间形成一定的隔离。传统监督制度在机构设置上也意识到了这一点，正式的监察制度尽量做到与普通官僚系统分离；但是机构设置上的隔离并不能真正做到监督独立，因为"监督权"在性质上与普通官僚权力一致（这也是传统监督制度往往官僚化的根本原因）、在来源上则受君权控制。

传统监督制度模式是典型的人治方式，是人治在制度建设上的最典型体现。然而不能否认的是，它与当时以人治为制度特征的专制社会具有某种内在的兼容性。从古代监督制度，到孙中山先生倡导的民国"五权宪法"中的监察权，一直到新中国的监督制度，经过历史的沿革，在中国政治文化或法律文化内部形成了独特的监督模式，我们可称之为"中国传统的监督模式"。

---

〔1〕 林雅："中国封建监察制度及其得失评析"，载《法学评论》2004 年第 4 期。

尽管西方不普遍存在监督制度，监督不是西方法治体系中的一个必然构成部分，但是，我们不敢妄自否认监督在中国所具有的本土民族的必然性和文化传统上的必要性。

二、当代国外监督制度现状及其启示

1. 监督机构体系严密，彼此互相制衡、协作办案

资本主义国家在腐败监督设计上多强调制衡原则，监督机构间既相互配合又相互制约。在形式上，既有传统的议会监督、行政监督、司法监督，也有独立机构监督，如反贪委、独立检察官、廉政官、审计署等，形成相对规范的权力运行和监督机制。

一是立法机构。西方国家依照"分权"原则设立的议会，具有立法权和监督权。议会通过质询、调查、监察专员受理投诉、不信任案和弹劾等形式，对政府行政机关、司法部门及高级官员，主要是总统、副总统、首相、国务卿、大法官、总检察长等进行监督，对违法失职的高级官员和腐败者实行弹劾。如美国自立宪至今共有14人被弹劾，其中包括2名总统、1名议员、1名陆军部长和10名法官。20世纪60年代中期，美国在参议院建立了一个规范和品行特别委员会，众议院也建立了道德委员会，对议员的贪污受贿案进行查处。

二是司法检察机构。许多国家的司法检察机关负有对违法官员进行调查、取证，直至公诉的职权。如美国的司法部、日本的检察厅、韩国的检察院等，意大利米兰检察院内部设有反腐败行动小组。有的国家将贪污贿赂案交警察机关侦查。属于大陆法系的法国、德国设有独立的行政法院，负责对涉及政府行政机关和行政人员的案件进行审判。"二战"以后，英美等国家为解决行政诉讼案件大量增加的问题，也设立了行政裁判所和行政法官。一些国家的司法警察、检察和审判机关依照宪法和法律，对政府机关和官员的违法行为进行调查、立案、起诉和审判，特别是对现代西方国家出现的"诚实贪赃""合法贿赂"，运用现代司法手段进行侦查、指控。如意大利前总理安德烈奥蒂涉嫌受贿案、委内瑞拉前总统佩雷斯盗用秘密款案，都受到司法检察机关的穷追。

三是行政机构。自1809年瑞典设立第一个监察专员公署至今，世界已有70多个国家建立了监察制度。在初期，监察专员主要受理公民因政府机关及其官员不良行政或管理不善致使个人利益受到侵害的指控，对受到行政侵害

的公民进行救助。20 世纪 80 年代以来，许多国家的监察机关在监督国家公务员依法行政和反腐败斗争中已发挥了重要作用。

四是专门的反腐败组织。为了同贪污腐败现象进行斗争，20 世纪 50 年代以后，许多国家建立了专门的反贪污反腐败机构。这类机构有专门法律保障，有司法手段，一般具有司法检察和行政监察的多种功能，在反腐败斗争中成果显赫，比较突出的是新加坡。新加坡自 1952 年建立贪污调查局以来，平均每年约受理 1500 件投诉，20 世纪 70 年代贪污调查局调查处理了几位部长、次长，名声大振。

五是反腐败协调组织。有的国家根据国情需要，设立专门的组织协调各监督监察机关的反腐败工作，或作为反腐败咨询机构。如美国没有全国统一的最高反腐败协调与执法机构，联邦与州、州与州之间的情况不尽相同，调查公共部门腐败的权力分散到政府各部门的监察长办公室、司法部刑事局、联邦调查局、联邦税务局犯罪调查办公室等几十个联邦执法机构。印度 1962 年成立了由议员、内务部官员、特警处巡官和专家学者参加的防止腐败委员会，主要研究政府中的腐败问题和治理腐败的对策。印度政府根据这个委员会的建议，1964 年成立了中央监察委员会，负责对官员的监督和腐败行为的纠举。法国 1992 年成立了预防腐败委员会和反腐败斗争中央局，后者由德高望重的法官主持，吸收司法部门、海关的专家和官员参加，与司法部门和警察配合，收集有关腐败的信息，打击和严惩腐败官员。

部分国家典型监督特点：社会主义国家党政军监督一体化

越南、古巴等共产党执政的国家多将反腐确定为国家战略，坚持党对反腐工作的领导，形成党、政府、司法、军队等相结合的一体化腐败监督机制。越南共产党设立由总书记任主任、中央政治局直接领导的中央防治腐败指导委员会，成员包括九名政治局委员、书记处书记及七名中央委员；重建越南共产党中央内政部，负责内部政治和反腐工作，以强化腐败监管力度和查处重大腐败案件。2013 年越南政府监察总署共查处 45 起重大贪腐案，涉及 99 人，涉案资金达到 1670 万美元。老挝 2012 年 12 月通过《到 2020 年反贪污腐败战略》，明确反腐的重要性、目标、具体措施和办法；2013 年 6 月通过《关于干部财产和收入申报制度的规定》，明确党对财产申报工作的领导以及各级政府监察机关的主体地位，详细规定申报对象及申报内容、分类和时限，明确对申报材料的管理和使用以及对不实申报的惩处。古巴共产党视反腐为关系到党和国家命运的斗争、保卫革命成果的斗争，高度重视腐败预防工作，颁布《国家干部道德法规》，对党员干部提出高标准的道德要求；在中央、省、市设立三级监督和监察委员会、申诉委员会，强化党内监管；重视党外举报，设立由一位中央政治局委员领导的全国群众举报委员会；设立对全国人大和国务委员会负责的共和国总审计署，强化腐败监管力度。古巴共产党中央在惩治腐败问题上态度坚决，在特殊时期规定领导干部贪污受贿金额在300 比索（约 12 美元）以上者不论职务高低一律免职，情节严重者移交司法部门处理。1992 年以来，古巴共产党先后有两位中央政治局委员因与不法商人有牵连或以权谋私被免职、判刑。

巴西多方协作监督机制

巴西国会参众两院可单独或联合监督、调查大案要案，联邦警察局负责调查包括腐败、洗钱在内的刑事案件，联邦监察总署设有预防腐败、透明建设、监察专员等机构，联邦检察院可独立调查违反公共利益的案件。巴西总统罗塞芙上任十个月，政府 24 个部门中就有五位部长因涉嫌腐败被司法机关指控而去职。新加坡总理公署贪污调查局独立行使国家肃贪职能，由总统任命、向总理负责，可以行使刑事诉讼法赋予的一切与调查相关的特别权力，无须逮捕证即可先行逮捕任何涉嫌贪污受贿的人。该局内控机制也非常有效，近期，前助理司长杨少雄因挪用 176 万新元公款被判刑 10 年，局长陈宗宪连带被撤。加拿大审计署负责对腐败的监管、打击，由议会设立并向议会负责，其领导人一般由反对党代表担任。腐败监管机构除预防、惩治腐败外，有时还被赋予一定的人事任命监督权，如近期印尼反贪委确认新总统佐科提交的43 位部长候选人中有八人未通过清廉审查，必须重新提名。

芬兰议会监察专员制度

1918 年，芬兰建立议会监察专员制度。芬兰各政府机构都设有审查官。虽然该职位不是很高，但行政首长在决策过程中，如果出现疑问或失误，审查官可以对该决策提出质疑，并进行独立调查。一位部长可以不顾审查官的异议而通过某项决策或制定某项规定，但没有审查官的签署，该决策不受法律保护。此外，芬兰还建立了司法监督制度。芬兰司法总监和议会督察员是芬兰政府机关中的最高监察官，他们根据宪法监督各机关及官员是否遵守法律、履行职责。这两种监察官一般由著名法学家担任，每年都要到全国各地巡视，倾听公民意见，接受和审理普通公民对官员和公务员的举报。任何芬兰公民都能自由地检举和揭发。

美国独立检察官

美国的独立检察官是专门对某一高级行政官员的贪污受贿或其他违法失职行为进行调查起诉的临时性官员，其起诉对象包括总统、副总统、各部的正副部长及相应职务的官员等。法律赋予独立检察官很大的权力，该制度的实施大大加强了对政府高级官员的调查监督力度。

日本行政交谈

行政交谈是日本行政监察制度的特色之一。行政监察部门及其所委托的人员与因行政失误而遭受损害的国民进行交谈，听取改善行政工作的意见和要求，尽可能地解决问题或补偿损失，并使其结果有助于改善现行的政策、措施和管理。当发现公务员违纪渎职时，行政交谈委员有权向有关部门反映。行政交谈制度对于改进行政管理、提高行政效率、密切政府与国民的联系、进行权利救济、化解社会矛盾、维护社会稳定起到了重要作用。

韩国国民请求监察制度

国民请求监察制度韩国为了加强国民对政府机关及其公务员的监督实行的一项监察制度。凡公共机关的事务处理因违法或腐败行为，对公共利益的实现产生不利影响时，受侵害的单位和个人有权提请监察院进行审计监察。任何单位和个人均可动用"审查请求权"，要求对政府部门、政府投资机关和地方政府的行政行为进行审计监督。20岁以上的300名成年人，即可以联名上书监察院进行监察。韩国的国民请求监察制度充分保障了公民的合法权利，对行政效能监察和提高政府绩效具有重大意义。

2. 创建良好的公民社会监督环境

国外的廉政建设组织体系不仅仅包括官方性的组织机构与制度设计，还包括社会公众、新闻媒体、私人部门、非政府组织等公民社会的社会力量。

所谓公民社会，是指社团组织、行业组织和中介机构等非政府组织、非营利性的民间社团、组织和机构。"公民社会"一词最早出现在古希腊先哲亚里士多德的《政治学》中，指的是"城邦国家"或"自由和平等的公民在一个合法界定的法律体系之下结成的伦理—政治共同体"。17～18 世纪，洛克、孟德斯鸠、卢梭等资产阶级思想家提出了社会契约论，主张"天赋人权"和"主权在民"，认为国家的产生是人们相互之间或人民同统治者之间相互订立契约的结果，为了防止政府滥用职权和侵犯民权，人民可以通过各种形式来监督政府的行为。进入 20 世纪以来，民主政治家罗伯特·达尔等人进一步丰富和发展了公民社会理论。达尔认为，一个国家要维系民主就必须有各种各样的独立社团和组织，社会对权力的制衡比以权力制约权力的宪法制约更为重要。当前，公民社会作为西方社会生活和政治生活中的重要力量，在政治、经济、文化各个领域中都发挥着举足轻重的作用，在预防和反对腐败斗争中也不例外，公民社会的积极参与已经成为国家廉政体系的重要组成部分。

公民社会理念的实质在于以权利监督权力，通过保障社会组织及公民个人的知情权、参与权和监督权来确保权力正确行使。如果说人大监督、司法监督与纪检监察监督指向的是"权力监督权力"的话，那么，保障人民群众的权利、动员人民群众行使监督权，指向的则是"以权利监督权力"。从当前我国情况来看，权力是倒金字塔结构，越往上权力越大，而在社会阶层上则是金字塔结构，广大人民群众是金字塔的基座。随着政治经济社会的发展，群众的权利意识与政治参与热情越来越强烈，这两种结构之间的矛盾越来越突出。解决这个矛盾，必须积极培育公民社会，强化社会监督，形成专门机关监督和社会监督相结合的完整的监督链条。

借鉴公民社会的理念推进廉洁政治建设，一是主动转变政府职能，构建有限政府，扩大社会自治，使"缺位""错位""越位"的权力回归到公共权力本位，剥离附着在政治权力之上的不当经济利益，从而对腐败问题形成"釜底抽薪"式的治理。二是大力培育公民社会组织，实行社会组织直接登记制度、强化社会组织自治、完善利益协调机制、推动"去行政化"改革等，提高社会组织的自主能力，使其对政府权力形成有效监督和制约，推动形成政府—社会—公民良性互动的反腐败格局。三是拓宽公民和社会组织参与反腐败的渠道，建立健全群众利益表达和有序参与监督的机制，提高公民参与反腐败的组织化和有序化程度，进一步拓宽信访举报途径，积极开展网络问政和网络监督，建立健全网上信访举报系统，加大对举报人和证人的保护力度，鼓励群众参与监督和信访举报等。四是充分发挥新闻媒体的舆论监督作用。

在西方国家，公民社会组织可以对政府权力的行使形成有力的监督，从而有效地预防和遏制腐败。美国民众的组织水平高，对地方官员形成了制约之势。美国的社区一般都有很多各种各样的非政府组织：经商者可以加入商会，教师有教师工会，公务员有公务员工会，警察有警察工会。这些组织有自己的利益倾向，可以经常用同一个声音与政府和政治家对话，任何一个政治家都不能无视这种力量的存在。美国在顶层制度设计时，政府的权力就是立法权、行政管理权和选民选举权相互制约，民选的官员在对选民负责的同时，还要受来自民间和各种相互制约的机构的制约。这种负责、制约和监督都用法律的形式固定了下来，并被设计成了一系列法律的程序。

国外公民社会的多元监督主要有以下方式：首先，公众积极参与反腐。一方面，国外公众积极参与反腐败的预防教育。道德教育是英国反腐败教育的主要内容，其中最重要的一项内容就是守法。德国各州的学校法中关于德育的规定，都将遵守行为规范、做到公正、诚实、对国家和社会负责、履行国家公民的权利和义务等列为重点。另一方面，瑞典、美国、新西兰、英国等各国政府积极创造条件，为公众参与反腐败提供制度上的保障。其次，以网络新媒体为主的舆论监督。以网络新媒体为代表的大众传媒舆论监督，为公众参与反腐推波助澜，这说明网络新媒体在廉政建设中的作用不可小觑。总之，多元化的社会力量是一种体制外的监督，尽管社会监督力量具有分散性、自组织性弱等特点，但在实际的政治生活中仍是反腐治贪的重要手段。

3. 打造完善的财政监督体系

财政监督作为一种权力约束机制，为预防贪污腐败与市场经济的发展和公共服务的顺利进行提供保障。发达国家各国的财政监督，随国家政权的形式与性质不同而形成多种类型，主要分为立法型监督、司法型监督和行政型监督三种。立法型监督是由议会、财政部、国家审计署共同对国家财政进行监督，议会中的公共资金委员会和决算委员会根据国家审计署提供的报告资料来进行审核，财政部内设有专门机构负责财政监督，主要通过对政府各部门预算的核定及收支的控制达到监督的目的，国家审计署是执行财政监督的专门机构，隶属于议会，向议会负责。英国、美国、加拿大等国家均实行财政立法监督的制度模式。

各国财政监督类型的选择与其政体有着密切的历史渊源。立法型财政监督的典型代表是英国和美国。英国之所以选择立法型财政监督模式，与其最早建立起现代议会制度有关。追溯历史可以发现，英国自古以来就有国王召集贵族元老议事的传统，这为其现代议会制度的形成奠定了基础。1215年制定的《大宪章》规定：国王向贵族征税，须先召集贵族大会，并经其同意后方可征税。《大宪章》将贵族大会从传统转化为制度，确立了贵族大会的地位。[1]但由于当时大会成员仅限于贵族，不能代表公众，因此还不是现代意义上的议会。光荣革命（1688年）以后，随着《权利法案》的颁布，确立了议会对国王和大臣的监督和控制。1787年，根据《统一基金法案》（Consolidated Fund Bills）设立了"统一基金"，政府获得的所有收入都归入这个基金，存入英格兰银行，所有政府公务活动开支都由这个基金统一提供，这加强了财政的集中管理和财政部对其他部门的控制。1822年，英国议会确立了现代意义上的正式的预算制度，即由财政大臣每年提出全部财政收支的账目一览表，由议会审核批准。作为议会制度和预算制度的鼻祖，英国有着良好的立法监督传统，这是其他国家所不可比拟的，主要体现为立法监督的高度法治化和民主化。然而，英国实行内阁制，议会成员也都是内阁成员，因此，一般来说由内阁提交的议案都会在议会"有惊无险"地通过。从发展的趋势看，英国议会传统的财政控制权正处于逐渐衰弱的过程中。美国模仿英国的议会制度建立国会，在议会监督方面取得了突出的成效，有后来居上的态势。美国实行总统制，总统由公民选举，只对人民负责，不对议会负责。总统和议会是相对独立但又互相制衡的机构，因此，与英国相比，美国国会对政府预算的监督是非常独立的。

司法型监督的代表是法国。《法国第三共和国宪法》（1875年）确立了法国的议会制政体。"二战"后法国内阁像走马灯似的换了一届又一届。1958年初，时任政府总理的盖耶尔大声疾呼："战后，英国有4人担任首相，美国有2人担任总统，苏联有2人担任总书记，联邦德国有1人担任首相，而法国则更换了25届政府，这种状况是不能长期继续下去的。"[2]由于政府的不稳定，导致国家的政策多变不定，进而国内外矛盾重重，财政危机加深，法国的国际地位日益下降，与此同时，极端殖民主义者在阿尔及利亚发动军事暴

---

〔1〕 李炜光："西方国家财政监督体系及其借鉴价值"，载《战略与管理》2010年第3/4期合编本。

〔2〕 朱国斌："法国的宪法监督与宪法诉讼制度——法国宪法第七章解析"，载《比较法研究》1996年第3期。

乱，全法国处于分崩离析的状态，而政府却束手无策。1958 年 6 月 1 日，法国议会在别无他法的情况下，以 329 票对 250 票通过了议案，授权戴高乐组织政府、全权处理阿尔及利亚问题和制定新宪法，法兰西第五共和国建立。总统权力大大提高，议会两院的权力大大削弱。议会两院虽享有立法权、监督权，但受到严格限制。与英美两国相比，法国议会只对国家财政实施宏观监督，具有司法性质的审计机关对财政监督具有较大的职权，尤其是审计法院的设置及职权的规定是立法型监督和行政型监督所不具备的。实践表明，法定性、独立性、强制性、程序性和直接性的特点使司法型监督成为效果最直接、形式最特殊的一种监督制度。司法监督运用司法审判程序对各种违法违规行为进行独立、客观、公正的审判和处罚，因此，司法对财政的监督无疑是最具约束力和威慑力的一种监督。

瑞典是君主立宪制国家，其保留了国王作为国家象征。按三权分立制衡原则，议会为立法机关，决定全国的财政税收政策，并监督政府和公共机构的工作；首相领导的政府行使行政权。瑞典的中央政府规模很小，采取高度自治的分区行政。瑞典的财政监督理论是以欧洲安格鲁·萨克森派的观点为基础，即对各政府机构持信任态度，强调靠内部监督约束，辅之以必要的外部监督检查。其监督体系由向政府内阁负责的国家审计办公室、向议会负责的议会审计办公室及财税稽查监督机构共同组成。

财政监督的形成是以各国的法系为支撑力的。法系是根据若干国家和地区基于历史传统原因在法律实践和法律意识等方面所具有的共性而进行的法律的一种分类，它是这些具有共性或共同传统的法律的总称。李步云先生在《关于法系的几个问题——兼谈判例法在中国的运用》[1]一文中说："法系是从法律形式的角度就世界范围内对法律所作的一种分类"，其主张以法律的形式渊源为标准，把世界法律分为两大类：大陆法系、英美法系，这个分类方法目前为多数学者所接受。

英美法系，又称普通法法系、英国法系，是以英国自中世纪以来的法律，特别是以普通法为基础而发展起来的法律的总称。英美法系首先起源于 11 世纪诺曼人入侵英国后逐步形成的以判例形式出现的普通法。英美法系包括英

---

〔1〕 李步云："关于法系的几个问题——兼谈判例法在中国的运用"，载《中国法学》2000 年第 1 期。

国法系和美国法系。英国法系采取不成文宪法制和单一制，法院设有"司法审查权"。美国法系采用成文宪法制和联邦制，法院有通过具体案件确定是否符合宪法的"司法审查权"，公民权利主要通过宪法规定。英美法系的特点主要是：以英国为中心，英国普通法为基础；以判例法为主要表现形式，遵循先例；变革相对缓慢，具有保守性，"向后看"的思维习惯；在法律发展中，法官具有突出作用。

大陆法系又称欧陆法系、罗马法系、民法法系，是与英美法系并列的当今两大重要法系之一，覆盖了当今世界的广大区域，以法国、德国、日本等国家为代表。称之为"欧陆法系"或"大陆法系"是由于其发源于欧洲大陆；而"罗马法系"是强调罗马法对其的重要影响："民法法系"则是指这些法系的国家通常都有完整、独立的民法典。大陆法系的特点包括，明确立法与司法的分工，强调成文法典的权威性。强调立法是议会的权限，法官只能适用法律，决案必须援引制定法，不能以判例作为依据；比较强调国家的干预和法制的统一，尤其在程序法上如此。

英美法系和大陆法系的主要区别在于它们各自在其法律的表现形式上不同：大陆法系主要表现为成文的法典，而英美法系则主要表现为法官的判例法（这并不意味着英美等国家不存在成文法或制订法，只是没有严格意义上的法典）。英美法系对英美等国家的国家财政监督方式形成的影响，主要表现在这些国家的审计机关大都隶属国会。实行大陆法系的国家，如法国、意大利等国家，大都设有审计法院，其属于司法机关，既独立于政府，也独立于议会。受大陆法系影响的国家和地区，多数实行司法型国家审计，其地位和作用大都由宪法保障，审计体制的依据是成文法典。这与大陆法系要求明确立法与司法的分工，强调成文法典的权威性的特点分不开。

我国中国特色社会主义法律体系有着鲜明的大陆法系的特征，与实行大陆法系的瑞典相比，均形成了行政型财政监督，但是由于经济因素、历史因素、文化因素、民族因素等的影响，两个国家在财政监督体系上呈现出了不同的特点。瑞典在政务公开，建设透明政府及严厉惩治腐败等方面的经验均走在前列，值得我们学习借鉴。

三种监督模式各有长短。立法监督型国家的财政监督权主要控制在议会手中，这有利于增强财政监督的法律性和权威性。这种独立于财政系统之外的财政监督可以尽量抑制来自财政系统内部的干扰，加强其公正性。但不足之处是监督力量有限，财政审计与监督机构在执行中容易受外界的干扰。司法监督型国家的财政监督权主要控制在司法系统之中，这有利于增强财政监督的独立性和权威性，能够抵御财政系统或上层组织的干扰，增强对违法案件处理的时效性。其不足之处是立法机构的影响力削弱，也不可能事无巨细都通过审计法院审判。行政监督型国家的财政监督权主要控制在政府行政机关系统中，政府负责人可以随时掌握财政监督的进展情况。其不足之处是财政监督制度与立法机构和司法机构有一定的距离，从而影响财政监督的效率。

从当前世界各国的财政监督制度内容来看，财政监督体系的建立带有综合性的发展趋势，即全方位、多层次的实施财政监督。全方位是指从各个角度监督国家财政活动，如罗马尼亚的最高财政监察院既带有立法监督性质、又带有司法监督性质，还带有行政监督的性质。所谓多层次是指鉴于国民经济和财政分配的复杂性，单纯的一种监督机构是无法实施有效的财政监督的，所以，目前许多国家实行三个层次的财政监督：议会监督、审计监督和财政部门自身的监督。如法国的财政监督体系就是由议会监督、审计法院监督、财政总监察司监督三个部分构成的。[1]

三、中国特色的监督制度

中国的监督体制是马克思主义监督理论与中国特色社会主义实际相结合的，体现了马克思主义监督理论关于依靠"人民监督、民主监督"的中国化特点。十五大报告提出，要"把党内监督、法律监督、群众监督结合起来"；十六大报告中，提到了"互相监督""民主监督""组织监督"。中国特色的政治制度和反腐败体制为构建中国特色的监督制度创建了平台，中国特色的政党制度就是共产党领导下的多党合作制，中国的反腐败就是执政党主导的自我革新、自我净化式的反腐败，党委负主体责任，纪委负监督责任。在反腐败领导体制和工作机制中，纪委是党内反腐败专门机关、党内监督专门机关和反腐败"组织协调"机关，其中心任务是监督执纪问责，核心职能是"监督"；国家反腐败司法机关——法院、检察院，以及具有反腐败职能的国家行政机关——公安、审计、海关等，集合他们的共性职能就是"监督"。

〔1〕 李炜光："西方国家财政监督体系及其借鉴价值"，载《战略与管理》2010年第3/4期合编本。

"监督"成为中国共产党领导下所有组织、成员和反腐败机构的最大公约数。

1. 中国特色的监督体系

中国按照结构合理、配置科学、程序严密、制约有效的原则，逐步建立健全决策权、执行权、监督权既相互制约又相互协调的权力结构和运行机制，推进权力运行程序化和公开透明，加强对权力的制约和监督。目前，已形成了由中国共产党党内监督、人大监督、政府内部监督、政协民主监督、司法监督、公民监督和舆论监督组成的具有中国特色的监督体系。各监督主体既相对独立，又密切配合，形成了整体合力。

中国共产党党内监督是党的各级组织和广大党员依据党章和其他党内法规以及国家法律，重点对党的各级领导机关和领导干部特别是各级领导班子主要负责人进行的监督。中国共产党不断探索加强党内监督的措施和办法，进一步完善集体领导和分工负责、重要情况通报和报告、民主生活会、询问和质询等党内监督10项制度。中共中央和省级党委都建立巡视机构，对下级党组织领导班子及其成员贯彻执行党的路线方针政策和决议、决定，执行党风廉政建设责任制和自身廉政勤政等情况进行巡视监督。党的纪律检查机关对派驻机构实行统一管理，加强对驻在部门领导班子特别是主要领导干部的监督。大力发展党内民主，为加强党内监督创造有利条件。健全和完善党的代表大会制度，发挥党的委员会全体会议对重大问题的决策作用，推行和完善党委常委会向全委会定期报告工作并接受监督制度。改革和完善党内选举制度，规定差额推荐和差额选举的范围和比例，逐步扩大基层党组织领导班子成员直接选举范围。颁布实施《中国共产党党员权利保障条例》，明确党员行使权利的程序和参与党内监督的各项权利。

人大监督是国家权力机关代表国家和人民对国家行政机关、司法机关和国家法律实施情况进行的监督。《宪法》规定，国家的一切权力属于人民。人民代表大会是人民行使国家权力的机关，国家行政机关、审判机关、检察机关都由它产生，对它负责，受它监督。人民代表大会行使法律赋予的各种监督职权，通过询问、质询、执法检查、听取和审议有关部门工作报告以及预算审查等手段，加强对政府、法院、检察院及其工作人员的监督，促进依法行政、公正司法，预防和制止各种腐败现象。

政府内部监督包括层级监督和监察、审计等专门机关的监督。各级政府、政府各部门的上级对下级、政府对部门、行政首长对工作人员的行政行为进行层级监督。监察机关全面履行法定职责，开展执法监察、廉政监察和效能监察，依法对监察对象行使职权、履行职责、勤政廉政等情况实施监督。审计机关依法对政府的预算执行情况和决算以及其他财政财务收支情况进行监督。这些监督形式对于规范行政执法、促进依法行政、建设法治政府，发挥了重要作用。

政协民主监督是具有中国特色的监督形式。中国人民政治协商会议是中国共产党领导的多党合作和政治协商的重要机构。人民政协主要通过召开会议、提交提案、组织委员视察、开展民主评议等形式，对宪法和法律法规的实施、重大方针政策的贯彻执行、国家机关和国家工作人员履行职责和遵纪守法等方面的情况进行监督。中国共产党各级委员会和中国各级人民政府在作出重大决策、出台重要规定前，都要征求同级人民政协和各民主党派的意见和建议。

司法监督包括人民法院的监督和人民检察院的监督。人民法院的监督是指上级法院对下级法院、最高人民法院对全国法院审判工作是否合法、公正的监督。人民法院还通过审理行政案件，对政府具体行政行为的合法性进行审查。人民检察院的监督，包括依法对诉讼活动的法律监督和对国家工作人员职务犯罪行为的监督。人民检察院通过对立案、侦查、审判、刑罚执行和监管活动的监督，实施对诉讼活动全过程的监督；通过查办贪污贿赂、渎职侵权等职务犯罪案件，对国家工作人员职务行为进行监督。

公民对国家机关和国家工作人员提出批评、建议、申诉、控告或者检举，是宪法赋予公民的监督权利。在中国，公民通过检举、控告参与反腐败的渠道是畅通的。中国政府设有专门的信访机构，受理公民提出的检举控告和意见建议。中国共产党各级纪律检查机关、国家检察机关、政府监察机关和审计机关等都建立了举报制度，开通了举报电话，设立了举报网站，受理公民的检举和控告。对受理的举报线索，相关部门依法依纪进行调查或转送有关部门处理。在鼓励公民举报腐败案件的同时，国家重视维护举报人的合法权益。《刑法》《刑事诉讼法》《行政监察法》等法律法规和中国共产党党内法规都对保护举报人作了明确规定，对举报人的有关情况予以保密，严禁泄露举报人身份或者将举报材料、举报人情况透露给被举报单位、被举报人，对打击报复举报人的行为进行惩处。

中国重视发挥舆论监督的作用。依法保护报刊、电视、广播等新闻媒体的采访权和舆论监督权，支持新闻媒体披露各种不正之风和党政机关及其工作人员中的违法违纪问题。政府有关部门高度关注新闻媒体反映的问题，积极回应社会关切的问题，及时提出解决办法，改进工作。近年来，随着互联网的快速发展和广泛普及，网络监督日益成为一种反应快、影响大、参与面广的新兴舆论监督方式。中国高度重视互联网在加强监督方面的积极作用，切实加强反腐倡廉的舆情网络信息收集、研判和处置工作，完善举报网站法规制度建设，健全举报网站受理机制及线索运用和反馈制度，为公民利用网络行使监督权利提供便捷畅通的渠道。与此同时，加强舆论监督的管理、引导和规范，维护舆论监督的正常秩序，使舆论监督在法制轨道上运行。

阳光是最好的防腐剂，公开是对权力最好的监督。从 20 世纪 80 年代开始，中国政府积极推行政务公开、厂务公开、村务公开和公共企事业单位办事公开等制度。颁布《政府信息公开条例》等重要法规文件，规定按照公开是原则、不公开是例外的要求，及时、准确地公开除涉及国家秘密、商业秘密和个人隐私以外的政府信息，依法保障公民的知情权、参与权、表达权和监督权。中央和国家机关、各省（自治区、直辖市）普遍建立了新闻发布和新闻发言人制度，绝大多数县级以上政府建立了政府网站。国家司法机关推进审判公开、检务公开、警务公开、狱务公开等司法公开制度，为加强对司法活动的监督提供了有力保证。中国共产党积极推进党务公开，发布实施《关于党的基层组织实行党务公开的意见》，健全党内情况通报制度，及时公布党内事务特别是党组织重大决策、干部选拔任用、党员领导干部执行廉洁自律规定等情况，拓宽党员了解党内事务和表达个人意见的渠道。

2. 从巡视制度发展看权力监督创新

巡视制度是中国原创性的监督制度，是反腐败的核心制度，也显示出我国的制度自信。一方面，巡视制度是符合中国国情、具有中国特色、能有效解决中国问题的原创性的制度；另一方面，它是党内监督重要的制度载体。放眼全世界，任何一个政党在党内监督和自由纠错上，都没有如此全面系统有效的制度。巡视制度是党内监督的重要制度之一，是党中央和省、自治区、直辖市党委，通过建立专门巡视机构，按照有关规定对下级党组织领导班子及其成员进行巡查监督的制度。透过中国共产党巡视工作的历史沿革及现实成就，分析党内监督制度创新的价值，对于全面深化改革、深入推进党风廉政建设和反腐败斗争具有重要的意义。

党内巡视制度的兴起和历史沿革

中国共产党的巡视工作传统早已有之，只是重点各有不同。早在1921年建党之初，党中央就开始派遣特派员巡行指导工作，任务主要是上传下达。此后的土地革命战争、抗日战争和解放战争时期，巡视工作不断加强，功能集中在指导党的基层组织建设上。

进入改革开放新时期以来，巡视工作重点逐渐转移到党内监督上。1989年党的十三届四中全会以后，党中央提出开展巡视工作，并对如何开展巡视进行了初步探索。1996年1月，中央纪委第六次全会作出"选派部级干部到地方和部门巡视"的部署后，中央纪委就开展了巡视工作。1997年中央纪委第八次全会提出各省也要开展巡视工作的要求，许多地方按照中央的部署开展了巡视工作。

2002年11月，"改革和完善党的纪律检查体制，建立和完善巡视制度。"写入党的十六大报告。2003年，中央纪委、中央组织部正式组建巡视办公室和5个巡视组，并到辽宁、云南进行巡视试点。2004年全国31个省（自治区、直辖市）和新疆生产建设兵团党委也陆续设立121个巡视机构。这一时期的中央巡视工作，完全不同于以往临时抽调人员组建临时性机构的办法，巡视组组长由中央纪委、中央组织部从刚离开工作岗位、尚未办理退（离）休手续的省（部）级干部中选任，副组长则由副部级巡视专员担任。巡视组的任务，主要是对省级领导班子及其成员贯彻执行党的路线方针政策、贯彻执行民主集中制、选拔任用干部、贯彻落实党风廉政建设责任制和廉政勤政的情况进行监督检查。在隶属关系上，巡视组直接对中央纪委常委会和中央组织部部务会负责。

2004年2月，《中国共产党党内监督条例（试行）》颁布实施，在"监督制度"一章中列出"巡视"一节。规定"中央和省、自治区、直辖市党委建立巡视制度，按照有关规定对下级党组织领导班子及其成员进行监督"。巡视工作的主要任务是，了解贯彻落实"三个代表"重要思想和执行党的路线、方针、政策、决议、决定和工作部署的情况，执行民主集中制的情况，落实党风廉政建设责任制和廉政勤政的情况，领导干部选拔任用的情况，处理改革发展稳定的情况和中央要求巡视的其他事项。工作职责是向派出巡视组的党组织报告巡视工作中了解到的情况，提出意见和建议。《中国共产党党内监督条例（试行）》把巡视制度正式确立为党内监督的一项重要制度，2004 年全国 31 个省（自治区、直辖市）和新疆生产建设兵团党委先后组建巡视机构，巡视工作全面推开。

2007 年，党的十七大把巡视制度正式写进党章："党的中央和省、自治区、直辖市委员会实行巡视制度"将巡视制度以党内根本大法的形式确定下来。

2009 年 7 月 13 日，中共中央颁布施行《中国共产党巡视工作条例（试行）》，同年 12 月，"中央纪委、中央组织部巡视组"更名为"中央巡视组"。2010 年 6 月，全军巡视试点工作部署暨巡视干部培训会议召开，意味着党内巡视制度扩大至军队。

党的十八大以来，巡视实践深入发展，取得明显成效，原条例已不能完全适应现实需要，党中央决定予以修订。党的十八届三中、四中全会和十八届中央纪委第五次全会对改进巡视工作、修订条例作出部署，习近平总书记多次对条例修订工作提出明确要求，党内立法规划、中央深化改革工作方案将修订条例列为重点工作。条例修订工作自 2013 年 10 月启动，历经调研、论证、反复修改、不断完善的过程。2015 年 8 月 3 日，中共中央颁布实施修订的《中国共产党巡视工作条例》（以下简称《巡视工作条例》），《巡视工作条例》是规范巡视工作、强化党内监督的重要基础性法规，对于落实全面从严治党、依规治党要求，贯彻中央巡视工作方针，深入推进党风廉政建设和反腐败斗争，加强党组织领导班子和干部队伍建设，推动党的先进性和纯洁性建设，具有十分重要的意义。

党内巡视制度有多年的历史，但公众对它的了解并不多，有人将其比作古代的"钦差大臣"，但两者有着本质区别。中央巡视组的定位是中央的"千里眼"。长期以来，对各级党政领导班子，特别是对"一把手"的监督，一直是党内监督的薄弱环节。"上级监督太远、同级监督太软、下级监督太难、组织监督太短、纪委监督太晚"，存在"看得见的管不着，管得着的看不见"的问题，监督缺位、权力与恶性膨胀的贪欲联姻，出现腐败现象就成为必然。巡视机构的权力由上级党委赋予，具有自上而下、身临其境、重点突出、客观超脱的特点，强有力的监督方式在制约"一把手"上拥有先天的优势，可以说，巡视制度在一定程度上弥补了同级纪委难以监督同级党委的体制缺陷。从 20 世纪 90 年代发展至今，巡视工作的制度框架逐步形成和完善，巡视领域不断拓展，监督力度不断加大。陈良宇、侯伍杰等腐败案件，最初的线索来源都与巡视工作有关。可以说，新时期的巡视制度是从无到有，根据时代需求逐渐变化的。

巡视工作的现实成就

党的十八大以来，党风廉政建设和反腐败斗争进入新的阶段，2013 年，巡视工作聚焦党风廉政建设和反腐败斗争，把发现问题、形成震慑作为主要任务，强化对党组织领导班子及其成员的监督，着力发现贪污腐败、违反中央八项规定精神、违反政治纪律、违反组织人事工作纪律等问题，提高了针对性和实效性。2013 年 11 月，党的十八届三中全会对巡视工作作出重要部署，决定改进中央和省区市巡视制度，做到对地方、部门、企事业单位全覆盖。这些决策部署为新时期巡视工作的开展指明方向，也充分体现了党中央从严治党、对腐败零容忍的坚强决心。

巡视制度从执行效果上看，显示出巡视监督既是反腐猛药，更是惩贪利器，其成就主要表现在以下几点：

第一，在巡视工作的组织领导机构方面，党的中央委员会成立的巡视工作领导小组向中央负责并报告工作；巡视组组长不固定、巡视对象不固定、巡视组与巡视对象关系不固定，组建巡视组组长库，一次一授权，通称为中央巡视组，不再有过去的地方巡视组、企业巡视组、金融巡视组之分。"三个不固定"组织巡视队伍，避免利益交换，在操作上显示出创新性和执行力。

第二，在职责定位方面，把突出发现问题，强化震慑作用作为主要任务，"对重大问题应该发现而没有发现就是失职，发现问题没有客观汇报就是渎职，必须依纪依规追究责任"。

第三，在巡视对象方面，突出对党组织领导班子及其成员，特别是对"一把手"的监督，关口前移，"下沉一级"了解情况，对领导干部报告个人有关事项进行抽查，提高巡视的针对性和有效性。领导干部的"问题"非一日养成，如果手中的权力缺乏有效制约，天长日久，不注意理性地自我约束，其人品、官品会展露无遗，"下沉一级"了解的情况是比较真实和准确的。

第四，在巡视内容方面，突出"四个着力"，加强对党风廉政建设主体责任、监督责任落实情况和组织纪律执行情况的监督检查。与以往相比，收窄了巡视内容，把发现问题、形成震慑作为主要任务，巡视工作的定位更精准，任务更明确。

第五，在工作方式和巡视步骤方面进一步规范。工作方式灵活多样，既有听取工作、专题汇报，列席有关会议等，还有个别谈话，调阅、复制有关资料，商请有关职能部门或专业机构予以协助等。巡视步骤明确规范。这些规定使巡视工作流程规范，操作性强，可有效避免个人因素影响，所有程序必须走到，所有手段必须利用，切实推进制度反腐建设。

中央强化巡视成果运用的决心和举措，在党内外产生强烈反响，各级领导干部受到警示教育，潜在违纪违法人员受到很大震慑，广大干部群众深受鼓舞。巡视工作在社会上引起广泛关注，形成了"内外共振"的良好效果。一大批重量级贪官被揪出，显示出巡视制度的巨大威力。

巡视制度创新的意义和启示

权力的监督在古今中外都是一个难题，必须通过具体的制度规范才能实现。预防腐败，不仅要靠官员个人的自律行为，更重要的是靠好的制度来监督制约权力。制度的价值在于可操作性和实效性，巡视制度就是具有可操作性和实效性的制约监督权力的制度。

国家是否能长治久安，取决于执政党党风廉政建设和反腐败斗争的力度和深度，取决于执政党与人民群众的关系，健全的党内监督制度无疑是长期执政的逻辑起点。巡视制度之所以被党中央和社会各界重视，缘于它实行的上位监督形式是自上而下的，既充分体现了上位监督的权威性、有效性，又通过直接深入群众发现问题，表现为上位监督与下位监督的互动结合，体现了上位监督建立于下位监督的基础支撑。

从执政党建设来讲，巡视是党章规定的一项重要制度，是党章赋予的重要职责，是加强党的建设的重要举措，是从严治党、维护党纪的重要手段，是加强党内监督的重要形式。中央巡视组的工作力度彰显了中央肃贪惩恶的决心、胆略和魄力，把权力关进制度的笼子里，首先制度要管用，笼子要结实。巡视制度的重要意义，就在于它是支撑权力监督制度铁笼的一个重要支柱。相信在党中央的领导下，今后的巡视工作会继续创新，探索专项巡视，加强成果运用，细化分类处置措施，确保整改落实。巡视工作以党内监督和权力监督制度的创新，在推进全面深化改革和建设廉洁政治进程中的地位和作用将会进一步彰显。

3. 严明党的纪律强化执纪监督

纪律是维系一个组织、一个政党、一个队伍的最根本保证，具有社会性、历史性、阶级性和强制性的特点。严明党的纪律是我们党的优良传统，也是实现中国梦的必然要求，更是维护党的团结统一、保持先进性和纯洁性的重要保证，是各项工作健康开展并取得优异成绩的根本保障。讲纪律、讲规矩是对党员干部党性的重要考验，是对党员干部对党忠诚度的重要检验。历史证明，组织纪律是人类生存的需要，是社会发展的需要，也是一个政党履行使命的需要。

严明组织纪律是我们党的优良传统。习近平同志指出："我们党是靠革命理想和铁的纪律组织起来的马克思主义政党，纪律严明是党的光荣传统和独特优势。党面临的形势越复杂、肩负的任务越艰巨，就越要加强纪律建设，越要维护党的团结统一，确保全党统一意志、统一行动、步调一致前进。"90多年来，我们党栉风沐雨、历经坎坷，不断从胜利走向胜利，发展成为世界第一大执政党，一个极其重要的保证就是组织严密、纪律严明。在革命战争时期，"三大纪律八项注意"对于严肃党纪军纪发挥了重要作用。毛泽东同志曾表扬东北野战军在锦州不吃群众一个苹果，解放军进上海睡在马路上，志愿军爱惜朝鲜人民一草一木等，都是纪律严明的具体体现。在社会主义建设时期，严明组织纪律是我国改变一穷二白落后面貌的关键。在改革开放新时期，严明组织纪律保证了我们既不走封闭僵化的老路、也不走改旗易帜的邪路，而是沿着中国特色社会主义道路阔步前进。可以说，中国共产党在革命、建设和改革的伟大实践中，对组织纪律的理解和执行超越了古人。这成为我们党区别于其他政党的重要标志。

维护党的纪律，就要加强对权力运行的制约和监督，把权力关进制度的笼子里。维护党的纪律，归根到底要靠制度作保障。贯彻落实习近平总书记和中央纪委关于有效制约监督权力的部署要求，就要加强对党员、干部特别是一把手行使权力的监督，认真执行民主集中制，确保权力正确行使，做到位高不擅权、权重不谋私；要充分发挥组织协调作用，监督推动职能部门深化行政审批制度改革，深化公共资源配置、公共资产交易、公共产品生产等领域市场运行机制的改革，推进社会组织管理体制改革，削减、限制和转移一些部门的权力，减少权力滥用空间；要按照科学合理配置权力的要求，建立健全决策权、执行权、监督权既相互制约又相互协调的权力结构和运行机制，固定"权限"和"流程"，让权力按照法规制度确定的"路线图"行使；

要坚持民主执政，全面推进党务、政务、村务、厂务及公共企事业单位办事公开，促使权力在阳光下行使；要坚持全程控权，按照"全面覆盖，全程到位"的要求，整合监督力量，畅通监督渠道，着力解决权力滥用问题。同时，要加强对制度执行情况的监督，加大对违反制度行为的处罚力度，保证制度行得通、做得到、管得住、用得好，增强制度执行的刚性。

严明党的纪律，维护党的集中统一，是党的力量所在。党员干部要时刻绷紧政治纪律这根弦，持之以恒推进作风建设新常态。巩固拓展群众路线教育实践活动成果，兑现活动中许诺给群众的各项承诺，做到身有所正、言有所规、行有所止，营造良好政治生态，切实把干部群众的思想和行动统一到中央的部署要求上来，把意志和力量凝聚到完成好改革发展稳定各项任务上来。面对当前形形色色的诱惑，党员干部尤其是领导干部必须进一步加强纪律建设，让纪律真正管住自己，管住权力，把心思集中到为人民服务中来，把聪明才智发挥到为人民服务中去，而不是整天盘算着自己的蝇头小利、蝇营狗苟甚至结党营私。党员干部出问题，都是从突破纪律、破坏规矩开始的，纪律是任何人都不得触碰的高压线。严守党的政治纪律和政治规矩，必须从严执纪。各级干部特别是高级干部要牢固树立纪律和规矩意识，把牢政治方向，在守纪律、讲规矩上作表率，始终心中有党、对党忠诚。各级党组织要把严守纪律、严明规矩放到重要位置来抓，对政治纪律和政治规矩要十分明确地强调、十分坚定地执行，加强对党员、年轻干部的教育引导，努力在全党营造守纪律、讲规矩的氛围。各级纪律检查机关要把维护党的政治纪律和政治规矩放在首位，加强监督检查，敢抓敢管，对违反政治纪律和政治规矩的行为要坚决制止、严肃处理，维护党的章程、原则、制度、部署的严肃性和权威性，保持党的先进性和纯洁性。

把严守纪律、严明规矩放到重要位置来抓，努力营造守纪律讲规矩的浓厚氛围；坚决维护中央权威，维护党的团结统一和先进性；要坚定决心，保持反腐败高压态势不放松，高举反腐利剑，形成强大震慑，遏制腐败蔓延势头；要强化党风廉政建设主体责任和监督责任，严肃责任追究；要坚守阵地、巩固成果、深化拓展，持之以恒落实中央八项规定精神，坚决纠正"四风"，确保改进作风常态化、长效化；要做好"破"和"立"这两篇文章，着力健全党内监督制度，严格依规管党治党，扎实推进党风廉政建设和反腐败工作建章立制，扎牢制度"笼子"。当前，落实责任最重要最紧迫的任务，是深入贯彻落实"五个必须""五个决不允许"的要求，更加自觉地在思想上、政治上和行动上与以习近平同志为总书记的党中央保持高度一致，切实加强纪律建设，让守纪律讲规矩常态化。严明党的政治纪律和政治规矩，严肃查处不守纪律、不讲规矩的行为，强化纪律刚性约束，努力在全党营造守纪律讲规矩的政治氛围，保证全党统一意志、统一行动、统一步调、令行禁止，不断推进党的事业跨越向前。各级党委和纪检监察机关落实责任，要强化政治意识，牢记政治使命，恪守政治纪律。一要主动向党委汇报工作，出好主意当好参谋；二要分解具体任务，切实加强组织协调；三要对下级党委落实主体责任情况经常开展检查；四要推进纪律检查体制改革，落实好"两个责任""两个为主"和"两个全覆盖"。各级纪委要聚焦党风廉政建设和反腐败斗争主业，执好纪、问好责、把好关，做到不越位、不缺位、不错位，增强政治定力，坚守责任担当，提高素质能力，自觉接受各方面监督。持之以恒落实中央八项规定精神，着力纠正"四风"，把惩治腐败放在突出位置，坚决遏制腐败蔓延势头。

90多年来，我们党创造的辉煌业绩举世瞩目，形成的纪律优势影响深远。站在历史新起点上展望未来，我们依然任重而道远。因此，党员干部要深刻理解队伍自身建设的重要性，努力打造一支忠诚、干净、有担当的干部队伍，在全面深化改革的同时加强教育监督，坚持以更加严格的标准和纪律约束自身，坚决做到对干部队伍中出现的违纪违法问题零容忍。只有这样，才能赢得人民群众的信赖和拥护，才能不断巩固执政基础，才能团结带领全国各族人民把中国特色社会主义伟大事业全面推向前进。

第三节 惩戒制度

法国著名哲学家孟德斯鸠在《论法的精神》一书中指出："一切有权力的人都爱滥用权力，这是万古不变的经验，防止权力滥用的办法，就是用权力约束权力，权力不受约束必然产生腐败。"反腐败是当今的一个世界性难题。腐败的根源在于权力的滥用，要根除腐败，必须消除腐败产生的土壤和条件，使掌握权力的人不能够肆意妄为。从国际经验来看就是要从制度上确立权力的边界，即建立权力清单制度，让权力在公开透明中运行，把权力关进制度的笼子里，建立对腐败零容忍制度，形成公务人员不敢腐败的预防惩戒机制，这是反腐的治本之策，是整个廉政制度的不可或缺的组成部分。[1]

一、惩戒制度概述

1. 惩戒制度的含义

按照现代汉语词典的解释，惩，惩罚；戒，防备；惩戒就是指惩罚与警戒。惩戒通常是指一定的社会组织对违反本组织纪律的成员给予物质上和精神上的惩罚。惩戒作为一种管理，是组织控制的重要手段，也是治国理政的重要方式。我国古人曾说："治国有二柄：一曰赏、二曰罚。赏者政之大德也，罚者政之大威也。"明冯梦《东周列国志》第五十七回："廷及于今，逆臣子孙，布满朝中，何以惩戒后人乎？"吴兢在《贞观政要》中也有类似表述"国家大事，惟赏与罚"。苏联教育家马卡连科指出："合理的惩罚制度不仅是合法的，而且也是必要的。这种合理的惩罚制度有助于形成学生的坚强的性格，能培养学生责任感，能锻炼学生的意志和人才，能培养学生抵制引诱和战胜引诱的能力……适当的惩罚，不仅是一个教育者的权利，也是一个教育者的义务。"这里的学生换成公权力的拥有者使用者同样适用。

惩戒一般包括行政惩戒和司法惩戒。行政惩戒和司法惩戒本来是两种不同的处理方式，行政处理往往以纪律处分为结果，它在一种封闭的系统里运行，这种惩罚的规则与成文法相比较，存在较大的随意性和模糊性，而司法惩戒则关系到对当事人自由的剥夺，代表着一种公义。

2. 惩戒制度的特征

惩戒制度具有以下特征：一是惩戒是由法定权限的处分决定机关作出的具体人事处理行为，是一种机关内部管理行为。这种"具体人事处理行为"是指公务员主管部门或者公务员所在机关针对特定公务员个人作出的影响其权利义务的人事处理决定。二是惩戒的适用主体，世界各国基本上都是将拥有公权力的以公务员为主的公职人员作为惩戒制度的适用主体，但也有例外。公务员是指依法履行公职纳入国家行政编制，由国家财政负担工资福利的工作人员。在中国包括中国共产党机关的工作人员、人大机关的工作人员、行政机关的工作人员、政协机关的工作人员、审判机关的工作人员、检察机关

---

〔1〕 李和中、石智刚："阳光下的权力规则体系——廉政清单制度的建构逻辑与现实路径"，载《人民论坛·学术前沿》2014 年第 16 期。

的工作人员和民主党派机关的工作人员。对法律、法规授权的具有公共事务管理职能的事业单位和群众团体机关中经批准参照《公务员法》管理的工作人员给予处分也参照办理。三是惩戒的效力具有强制性。违法违纪应当承担的惩戒责任是法定的，实施处分是由国家强制力保证的。其他社会组织对违反本组织纪律的成员进行处分，并不具有国家权力性质，是自治性的。四是惩戒具有双重功能。一方面是规范功能，惩戒是对组织成员违反其纪律的行为的惩罚。就是说先有规则和纪律，违反了规则和纪律才施以惩戒。这种规则和纪律，对公职人员来说，就是一种行为规范，他们可以知道什么是机关单位组织赞成和鼓励的，什么是反对的、不该做、不得做，从而达到调整其成员行为、维持机关组织秩序、保证公务良好执行的目的。另一方面是保障功能，非因制度规章事由和非经制度规章程序不被处分，是公务人员的权利。对公务人员的处分，在一定程度上是对公务人员某些权利的剥夺和限制，必须具有一定的合理程序，其中公务员的惩戒受到实体法和程序法的保障。

3. 惩戒制度的基本原则

惩戒制度的基本原则是指贯穿于所有惩戒制度之中，反映惩戒制度的基本特征，对制定和实施惩戒制度具有普遍指导意义的根本准则。

首先，依法惩戒原则又称非因法定事由和非经法定程序不受处分原则。包括以下内容：一是违法违纪行为概由法定。法无明文规定不为违法违纪、法无明文规定不予处分。有哪些违法违纪行为，对违法违纪行为惩戒的种类和幅度、对违法违纪行为惩戒的程序均由法定。这里的法，指法律、行政法规、地方性法规、部门规章、地方政府规章，特殊情况下国务院的决定也可以作为依据。《行政机关公务员处分条例》规定除法律、法规、规章以及国务院决定外，行政机关不得以其他形式设定行政机关公务员处分事项。二是任何一种有危害性的行为，其法事前没有规定为违法违纪、不得直接对其定性量纪，也不能采用溯及既往的形式追究纪律责任。三是对法规定为违法违纪的行为及其处分幅度，不得任意加以改变，必须严格按照法律的规定定性量纪。四是对纪律责任的追究必须按照法定的程序进行，这样才能防止处分决定机关的武断、偏见和擅权，才能促进机关依法行政，保护被处分人合法权益。

其次，公平、公正原则。给予惩戒处分必须公平、公正，毫无偏私，这是现代国家实行民主政治的基本要求。在古代社会、人们就认识到公正对社会的价值，孔子说过："政者正也、子帅以正、孰敢不正"。[1]荀况说："上公正则下易直矣"[2]该原则具体内容指处分决定机关在对违纪违法案件进行处理时，对于所有违法违纪行为人要一律平等，不允许有不受纪律约束的特殊人物，不允许有凌驾于纪律之上的任何特权。该原则包括定性上的平等和量纪上的平等两方面。定性上的平等是指处分决定机关在对违法违纪行为定性时，只应考虑违法违纪行为及其社会危害性的大小等情况，不应考虑违法违纪行为人的地位、身份、职务等与定性无关的因素。量纪上的平等，是指违法违纪行为人适用处分时，裁量的标准应当统一，不得因人而异，不能因为违法违纪行为人的地位、身份、职务的不同而有所区别，要切实做到执纪公平、秉公办事。

再次，教育与惩处相结合原则。是指处分决定机关在查处具体案件中，不仅要严肃查处违法违纪行为人的违法违纪行为，依法给予其必要的惩处，还要立足于教育，着眼于提高公务人员的思想和政治素质，寓教于惩、以惩施教，把惩处和教育、治标和治本有机结合起来。因为"没有教育意义的惩戒那是简单的报复，而教育如果离开了惩戒就会变得软弱无力"。该原则有两方面含义：一是对违法违纪行为人必须严肃处理，该处分的必须处分，不能姑息宽容。处分对于被惩戒者来说，是其对违法违纪行为所应承担的责任，它体现了组织对违法违纪行为人的谴责和否定性评价。对违法违纪行为人予以惩处，对违法违纪行为有着抑制和警示的作用，同时也是对遵纪守法者的肯定与鼓励。二是要将教育贯穿于惩戒处分的始终，使惩处立足于教育、挽救和防范。惩前毖后，治病救人，是各国反腐倡廉中遵循的一贯方针，必要的适当的惩处本身是一种很有效的教育。要通过惩处，教育违法违纪行为人认识错误、改正错误，同时又不要一棍子打死，要给予一定的出路。总之，教育与惩处是相辅相成的，教育是惩处的根本目的，惩处本身不是目的，而是一种挽救和教育的手段。而有了严肃的惩处，教育才能收到更好的效果。

最后，事实清楚、证据确凿、定性准确、处理恰当、程序合法、手续完备原则。这是现代民主政治依法治国的具体体现。一是事实清楚。违纪事实是立案的基础。事实清楚，是指违法违纪行为发生的时间、地点、动机、目

---

〔1〕《论语·颜渊》。

〔2〕《荀子·正论》。

的、手段后果以及其他有关情况必须清楚，这是对违法违纪行为正确定性量化的客观基础。如不清，可能形成错误处分，形成冤假错案，因此事实清楚是对公务员处分的前提条件。二是证据确凿。证据是证明案件真实情况的所有事实。证据确凿是指据以认定违法违纪行为和给予违法违纪行为人处分的证据必须能够充分证明违法违纪行为的存在以及违法违纪行为的性质，情节和危害程度。证据确凿是事实清楚的必要条件，证据不准确、互相存在矛盾必然导致事实不清楚。只有本人陈述，没有证据或证据不充分、不确凿的，不能定案。反之，只要证据充分确凿，即使当事人拒不承认，也可定案。三是定性准确。定性是指在事实清楚、证据确凿的基础上，依照公务人员的纪律标准，认定公务人员的违纪行为属于何种性质。定性是处分工作的关键环节，定性是否准确关系到对公务人员违纪行为处理的后果，定性不准确就无法做到处理恰当。四是处理恰当，是指根据违法违纪行为的性质情节、危害程度，违纪者的责任大小、一贯表现和对违纪的认识态度，予以全面的、客观的分析，给予恰当的处分。我们反对惩办主义，也反对姑息包庇，力求做到不偏不倚，不枉不纵。五是程序合法。这既是公务人员处分合法公正的保证，又是保护公务人员合法权利的保障。调查处理违纪案件的整个过程必须符合法律、法规、规章规定的程序。程序合法是公务人员法对公务员处分规定的新增原则，是依法治国的必然要求。六是手续完备。处分公务人员必须按照规定履行手续。手续完备是指涉及案件的材料要全面、准确和完整，如初查审批手续、立案审批手续、调查报告、处分决定书、复查决定书、复核决定书等必须齐全。手续完备是对违纪公务人员合法权益的保护，体现了程序合法原则的要求。

二、国外惩戒制度理论与实践

腐败就是公权私用，破坏社会公平正义，损害政府形象和公信力，阻碍经济健康发展的必须治理的世界"毒瘤"。腐败是全世界的毒瘤，其不会仅仅存在于哪一个国家或地区，全球所有国家或地区均或多或少存在腐败现象，承受着不同程度的腐败之痛。基于腐败是社会"毒瘤"的表述，借助唐代孙思邈《备急千金要方·诊候》对医术的描述，即"上医医国，中医医人，下医医病。上医听声，中医察色，下医诊脉。上医医未病之病，中医医欲病之病，下医医已病之病。"与此相对应，腐败防治的最低层级为惩治腐败，中间层级为预防腐败，最高层级为腐败免疫，对应于国家反腐工作的三个目标：不敢腐、不能腐、不想腐。法理昭彰，有腐必惩，世界各国都很重视惩戒制度反腐倡廉的巨大作用。

1. 构建严密的反腐败制度体系

治理腐败之根本是构建严密的制度体系，将权力的行使控制在制度规范内。无论是社会主义国家的政党，还是资本主义国家的政党，都非常重视制度反腐的重要作用。

越南共产党对遏制党内腐败极其重视，先后制定了《越南反腐败法》《越南申诉控告法》等，为惩治腐败、加强群众监督提供了法律依据。并采取了在全党开展党的建设和整顿运动，加强制度建设、加大监督力度等一系列措施，有效遏制党员干部贪污腐败现象。越南共产党规定，因腐败问题、造成严重后果的地方和单位，不管领导者是否参与其中，都要追究党委主要领导人的法律责任和纪律责任。为解决比较突出的"关系网""裙带风"等消极现象，越南共产党决定实行干部交流制度，规定总书记连任不得超过两届，县级以上主要领导干部在同一个地方担任同一职务不得超过两届任期。为了加强对干部的监督，越南共产党在原有干部收入申报制度的基础上，制定和实行了干部、公务员财产申报制度，干部、公务员要申报个人房地产情况及其配偶和子女在国外自费留学的经费来源。为防止国有资产的浪费和流失，越南共产党本着"公开、透明"的原则，加强了对银行系统、预算管理、招投标项目等极易滋生贪污腐败的领域的检查与管理，进一步完善财政、资产和经济管理机制。[1]

新加坡在人民行动党主政下建立了完善的立法体系，为政府廉洁从政和预防腐败提供了有效的行为规范。新加坡相继出台了《新加坡防止贪污法》《新加坡没收贪污所得利益法》《新加坡公务员纪律条例》《新加坡公务员惩戒规则》等法律法规，并数次修订、完善，使这些法规与该国刑法、刑事诉讼法等法相得益彰，互为补充，构织起一张惩腐反贪的严密法网。新加坡法律规定的"贿赂"的含义非常宽泛：不仅包括金钱、礼物、有价证券等任何形式的财产或财产性利益，还包括无法用金钱计量的职位、就业、契约、义务的放弃、责任的免除以及各种服务、恩惠、好处等非财产性利益，以及任

---

〔1〕 吴海红："国外长期执政政党如何制度反腐"，载《学习时报》2013 年 10 月 8 日。

何对上述报酬的表示、着手和许诺。根据新加坡法律，贪污犯可判 5 年监禁或至少 10 万新元的罚款，或判处监禁并处罚款；违纪公务员，将面临革职、降职、停止加薪、延迟加薪、罚款、警告、强制退休、失去工作（或公积金和其他利益）的处分。

芬兰对行贿受贿的惩罚以罪行严重程度划分，从一般性罚款到判处最高达 4 年的监禁。在接受礼品上，法律规定公务员不能接受价值较高的礼品，且根据物价指数该标准时有变动，约 20 欧元左右（1 欧元约合 9.60 元人民币）。对于因公出差，各部门每年都有固定计划，出差目的、期限和报销数额都有规定。对于部局级高官的出访，因为涉及重要政务，出访要经总理或议会批准。公务员接受金钱、珠宝、家用电器、低利息贷款、免费旅行等都可被视为接受贿赂，甚至接受荣誉头衔和有关部门的推荐也可能被视为受贿。公务员如果被指控受贿，罪名成立，将被立即免职。政府和议会还分别设立财政监督局和国家财物检察官，对政府和国家的各项开支实行经济监督。如使用公款进行设备购置是否符合规定，所购商品价格、质量在多种报价中是否为最佳选择，政府官员是否用公款采购和营私舞弊等。

瑞典是世界上公认的最廉洁的国家之一。在瑞典的执政舞台上，长期执政的政党是社民党，其成功做法之一就是较好地执行了公务员的高薪养廉政策。瑞典国家公务员不仅可以享受普通公民的福利待遇，而且工资收入特别高，让公职人员能够过上富足的生活，从而降低对腐败的需求。此外，瑞典还形成了较为健全的对公共权力进行监督制约的良好机制，权力监督有议会监督、司法监督、政党监督、审计监督、监察专员监督、新闻媒体监督等主体和环节，为防止政府滥权提供了制度保证。

2. 重视制度的执行力，对腐败实行零容忍

反贪不仅是体制机制的科学设置，也考验着执政者反贪的政治决心。所谓政治决心是指执政者尤其是最高领导人彻底地解决腐败问题的坚定意志。这种意志最重要的体现是把彻底地解决腐败问题作为最终目标，而不仅仅是查办一两个有影响的腐败案件，且能够以身作则，从自身、自己身边人以及自己所属的团体开始，坚持反腐败的原则性和公正性，严厉打击腐败，实行零容忍。

新加坡人民行动党领导下的政府是举世公认的廉洁政府。新加坡对公务员接受礼品、礼金、馈赠的规定十分具体翔实。新加坡的《公务员纪律条例》中明文规定，不能接受公众人士的礼物和款待；因公务接受的礼品必须如实

报告，礼品价值超过 50 新元必须交公，否则将视同贪贿而受到严惩。新加坡《防止贪污法》规定，对犯有贪污罪的人除没收其全部非法所得外，还要处以罚金或判处 5 年以上 7 年以下的监禁。在透明国际发布的清廉指数排行榜上，近些年新加坡始终排列在前五位。新加坡人民行动党建立廉洁政党、打造廉洁政府的决心，是新加坡保有"廉洁之都"美誉的关键。对此，李光耀曾明确指出，"要实现毫无例外地治理腐败、惩罚所有违规者的良善目的，领导必须具备治贪的强大意志与决心"。李光耀认为："治理腐败只能自上而下地、系统地进行。这是一个艰苦的、长期的过程，因此，只有自身廉洁且具备了坚强意志与道德权威的强大领导群才能做到。"李光耀治理腐败的决心首先从其严于律己、以身作则上得以体现。人民行动党惩治腐败的决心还体现在对党内反腐败的严厉查处。2009 年 9 月 5 日，新加坡《海峡时报》在报道中指出，"人民行动党政府对铲除贪污的毅力可从它坚决取缔党内腐败的内阁部长中体现出来"。没有选择性的执法，坚持法律面前人人平等，制度面前没有特权，制度约束没有例外，确保了新加坡法律的威严及其对腐败分子的震慑作用。2000 年，李光耀获透明国际环球廉洁奖，以嘉奖他担任新加坡总理期间，在杜绝贪污方面所取得的真正杰出的成就。

越南共产党针对党内腐败问题频发，也开展了一系列严厉的打击行动：一些中央委员、公安部副部长、副总监察长等高官相继落马。该党在全国开展了一场雷厉风行的反腐"无禁区"活动，大力开展公务员财产申报、腐败案件问责制，还加入了亚洲反腐行动计划，加强国际组织的反腐合作。据统计越共九大以来，已处分了 1% 以上的党员，其中 30% 是各级党委委员。这些行动虽然未能从根本上解决腐败问题，却使越南腐败局势得到了有效的控制。从 1998 年开始，除了个别年份，越南的清廉指数一直比较稳定。这表明，越南采取的反腐措施遏制了腐败问题的进一步恶化。

3. 注重政党自我约束机制与外在法律社会约束机制的统一

政党在社会政治生活中发挥着举足轻重的作用，尤其是执政党掌控着巨大的行政资源和权力，加强对执政党的监督和约束是权力正确行使的根本保证。大多数国家的政党都建立了一套较为完善的纪律监察制度，监督、检查、惩处违纪党员自我约束机制，一些国家还通过法律制度对执政党行为进行规制，除此之外，公共和媒体也会施以社会舆论的监督，从而形成内外结合的监督体系。

加强党内监督，建立党内监督体系。纪律监察制度是政党政治运行中的免疫系统，对贯彻落实政党的意志，防范权力对政党及其党员的腐蚀，维护政党的生命力，具有重要意义。共产党和一些信仰马克思主义的政党一般都建立了比较严格的纪律监察制度。一些发达国家的政党也设有党的纪律监察制度。比如，德国社会民主党设立监察委员会监督党的执行委员会，审理对党的执行委员会的控诉。

建立政策法规体系，加强法律的刚性监督。一些国家在政党政治问题上，日益重视立法，使政党组织及其活动日趋法律化和规范化，从而克服了随意性和不合理性。例如，《意大利共和国法》（1947年）、《德意志联邦共和国基本法》（1947年）、《法兰西共和国宪法》（1958年）、《希腊宪法》（1975年）、《葡萄牙宪法》（1976年）、《西班牙宪法》（1978年），等等，对政党及其活动都作了明确的规定。为了防止出现"黑金政治"，新加坡国家专门制定了《政治捐款法令》，对政党的政治募捐行为作了明确规定。这些法律使得政党和政党制度在国家政治生活中和国家政治体系中具有了明确的、稳定的法律地位，受到法律的保障，政党的活动也就日趋规范化。许多政党还重视新闻舆论、社会公众的监督。古巴共产党设立了全国群众举报委员会，直接隶属古巴共产党主管党务工作的政治局委员领导，加大了监督力度。马来西亚巫统建立群众监督机制，自觉接受群众监督，对群众关心的重大问题在全国范围内进行公示，尽可能地增加透明度。在许多国家新闻舆论享有高度的自由权，他们可以在法律范围内对执政党的言行进行调查报道，使执政党时刻面临"第四项权利"监督的压力，从而对自己的行为保持谨慎。[1]

瑞典是世界上最早开始推行官员财产登记制度的国家。早在1766年，瑞典公民就取得了查阅所有官员财产和纳税状况的权利，任何公民都有权查看首相的财产及纳税清单，这个制度一直延续下来，迄今已经240多年。后来，瑞典规定包括公职人员在内的所有公民和团体，都必须向税务部门公开自己的财产和收入明细，并接受所有人的查询。不少瑞典官员自我解嘲说，自己处在一个"赤裸地生活着"的国家。任何一个瑞典公民都有权查阅任何官员、企业高层管理人员，甚至王室成员的资产和纳税情况。为了限制政府对信息的自由裁量权，瑞典还制订了《保密法》，详细列举哪些信息属国家机密，从

---

〔1〕 吴海红："国外长期执政政党如何制度反腐"，载《学习时报》2013年10月8日。

而避免了相关部门以"国家安全"为由向公众隐瞒信息。1995 年 10 月，时任瑞典副首相萨林用公务信用卡购买了几十克朗的巧克力，此事被一位认真的瑞典记者一直追查到银行，并调出了萨林的全部刷卡消费记录，指责她"挪用公款"，最终迫使其引咎辞职。

不止瑞典，北欧国家普遍推行政府官员财产申报、登记和公布的制度，以及储蓄消费实名制。长期以来一直被评为清廉国家的芬兰、瑞典、丹麦等北欧国家，之所以能创造出令人惊叹的廉政奇迹，不仅在于其社会收入差距较小、社会保障完善发达、公务员待遇优厚，更在于其近乎苛刻的防腐、反腐制度。

三、中国惩戒制度实践历程与发展

反腐败是当今的一个世界性难题，腐败的根源在于权力的滥用，要根除腐败，必须消除腐败产生的土壤和条件，即习近平总书记提出的"把权力关进制度的笼子里"，使掌握权力的人不能够肆意妄为。把权力关进制度的笼子里是反腐的治本之策，需要长期艰巨的努力，非一日之功。中央政治局不久前审议通过了《建立健全惩罚和预防腐败体系 2013～2017 年工作计划》，强调要加大惩治腐败力度，在坚决惩治腐败的同时更加科学有效地预防腐败，这抓住了反腐败的根本。

1. 中国惩戒反腐的发展历史

中国古代的统治者为保证政府清廉，除了大力倡导清廉世风，建立一套完整监察、考课制度外，还十分注重对贪官污吏的刑法制裁，依法保证廉政建设的效果。治民先治吏，这是历代王朝共同的经验，因而封建君主鲜有放弃重典治吏的例证。西周时期的《吕刑》中就有"上下比罪，勿潜乱辞"的规定，对于法官出入人罪加以惩罚。秦汉时，法官在司法审判中犯错误要负刑事责任。故意错判为"不直""纵囚"，据《史记秦始皇本纪》载，秦时曾"谪治狱吏不直者，筑长城及南越地。"《法律答问》几处也谈到"失刑罪"，可见秦时不直、纵囚、失刑均要求法官负刑事责任。汉武帝"缓深故之罪，急纵出之诛"，凡是纵放死罪的，以死相抵。检阅史册，自远古至先秦，可计有关贪官人物活动七八十起；秦汉至五代，据宋《册府元龟》统计，贪赃官员达 460 名。

魏晋南北朝时，为维护统治阶级的长远利益及政权的稳定与统一，将打击"贪赃枉法"之犯罪作为治国之根本。张斐《晋律》注"货物之利谓之赃"，赃包括盗取、受贿以及其他非法所得财物。"贪赃"即"受贿"，是"以罪名呵人为受赇"。曹魏官吏贪赃，有弃市之罪，北魏显祖诏"诸监临之官所监治，受羊一口，酒斛者，罪至大辟，与者以从坐论"。北齐则有枉法赃处死刑之罪。

隋唐时期，法律形式的完备，对官吏的贪赃枉法、失职、擅权、泄密等罪刑的惩罚也有了更明确的规定。如规定贪赃枉法罪指受人财请求，有事以财行求，受所监临财物，受旧属财物，坐赃等犯罪；擅权罪则指官吏滥用或越权行为，唐律规定，凡非法或擅自兴造，非法聚敛，擅自奏改律令式，代署代判者，均判处刑罚。

唐代以后，各代对于官吏失职、枉法的规定基本上沿用唐律规定。宋时依旧，有"受人财请求""有事以财行求""监临主受财枉法""去官受旧官属"等罪名。至宋代，据包拯的《包孝肃奏议》所述，"赇货暴政，十有六七"，即贪官比例为 60% ~ 70%，尽管严厉惩办，至宋末依然"贿赂公行""廉吏十一，贪吏十九"，[1]即贪官增至 90%。元朝则仅分为"贿赂"与"枉法""不枉法"数种。明、清规定官吏受财均计赃科断，无禄人减一等。赃分枉法赃与不枉法赃二种。对受赃之官，追夺除名，吏则罢役，俱不叙用。较之唐律，明律对官吏判案"事不枉"而事后受财者，区分二种情况，即事若枉断，以枉法赃论；事不枉断者以不枉法论，加重了刑罚；明清律又规定"官吏听许财物"即官吏听许当事人行贿财物，实际上没有接受贿赂，如果官吏枉法而判，准枉法论减一等论断。到明代，贪官人数已无法估计了，永乐十九年邹缉上疏反映："贪官污吏遍布内外。"[2]清代顺治年间，吏科官员林起龙在奏折中也指出："今贪官污吏遍天下。"说明明清两代情况相差无几，达到了历朝贪污状况的顶峰。富有讽刺意味的是，这两代惩办贪官的严厉程度，也达到了历朝的顶峰！乾隆以惩贪著称，打击贪贿非常严厉。

从以上各朝法律中对官吏贪赃枉法等不廉行为的惩罚规定，不难看出，中国古代廉政制度中，刑罚惩戒是其重要保证。刑罚是肃贪的必要手段，这是毫无疑义的。但重刑主义并不能挽救封建社会病入膏肓的定局；法外酷刑，则成了封建王朝人亡政息的征兆。封建社会不能消除腐败，其根源就在于统

〔1〕 周怀宇："中国历代贪官"，载《历代名臣奏议》卷 43，河南人民出版社 1996 年版。

〔2〕 周怀宇："中国历代贪官"，载《明史》卷 164，河南人民出版社 1996 年版。

治阶级与人民根本对立的政治制度。推行惩贪的皇族统治集团和庞大的贪官阶层，本属一个阶级，他们之间贪污与惩贪的斗争，不过是统治阶级内部恃强凌弱的分赃而已。即便是汉代刑法减省，制《九章律》，唐朝执法平稳，作《唐六典》，获得相对的政治清明，也不过是行政体制上的有限改善带来腐败恶性程度略微减轻的昙花一现。毛泽东主席在回答黄炎培先生如何跳出历代王朝"其兴也勃其亡也忽"的周期率时说，我们依靠的是民主制度。这就是新时代与旧社会根本不同之处，制度，是我们有效反腐败的保障。历史留给我们的殷鉴是，在制度不好的社会，刑罚惩戒再重也无济于事；有了好的社会制度，重罚实施仍须中正持平。

1912 年，中华民国建立，宋教仁受命负责《中华民国临时约法》的拟定。宋教仁指出，都察院在官吏监察中有重要作用，但在即将开国会的背景下，都察院职掌与立宪国的议会和法院的职能有冲突之处。因此，他认为，只有成立独立的官吏惩戒裁判所，才可以兼顾立宪政治之通例与中国自古设立都察院之精意。[1]这种认知落实到《临时约法》中，成为第二章第 10 条的规定："人民对于官吏违法损害权利之行为，有陈诉于平政院之权。"宋教仁的惩戒机构独立化的构想与晚清一脉相传。然而，他的构想还来不及在短暂的南京临时政府中付诸实施。

北京民国政府成立后，继承《临时约法》的立法精神，1913 年 1 月，北京民国政府据《临时约法》的规定颁布了《文官惩戒法草案》，同年 3 月，熊希龄依据《文官惩戒法草案》，设立官吏惩戒会，对未触犯法律的违纪官吏进行惩戒。这样，一种与中国传统不同的新的官吏惩戒制度正式建立。熊希龄（1870～1937 年，字秉三，湖南凤凰人），光绪进士，曾任出洋考察宪政五大臣的参赞，是较早了解宪政精神的政府官员。1913 年 8 月，熊希龄出任国务总理，即向袁世凯建议全面实施惩戒委员会制度。袁世凯据其建议，在 1914年 1 月 20 日颁布《文官惩戒委员会编制令》，正式设置高等文官惩戒委员会及普通文官惩戒委员会。同年 3 月 31 日，北京民国政府出台了《平政院编制令》，设立平政院，官吏惩戒会归其管辖。平政院下还设肃政厅，其中肃政厅

---

〔1〕 宋教仁："论都察院宜改为惩戒裁判所"，载陈旭麓主编：《宋教仁集》，中华书局 1981 年版，第 280～282 页。

负责官吏的纠弹，官吏惩戒会负责惩戒。[1]在官吏惩戒机构建立的同时，北京民国政府制定了相配套的惩戒法案，明确了官吏惩戒机构构成、职责和官吏惩治原则、范围、方法、程序等相关事项。

这样，北京民国政府就建立起隶属于行政权之下，独立于普通司法审判机构的专门的行政审判机关，以大陆法系为蓝本的官吏惩戒制度最终建立。它对后来的广州国民政府及南京国民政府时期的官吏惩戒制度都有较突出的借鉴意义。

2. 中国共产党惩戒反腐的历程

新民主主义革命时期，中国共产党为了民族独立和人民解放，在求生存、图发展的过程中始终注重保持党的先进性。随着革命形势的迅猛发展和不断出现的新情况，党及时建立和调整党内监督机构，不断完善党内监督机制，积极探索反腐倡廉的新途径、新方法，取得辉煌成就，为党的发展壮大和新中国的建立，提供了可靠保证。

1926年4月，中共广东区委成立监察委员会，林伟民任书记，这是中国共产党的第一个地方纪律检查机关；1927年4月27日，中国共产党第五次全国代表大会在武昌都府堤20号开幕。第一次选举产生了中央监察委员会，即中央纪委的前身，这是党的历史上第一次成立专门的纪律监督机构。

期间出台的主要惩戒制度有：1926年8月4日，中共中央扩大会议发出《坚决清洗贪污腐化分子》的通告，这是中国共产党发布的第一个反对贪污腐化文件；1933年12月15日，毛泽东签署了《关于惩治贪污浪费行为》的训令，这是中国共产党历史上的第一个反腐法令。训令对贪污腐败行为规定了具体的惩处标准，如贪污公款在500元以上者，处以死刑；贪污公款300元以上500元以下者，处以2年以上5年以下监禁等。训令的颁布，对腐败分子产生了极大的威慑作用，也使苏区的反腐败斗争有法可依；在炮火连天的抗战时期，中国共产党丝毫没有放松廉政建设。1937年8月25日，中共中央制定了《中国共产党抗日救国十大纲领》，其中一条重要纲领就是"铲除贪官污吏，建立廉洁政府"；1938年8月15日，陕甘宁边区抗日民主政府为防止和惩治行政机关，武装部队和公营企业中的贪污现象，制定并颁布了《陕甘宁边区政府惩治贪污暂行条例》；1939年1月通过的《陕甘宁边区抗战时期施

---

[1] 贺凌虚：《近代中国政治体制论集》，五南图书出版股份有限公司2004年版，第211页。

政纲领》明确规定："整理财政，建立严格经济制度，肃清贪污浪费"；1943年5月发布的《陕甘宁边区政府人员公约》第5条规定"公正廉洁，奉公守法"；第7条规定"爱护群众，密切联系群众"，这两条都涉及了廉政方面，可见边区政府对构建廉洁政府的重视。除了提出这些总的廉政要求外，边区政府还颁布了《陕甘宁惩治贪污条例》等法规规范和约束公务人员的行为；1949年3月5日至13日召开的中共七届二中全会作出六条防腐措施，一不祝寿，二不送礼，三少敬酒，四少拍掌，五不以人名作地名，六不要把中国同志和马恩列斯并列。

期间办理过的大案主要有：1932年5月9日下午3时，经中华苏维埃共和国临时最高法庭判决，叶坪村苏维埃政府主席谢步升在江西瑞金伏法。谢步升利用职权贪污打土豪所得财物，偷盖苏维埃临时中央政府管理科公章，伪造通行证私自贩运物资到白区出售，谋取私利。他为了谋妇夺妻掠取钱财，秘密杀害干部和红军军医。事发后，查办案件遇到一定阻力。毛泽东很关注谢步升案，他力主严惩，并指示说："腐败不清除，苏维埃旗帜就打不下去，共产党就会失去威望和民心！与贪污腐化作斗争，是我们共产党人的天职，谁也阻挡不了！"1932年5月9日，以梁柏台为主审的中华苏维埃共和国临时最高法庭二审开庭，经审理，判决："把谢步升处以枪决，在3点钟的时间内执行，并没收谢步升个人的一切财产"。这是红都瑞金打响的苏维埃临时中央政府惩治腐败分子的第一枪；1933年被处以极刑的唐达仁是瑞金贪污腐败窝案的主犯；1934年2月18日左祥云因贪污工程款被执行死刑；1937年毛泽东"挥泪斩马谡"对黄克功处以死刑；1942年1月战功赫赫的肖玉壁因贪污受贿被执行枪决。

中华人民共和国的成立，揭开了中国历史的新篇章。中国共产党从此担负起在全国执政的历史重任。以毛泽东为核心的第一代中央领导集体，在领导全国人民进行社会主义革命和建设的同时，先后开展一系列旨在防治官僚主义和腐败现象的斗争，保持了党的政治本色，巩固了人民政权，促进了社会主义事业的发展。

期间出台的主要惩戒制度有：新中国成立后，由于有关制度的不完善，在党政军机关、人民团体和经济部门中滋长着贪污、浪费、官僚主义的现象。这不仅给经济建设事业造成了重大损失，也严重地从政治上和思想上腐蚀了少数干部，败坏了党和政府的形象。1951年11月30日，中共中央根据同年秋季全国工农业战线开展的爱国增产运动中揭发出的大量贪污、浪费现象和官僚主义问题，向全党指出：必须严重地注意干部的贪污行为，注意发现、揭发和惩处。12月1日，中共中央作出《关于实行精兵简政、增产节约、反对贪污、反对浪费和反对官僚主义的决定》，把"反贪污、反浪费、反官僚主义"作为贯彻精兵简政、增产节约这一中心任务的重大措施，要求普遍地检查贪污、浪费和官僚主义问题；1952年1月，中央下发了关于有严重贪污罪行须逮捕法办的共产党员应首先开除其党籍的通知；为了打击不法资产阶级分子的破坏活动，1952年1月26日，中共中央发出关于开展"五反"斗争的指示，要求向违法的资产阶级开展一个大规模的坚决彻底的反对行贿、反对偷税漏税、反对盗骗国家财产、反对偷工减料和反对盗窃经济情报的斗争；1952年4月21日《惩治贪污条例》颁布；1953年1月5日，中共中央发出毛泽东起草的《关于反对官僚主义、反对命令主义、反对违法乱纪的指示》。"新三反"运动在全国展开。

期间办理过的大案主要有：1951年11月下旬，中共河北省第三次代表会议揭露出天津地委前书记刘青山及书记张子善的巨大贪污案。1952年2月10日，河北省人民法院在保定市举行了公审刘、张二犯的大会，依法判处刘青山、张子善死刑。对此，毛泽东指出："正因为他们两人的地位高、功劳大、影响大，所以才要下决心处决他们。只有处决他们，才可能挽救20个、200个、2000个、20 000个犯有不同程度错误的干部。"枪声一响，举世震惊。老百姓说，这两个人头换来了中国官场上至少20年的廉政。这是新中国成立后第一个被处死刑的高级干部贪污犯；1952年春节刚过，首都北京举行了一场意义重大的公审贪污犯大会。在这次会上，大贪污犯宋德贵被判处死刑并立即执行。宋德贵案件与刘青山、张子善案件都是当时震惊全国的案件。1952年1月9日召开的中央以及京津两市干部大会上，时任中央人民政府节约检查委员会主任的薄一波同志首先提到的就是贪污腐化、给国家造成巨大损失又拒不坦白的宋德贵案件，并将该案的处理办法作为典型推向全国。在1951年12月8日中共中央的一份重要指示中，毛泽东要求，应"号召坦白和检举，轻者批评教育，重者撤职，惩办，判处徒刑（劳动改造），直至枪毙一批最严重的贪污犯，才能解决问题。"罗瑞卿在1952年1月16日公安部的斗争大会上说："我们对宋德贵、刘玉泽、赵溪桥的犯罪行为决不能容忍。""我们内部如果有很多像宋德贵等这样的共产党员，还得了吗？如果这样，我们就有亡党的危险。"1952 年 2 月 1 日，公审宋德贵及其他案犯大会在北京中山公园举行。经过审理，时任最高人民法院院长、临时法庭审判长沈钧儒代表临时法庭对宋德贵作了宣判——宋德贵被判处死刑立即执行，并没收其全部财产；其同案犯另行审判。宋德贵被法办，在当时不仅严惩了贪污腐化堕落分子，而且严厉打击了不法奸商的嚣张气焰。它连同我党的一系列反贪措施，在社会上形成了一种威慑力量，从而有力地促进了新中国成立后良好社会风气的形成。

以党的十一届三中全会为标志，中国进入改革开放和社会主义现代化建设新时期。中国共产党在恢复中央纪律检查委员会和各级纪律检查委员会后，不断加大党风廉政建设和反腐败斗争力度，增强拒腐防变和抵御风险的能力，初步探索出一条在改革开放和市场经济条件下有效开展反腐倡廉工作的新路。[1]

期间出台的主要惩戒制度有：1988 年，有《对参与嫖娼、卖淫活动的共产党员及有关责任者党纪处分的暂行规定》《共产党员在涉外活动中违犯纪律党纪处分的暂行规定》《党员领导干部犯严重官僚主义失职错误党纪处分的暂行规定》《关于县以上党和国家机关退（离）休干部经商办企业问题的若干规定》；1989 年主要有《关于在国内公务活动中严禁用公款宴请和有关工作餐的规定》《关于共产党员违反社会主义道德党纪处分的若干规定》；1990 年主要有《关于共产党员在经济方面违法违纪党纪处分的若干规定》《关于对妨碍违纪案件查处的党组织和党员党纪处分的规定》《中共中央纪委关于清理党政干部违纪违法建私房和用公款超标准装修住房的报告》《关于共产党员在经济方面违法违纪党纪处分的若干规定》；1991 年主要有《关于处理党和国家机关正、副省（部）级干部用公款、公物超标准装修住房问题的通知》；1993 年主要有《关于在对外公务活动中赠送和接受礼品的规定》《关于严禁用公费变相出国（境）旅游的通知》《关于反腐败斗争近期抓好几项工作的决定》《关于党政机关县（处）级以上干部违反廉洁自律"五条规定"行为的党纪处理办法》《关于党政机关县（处）级以上领导干部廉洁自律"五条规定"的实施意见》；1994 年主要有《国务院纠正行业不正之风办公室关于清理党政机关及其工作人员利用职权无偿占用企业钱物的实施意见》；1995 年出台的

---

〔1〕　张岩："中国古代廉政制度综述"，载《陕西党风与廉政》2007 年第 1 期。

有《中共中央纪律检查委员会关于国有企业领导干部廉洁自律"四条规定"的实施和处理意见》《关于对党和国家机关工作人员在国内交往中收受的礼品实行登记制度的规定》《关于党政机关县（处）级以上领导干部收入申报的规定》《关于党政机关县（处）级以上领导干部廉洁自律补充规定的实施和处理意见》；中共十五大的报告中强调：依靠群众的支持与参与、坚决遏制腐败现象；党的十六大确立了"标本兼治、综合治理、惩防并举、注重预防"的反腐倡廉工作方针；中共十七大报告中第一次提出把反腐倡廉建设作为党的建设重要组成部分；建立《健全惩治和预防腐败体系 2008～2012 年工作规划》；检察机关全国统一举报电话 12309 于 2009 年 6 月 22 日启用。

期间办理过的大案主要有：1983 年改革开放后第一个因贪污腐败被枪毙的县委书记——王仲；1998 年 7 月原北京市市长陈希同两罪并罚被判处有期徒刑 16 年；2000 年 3 月江西省原副省长胡长清被判死刑；2000 年 7 月，全国人大常委会原副委员长成克杰以受贿罪被判处死刑；2001 年 10 月公安部原副部长李纪周犯受贿罪、玩忽职守罪被判处死刑；2001 年 10 月沈阳市原市委副书记慕绥新、常务副市长马向东贪污受贿被严惩；2003 年 12 月安徽省原副省长王怀忠因犯受贿罪被判处死刑；2005 年 12 月国土资源部原部长田凤山因犯受贿罪被判处无期徒刑；2005 年 12 月黑龙江省政协原主席韩桂芝因犯受贿罪被判处死刑；2007 年 7 月国家食品药品监督管理局原局长郑筱萸犯受贿罪、玩忽职守罪被判处死刑；2007 年 12 月安徽省原副省长何闽旭因受贿 841 万余元被判处死刑；2008 年 4 月上海市原市委书记陈良宇因受贿和滥用职权被判 18 年；2008 年 2 月山东省委原副书记兼青岛市委书记杜世成犯受贿罪被判处无期徒刑；2008 年 10 月陕西省政协原副主席庞家钰犯受贿罪和玩忽职守罪被判处有期徒刑 12 年；2008 年 10 月江苏省苏州市原副市长姜人杰犯受贿罪和挪用公款罪一审被判处死刑；2008 年 10 月北京市原副市长刘志华犯受贿罪被判处死刑等。

3. 中共十八大以来惩戒反腐的新特征

党的十八大报告强调，要坚持中国特色反腐倡廉道路。这是我们党几十年接力探索、推进党风廉政建设和反腐败斗争实践经验的总结，是坚持走中国特色社会主义道路的基本遵循，充分反映了中国共产党人反腐倡廉的道路自信。党的十八大在新的历史条件下，面向未来郑重提出"建设廉洁政治"的战略目标，大力加强反腐倡廉建设，理论上提出了新观点新论断，实践上作出了新部署新措施，进一步回答了"什么是反腐倡廉，为什么要反腐倡廉，怎样反腐倡廉"的重大问题，增强了党的自我净化、自我完善、自我革新、自我提高能力，有力地推进了反腐倡廉建设，向全党全国人民和全世界作出了庄严承诺，为深入推进反腐倡廉建设进一步指明了方向，开辟了更加广阔的发展前景。

以提高制度化水平为重点，把治理腐败纳入国家治理体系和治理能力现代化进程之中。十八届三中全会提出了推进国家治理体系与治理能力现代化的改革总目标，其实质是国家制度和制度执行能力的集中体现。这就意味着治理腐败的法治化，坚持用制度管权管事管人，不断提高反腐倡廉科学化水平。习近平多次指出，不仅要完善反腐倡廉党内法规制度体系，而且要提高反腐败法律制度执行力，让法律制度刚性运行，加强对权力运行的制约和监督，把权力关进制度的笼子里，形成不敢腐的惩戒机制、不能腐的防范机制、不易腐的保障机制。十八届三中全会还强调了要健全反腐倡廉法规制度体系，完善惩治和预防腐败、防控廉政风险、防止利益冲突、领导干部报告个人有关事项、任职回避等方面法律法规，中纪委制订了《建立健全惩治和预防腐败体系 2013～2017 年工作规划》，全面推进惩治和预防腐败体系建设。王岐山也曾以"当前要以治标为主，为治本赢得时间"来阐释其反腐思路。十八大以来，党中央先后出台了《关于进一步规范党政领导干部在企业兼职（任职）问题的意见》《关于加强干部选拔任用工作监督的意见》《党政机关厉行节约反对浪费条例》《党政机关国内公务接待管理规定》以及《严禁干部用公款互相宴请、赠送节礼、违规消费》等一系列有关廉洁从政的党内法规，有效地约束了权力行为。当然，实现反腐法治化，还需要进一步把比较成熟的党内纪律上刀为国家法律，完善国家廉政立法，以国家名义建立健全公开、监督、质询、罢免等制度，领导干部财产收入公示制度，金融实名制，领导干部个人重大事项报告制度以及问责制度等一系列廉政监督制度，逐步形成内容科学、程序严密、配套完备、有效管用的反腐倡廉法规制度体系。

十八大以来，中央以反"四风"为突破口，无禁区、全覆盖、零容忍打击各类腐败行为，有案必查、有腐必惩，凸显了中央一查到底、猛药去疴的决心和刮骨疗毒、壮士断腕的勇气，对贪腐分子形成强大震慑，重塑了党风、政风和民风，"不敢腐""不能腐"的局面逐渐形成。新一轮反腐风暴大幅消减腐败存量、遏制增量，不仅重构基层政治生态，更为全面深化改革护航提速，夯实中国经济社会持续、健康、稳定发展的基础。

透视这场改革开放以来历时最长、强度最高、范围最广的反腐风暴，"老虎""苍蝇"一起打，作风反腐一起抓，反腐力度空前，形成强大震慑。"石油帮""秘书帮""山西帮"等代表性的"小圈子"腐败被查处，中新网记者统计，截至 2015 年 6 月，十八大至今的反腐风暴中，十八大后落马的省部级及以上高官中，已有 17 名官员站在了法庭被告席，包括周永康、王素毅、刘铁男、李达球、童名谦、倪发科、季建业、廖少华、陈柏槐、陈安众、蒋洁敏、李春城、郭有明、祝作利、阳宝华、王永春和郭永祥。梳理可见，在上述已经开庭审理的"老虎"中，除了"玩忽职守罪"的童名谦，检察机关对其余 16 人的指控中均涉及"受贿罪"。根据统计，从十八大到 2015 年 6 月，全国纪检监察机关在查处腐败案件的同时，已经有效挽回经济损失 387 亿元，这个数字还在不断地更新。2015 年 3 月 18 日，中国社科院法学研究所发布了《法治蓝皮书：中国法治发展报告（2015）》，报告称，2015 年，反腐败工作将继续保持高压态势，查处各类贪污腐化案件的力度不会减弱。构建全方位预防与惩治腐败的法律制度体系，对公职人员的行为进行规范，营造不能贪、不敢贪、不想贪的制度与社会环境。

4. 加强惩戒制度建设，构建不敢腐不能腐不想腐的长效机制

习近平总书记在中纪委五次全会上强调，反腐败斗争形势依然严峻。一些领域腐败现象易发多发，一些腐败分子一意孤行，仍然没有收手，甚至变本加厉。究其原因，惩戒机制不够完善是重要原因之一。因此，建构严苛的惩戒机制，是减少腐败存量、遏制腐败增量、重构政治生态的内在必然，也是打赢反腐败斗争这场攻坚战、持久战的关键。

一要压缩腐败空间。在我国，腐败现象发生不仅党内存在，而且存在于国家政治和社会生活的各个层面。不管在哪个层面发生腐败，最后都聚焦到党员干部身上。由于惩戒机制不完善，一些人就利用党内外有别、国内外不通的现实，想方设法逃避惩戒。因此，需要建构党内和党外循环、国内和国外互联互通的反腐败机制，压缩腐败惩戒的空间，为建构不敢腐的惩戒机制提供基础。二要明确责任主体。纪检监察机关是反腐败工作的主体，但由于各种原因，纪委被叠加了许多"兼职"职能，弱化了自身职能。与此同时，反腐败机构职能分散、形不成合力，有些案件难以查办，腐败案件频发却责任追究不够。究其原因，就是反腐败主体不明确，导致责任承担者不明确。

因此，需要创新反腐败体制机制，厘清党委和纪委的责任主体，即党委负主体责任、纪委负监督责任；明确纪委是反腐败斗争的工作主体，各级纪检监察机关应从其他事务中脱离出来，聚焦于党风廉政建设和反腐败斗争这个中心任务；深化纪律检查体制改革，强化上级纪委对下级党委和纪委的监督，推动纪委双重领导体制落到实处；整合反腐败资源，形成反腐败斗争的合力。在此基础上，进一步明确责任追究制度和机制。三要严惩腐败分子。坚定不移地惩治腐败，是我们党有力量的表现，也是全党同志和广大群众的共同愿望。首先，坚持零容忍态度。坚持党纪国法面前没有例外，不允许有腐败分子的藏身之地，有腐必反、有贪必肃，坚决铲除腐败滋生的土壤。其次，全国联动一盘棋。用好派驻和巡视"利剑"，做到横向全覆盖、纵向全链接、全国一盘棋，上下联动遏制和清除腐败。最后，互联互通断后路。随着反腐败力度不断加大，一些腐败分子把外逃当作后路。我们要加强对国际规则的研究，加强与有关国家和国际组织的合作，实现对国际追逃追赃两手抓，切断腐败分子的后路。

腐败是社会的毒瘤。通过完善反腐败制度，建构严苛的惩戒机制，做到惩得严、治得实，无例外、无死角、无空档，才能有效地净化党员干部队伍、凝聚党心民心、保障改革发展稳定，从而使不敢腐成为反腐新常态。

◁❮ 延伸阅读案例一：英国文官制度

19世纪前的英国，每逢政党轮替，国内就会陷入"政治黑幕交易"的漩涡当中。各党派为了争取对下院的控制权而争斗不息，议员选举中操纵选举、贿买选票、营私舞弊等事情随之泛起，造成英国下院议员选举混乱不堪的局面。许多人不惜花费巨资收买选民，议院议席实际上成了标价的商品，价格不断上涨。17世纪末，一个议席只有几英镑到几十英镑，到18世纪末竟涨到2000英镑。1807年，约克郡的一个议席曾卖到了10万英镑。一些财力雄厚的贵族为拉拢选票不惜抛撒金钱。一些市政当局竟然还把出售议席作为一项收入。

在经历了近两个世纪的动荡调整后，英国政坛从19世纪初开始寻求解决方案，最先被提上议程的就是建立文官制度。当时，英国提出的文官制度建立方案中，首要一点是规定了各部大臣、副大臣和政务次官等政府核心领导人。作为"政务官"，他们要随着政党更替、内阁变换而进退。而一般处理行政事务的官员，包括常务次官，是"事务官"，这些人则通过公开考试录用，录用后长期任职，不与政党共进退，事务官也就是英国文官。

英国文官的出现，提升了政务官的工作效果。在日常政务处理中，议会质询、内阁会议、联系选民等政治活动都由政务官出席，而政策制定的预案收集则由事务官进行初步筛选，由他们先提出相应的意见后再交由政务官处理。这样一来，政务官接收到的信息就更加明确，进行决策判断时也可以更加高效和准确。事务官能够深入到组织的各个职能部门中，事务官是为了保证国家政策不会因为决策层更换而受到波及。他们与政务官的体系完全剥离开来，主管具体事务的执行，也在组织经验和知识的传承、信息的传递等方面发挥着巨大作用，这些都是推进英国政府在政党交替执政的过程中维持政府稳定运转的关键因素。英国文官晋升一般要根据现职年资与服务成绩而定。高级人员注重功绩，低级人员注重年资，各部不尽相同。一般情形是任职4～6年始可升任高一级职位。升迁由各部升迁委员会加以处理。升迁委员会是临时性的组织，其成员因处理晋升职位的不同而有所不同。升迁委员会的工作程序，各部亦不一致。通常都是召集已达"升迁范围"的人员面试，根据其应付面试的能力以及历年的考绩，来作是否晋升的建议。升迁委员会的建议，系向各部人事处长或常务次官提出，并依各人的年资先后顺序列成名单，一旦职位出现空缺，即依次升迁。按照目前的规定，每个新进入文职部门的人都有试用期（依等级而定，长短不等，在一定情况下延长试用期）。晋级由统考和本部门考绩这两个方面来决定文职人员的升迁。不过英国的行政学专家一般都不主张用考试的方法来决定文职人员的升迁。因为服务多年的人，其考试成绩一般都不如刚从学校毕业出来的人员，而文职人员若把全部精力都放在应付升级的考试上，就很难专心从事他们所服务的工作。

战后，英国由于文官队伍的急剧膨胀，人浮于事、效率低下、福利待遇畸高等问题凸现出来，甚至出现有些文官不听从大臣的命令的情形，遂令政府萌发改革之心。受政府的委托，1960年以富尔顿（Lord Fulton）教授为首的"富尔顿委员会"在经过大范围的调查之后，提出了旨在建立新型文官制度的改革方案——"富尔顿报告"。其要点有：一是建立文官部，统一文官管理；二是各部建立统一的职级结构并向所有人员"开放"，打破原有的部门垄断；三是成立文官学院；四是限制高级文官的权力；五是建立对外开放交流的机制。可以说，报告提出的改革方向的确切中了英国文官制度的种种弊端，但由于文官队伍已经成为一个强大的利益集团，所以改革面临着既得利益者特别是权势深厚的高级文官的强烈反对，使得报告的实施遇到了巨大阻力。后来历经多方面的调和、让步，还是有很大一部分得到了贯彻执行，从而使英国的文官制度的发展进入一个新的时代。

在进入现代以后，英国文官制度受到了许多异议。在撒切尔执政时期，英国政府开始改革文官队伍，力求使得文官的知识体系更好地与现实需求契合。通过对文官的"通才"选拔中可能存在"专业缺位"的问题进行改革，英国要求文官在具备丰富知识的基础上，更要精通某个专业领域，于是"专业性"逐渐成为对文官考核的一个重要方面。撒切尔政府对文官系统的改革，提升了整个文官队伍的专业性，让文官系统在政府职能划分越来越细的情况下，能够不断更好地应对挑战。英国的这一次文官制度改革收到了减员节支的效果，大大提高了政府的运作效率。当时，世界银行对国内生产总值居前十位国家的"政府效率"进行评分排名，结果英国以97.9分高居榜首。文官系统管理模式由传统的官僚体系管理模式转变为现代的市场化管理模式，与私有企业和机构的管理模式相仿。更为重要的是，以"公民宪章"为内容的改革，从根本上变革了文官系统与普通民众的关系。文官不仅要对其上级主管和部长负责，而且要对其服务的对象——普通民众负责。这样，英国传统意义上的官员与民众的关系，就由管理者与被管理者之间的关系，变为提供服务的管理者与享受服务的用户之间的新型关系。（来源：学习时报，2012－06－12，张靖）

延伸阅读案例二：根治干部档案造假须完善预防和惩戒机制

根据全国统一安排，目前，各级组织部门正在对干部人事档案分级、分批展开系统专项审核，各级别公务员和参公管理人员档案均将纳入审核范围，直接向干部人事档案造假乱象"亮剑"。据悉，有的干部甚至能将档案涂改"年轻10岁"。

"干部档案造假"无疑并不是新鲜事。如据记者采访发现，在档案中修改年龄、增删履历，成为一些地方干部人事管理的"潜规则"。在中纪委公布的2014年中央巡视组两轮巡视整改情况中，巡视涉及的20个省份中15个省份的整改通报提及整治干部档案造假。

毫无疑问，与"贪污受贿"等腐败形式一样，"干部档案造假"同样也是一种严重的腐败行为。因为"干部档案造假"同样也是"权力滥用"的产物；同时，伴随"干部档案造假"，还极可能滋生其他形式的腐败，如在档案造假的"疏通"过程中，势必会产生各种权力利益交易，甚至为"卖官鬻爵"大开方便之门。

既然"干部档案造假"也是一种严重的腐败行为，要想有效根治这种腐败，当然也必须像对待其他腐败现象一样，构建起全方位的"不敢、不能、不想腐"反腐机制体制，确保干部"不敢、不能、不想"档案造假。毋庸讳言，在现实生活中，"干部档案造假"之所以会"潜规则"，一个根本原因正在于，目前我们还未充分形成预防造假腐败的机制体制。

如在"不敢造假"方面。尽管"干部档案造假"腐败十分普遍，甚至已成为"潜规则"，但在现实中，对于这种造假行为的惩戒，又显得轻描淡写，缺乏起码应有的反腐威慑力。这正像有关专家指出的，"干部档案造假泛滥一个重要原因是违规成本太低。造假问题一旦被发现，几乎都是党纪处理，更轻的则可能仅仅是政治前途暂时遇阻"。再如在"不能造假"方面，尽管干部档案管理的严肃性不言而喻，但囿于档案管理制度的不健全不完善，缺乏应有的规范性和透明度，要想造假，并非什么难事，"满屋子数千份干部档案其实就一人管，只要疏通管档案的干部，就可以实现对档案的修改"。

而在"不想造假"方面，也是如此。众所周知，在现行官员干部选拔任用过程中，囿于往往实际存在过于简单生硬、"一刀切"的任职"年龄界限、学历门槛"，如不充分考虑"德才水平、工作实绩"，只要干部达到一定年龄界限就不再予以提拔、甚至必须"退居二线"，只有具备一定学历文凭，才能获得提拔重用。于是，"年龄、学历"往往成为最易引发干部造假冲动的关键档案信息，出现"年龄越填越小、学历越填越高"的档案造假规律。

因此，要根治"干部档案造假"腐败，必须三管齐下，全方位织牢相关制度牢笼。如强化针对档案造假的惩治力度，严厉追究所有造假参与者的法律乃至刑事责任，使之"不敢"造假；健全完善干部档案管理制度，不断提升其规范化、信息化、公开化水平，将干部档案纳入严格的制度监管和阳光之下，充分接受公众监督，使之"不能"造假；改进完善干部选拔任用制度，避免简单的年龄界限、学历门槛，不断提高选人用人过程的公开度和公信力，

使之"不想"造假。(来源：西安晚报，2015-02-26，张贵峰)

学习与思考

1. 简述廉政制度的主要内容有哪些？
2. 结合延伸阅读案例一，简述国外公务员制度的特点及其启示。
3. 简述中外公务员制度历史演进的区别与联系。
4. 联系实际谈谈中国特色的监督制度。
5. 结合延伸阅读案例二，谈谈你对当前中国惩戒制度的认识。

参阅文献：

尤光付：《中外监督制度比较》，商务印书馆2003年版。

陈振明："转变中的国家公务员制度——中西方公务员制度改革与发展的趋势及其比较"，载《厦门大学学报》（哲学社会科学版）2001年第2期。

罗华滨、刘志大：《中国特色社会主义监督体制》，中国方正出版社2012年版。

阎德民：《中国特色权力制约和监督机制构建研究》，人民出版社2011年版。

［美］苏珊·罗斯·艾克曼：《腐败与政府》，王江、程文浩译，新华出版社2000年版。

周怀宇：《中国历代贪官》，河南人民出版社1996年版。

陈潭、刘建义："从网络反腐走向制度反腐"，载《行政管理改革》2014年第8期。

孙笑侠、冯健鹏："监督，能否与法治兼容？——从法治立场来反思监督制度"，载《中国法学》2005年第4期。

宋世明："中国的公务员制度——对西方经验的拒绝、改造、引进与超越"，载《经济社会体制比较》2010年第6期。

王晓天："中国古代监察制度述论"，载《湘潭大学学报》（社会科学版）1991年第2期。

林雅："中国封建监察制度及其得失评析"，载《法学评论》2004年第4期。

李后强、李贤彬："大数据时代腐败防治机制创新研究"，载《社会科学研究》2015年第1期。

刘影虹："南京国民政府惩戒制度渊源初探"，载《人民论坛》2009年第

27 期。

李炜光、刘宁："西方国家财政监督体系及其借鉴价值"，载《战略与管理》2010 年第 3/4 期合编本。

周淑真："从巡视制度发展看权力监督创新"，载《中国纪检监察报》2014 年 11 月 20 日。

韦志："反腐治标：要形成预防惩戒机制"，载《检察日报》2013 年 10 月 29 日。

吴海红："国外长期执政政党如何制度反腐"，载《学习时报》2013 年 10 月 8 日。

叶国文："建构'不敢腐'的惩戒机制"，载《浙江日报》2015 年 2 月 6 日。

第三章

中外廉政制度之舆论监督比较

在中外廉政制度的体系当中，舆论监督在当前互联网＋的时代环境之中显重要。舆论监督是保障公民权利，约束官员公务行为最有效的武器之一，舆论监督是否规范和有效，对廉政建设具有至关重要的作用。廉政建设离不开完善的监督机制，舆论监督是监督机制中重要的、不可或缺的一环。舆论监督是提高政府效能的有力推手、推动工作落实的有效抓手和改进干部作风的有形载体，在各种监督机制中，舆论监督有着独特的优势，可以在权力的运行中起到探照灯式的监视作用。在信息和通讯技术十分发达的今天，媒体作为反腐重要工具的职能越来越受到世界各国的重视，世界各国都把乐于、敢于、善于接受舆论监督作为反腐倡廉建设的重要组成部分，努力打造建设更加务实高效、公正廉洁政府。

第一节　舆论监督概述

一、舆论监督含义及其影响力

1. 舆论监督的含义

舆论监督是现今最流行的公共话语之一，是指新闻媒介代表公众（公民）对权力运作尤其是权力滥用导致的腐败进行的监督。所谓舆论，即多数人的共同意见。所谓监督，《辞海》中的解释是"监察督促"，也就是说，监督包含两层意思：一是监察，二是督促，监察的目的是发现问题，督促的目的是解决问题。监督从监督主体分类主要有三个：公民监督、社会团体监督、舆论监督。公民监督，主要是公民通过批评、建议、检举、揭发、申诉、控告等基本方式对国家机关及其工作人员权力行使行为的合法性与合理性进行监督。这是一种自下而上的、"社会主人"对"社会公仆"的直接监督。社会团体监督，即各种社会组织和利益集团对国家机关和公职人员的监督，是通过选举、请愿、对话、示威、舆论宣传等形式，构成了对政府管理活动的监督。舆论监督是指社会利用各种传播媒介和采取多种形式，表达和传导有一定倾向的议论、意见及看法，以实现对政治权力运行中偏差行为的矫正和制约。

应当指出，"舆论监督"并不是一个严谨的概念，因为它实际上是媒体监督，所谓代表公众则是一种习惯，并非正式授权和约定。英语世界的类似表述有 watchdog role of the media，直译为"媒体的看门狗（监察）作用"。舆论监督的实质即所代行的主要是公民所享有的法律权利中的表达权利和政治权利中的反对权利，所维护的则是所有的公民权利。舆论监督在社会各界通过广播、影视、报刊、杂志、网络等大众传播媒介的作用下，发表自己的意见和看法，形成舆论，从而对国家、政党、社会团体、公职人员的公务行为以及社会上一切有悖于法律和道德的行为实行制约。在整个社会监督体系中舆论监督有其独特的优势，舆论监督不受地域、行业的限制，可以对社会进行全方位扫描。实践证明，舆论监督以其发表的公开性、传播的快速性、影响的广泛性、揭露的深刻性、导向的明显性、处置的及时性等特点和优势，迅速将人们的注意力聚焦，形成强势舆论。

那么舆论监督的特点有哪些？中国青年政治学院新闻系主任展江教授就舆论监督的特点总结了如下四点：一是舆论监督的威力容易实现最大化，通常具有举一反三、触类旁通的典范作用；二是监督面最广，不受地域、行业、领域限制；三是干预最为迅速，发达的每日新闻事业可以在数小时到数日内产生监督效果，这是其他监督形式无法比拟的；四是社会成本最为低廉，今天中国的媒体在市场化运作中实现了自负盈亏，自我消化了社会的监督成本。

随着科学技术的迅速发展，越来越多的信息传播技术应运而生。信息传播技术的发展使得人们在交流时不再受时间和地点的限制，可以随时随地地畅谈和发表自己的观点。许多公共事件的产生和发展过程可以在最短时间内被大众所知悉。舆论已经拥有了一个比较广阔的空间，公众可以通过各种媒介来行使自己的监督权，可以无时无刻、无处不在的监督着权力的行使。

2. 舆论监督的类型

舆论监督是指包括社会公众和新闻媒体对重大的决策制定、涉及公共利益和公共事务的一切组织和个人等我国法律法规所保护的一切社会关系的监督。舆论监督与新闻媒体的监督并不是同一概念，并不是所有公众的声音都会通过新闻媒体表达出来的，新闻媒体的监督只是舆论监督的一部分。作为传统舆论监督方式之一的新闻媒介对于公众行使监督权有着非常重要的作用，但其性质就决定了其所表达的内容是有所选择的。新闻媒体是舆论监督的主体与客体之间相互沟通的桥梁，在不超出法律规定范围的情况下，公权力机关通过新闻媒介将其行使权力的信息传递给公众，同时新闻媒介又向受监督的对象传达其所收集和整理的公众所反馈的信息，使得公权力的行使受到一定的约束，促使公权力的行使向着为人民服务的目标发展。在信息爆炸的时代中，新闻媒介扮演着越来越重要的角色，只有对新闻媒介进行理性的引导，才能更好地实现公众的监督权利。

舆论监督的当代形式大致有三种。第一种是在《信息自由法》《阳光法》或《政府信息公开法》一类法律的保障之下，现代媒体通过海量的日常报道，让公众知道公权力如何运作、与公民有什么利害关系，使之透明化。笔者个人认为这种看似没有锋芒和硝烟的监督是最好的，因为它可以起到未雨绸缪的预防作用。这种形式的舆论监督随着政府信息公开制度的建立而取得实际进展。

第二种就是源自英美的调查性报道，即媒体对权力滥用导致的重大腐败案例开展独立的采访报道。这是一种亡羊补牢式的监督，也被认为是最重要的监督。调查性报道往往影响很大，但费时、费力、风险大。全世界公认的调查性报道典范应该首推《华盛顿邮报》记者伍德沃德和伯恩斯坦的"水门事件"报道。在中国，这种矛头指向权力行使者的舆论监督由于不同官员的态度差异而起伏不定。

第三种监督形式就是媒体直接发表新闻评论（社论、个人时评），对权力滥用以及相关的现象加以针砭和抨击，并剖析背后的制度根源。官方比较容忍这种常常针对政策和体制而非官员本身的舆论监督，它随着都市报、互联网的崛起和公共知识分子的加入而声势浩大。今天，媒体可以在评论中批评交通部、教育部也可以评论警察，这是一大进步，但对在职官员的监督依然比较困难。

3. 舆论监督的影响力

监督舆论虽然不具有强制性，但它却具有一种精神的、道德的力量。当分散的、个别的议论引起人们普遍关注，经过传播而形成社会舆论时，便代表着众多人的看法和意志，对社会生活产生重要的影响。舆论监督最重要的功能，是推动社会的民主进程。公民社会理论认为，一个现代社会除了在政治领域实行权力制衡之外，还必须有实行自治的公共领域理论，大众传媒是现代社会公民行使自身权利、对公共事务进行理性和批判性审视的平台。舆论监督的本质在于，它是行使自身权利对权力运作尤其是权力滥用导致的腐败进行监督的一种直接民主形式，是公共领域的一个重要功能。

按照监督对象分类，舆论监督可以分为对政治、经济权力、学术权力和医疗权力的监督等。主流国家新闻事业所从事的舆论监督实践告诉我们，在宪政体制，尤其是在新闻法和信息自由（政府公开活动）法的保护下，在公民的期待和支持下，舆论监督的具体形式通常有以下三种：①大众传媒在第一时间以文字和图像的形式进行海量的客观报道，力求使权力的运作置于众目睽睽之下，透明化、阳光化。这是一种看似隐性实则常规的舆论监督形式。在廉洁程度高的国家，这种报道最为常见。②大众传媒以文字评论和漫画的形式，针对权力滥用导致的腐败所作的抨击和谴责。③大众传媒以特殊的新闻文体和节目类型——调查性报道——深入揭露重要腐败案例和现象。

舆论监督能够有效地发挥监督政府的功能。美国联邦最高法院大法官 P. 斯特瓦特曾经在一次演讲中从法学角度提出了"第四种权力理论"，即舆论在现代民主社会中被视为一支重要的社会力量，被称为立法、行政、司法三种政府权力之外的"第四种权力"。舆论监督是舆论的一种影响，对人的行为具有一种内在的驱动力，而个人道德感的强烈程度又决定了这种内在驱动力的大小及作用。在处处强调民主的社会中，公民享有选举权和言论自由等权利，在舆论的驱动下，可能采取集体的行动，从而形成一种巨大的外在力量，具有以下基本功能。

一是评判功能。通过正当的舆论监督，把一些假、恶、丑的事物不加掩饰地再现在读者和观众面前，放在光天化日之下，让人们去衡量、去评判。这是一种强大的、积极的社会控制力量。一些逆改革开放潮流而行的人，做了损害国家和人民利益事情的人，会从新闻舆论监督中感受到一种强大的社会压力。这种舆论评判和舆论监督，有助于阻止和抑制不正确、不道德言论和行为的发生。二是宣泄功能。在转轨过程中，由于结构调整而带来群体之间利益的调整，不同利益群体的人，对不同的社会现象，会产生一些不满情绪。我们应该研究人民群众的情绪，有选择地反映人民群众的情绪。在报纸上公开揭露引起群众强烈不满的消极现象，可以起到"慢撒气"的作用，避免不满情绪的积淀和突然爆发。三是激励功能。在报纸上开展批评，是一种诚实的表现，是一种相信自己力量的表现，它可以使读者和观众从新闻报道中感受到我们党和国家已经看到了社会生活中的消极现象，而且完全有力量、有办法逐步解决这些社会问题。正因为如此，正确的批评性报道可以激发起人民群众同消极现象作斗争的信心和勇气。

舆论监督是现代民主的一种重要形式，又是推动社会主义民主政治建设的重要途径，是依法行政、从严执政的重要保障。当前媒体普遍开展舆论监督，名牌栏目不断涌现；新闻舆论监督的氛围日趋浓重，新闻舆论监督的范围和领域日趋拓宽，新闻舆论监督的方式日益多样化；网络媒体的崛起为新闻舆论监督注入了新的活力。同时，新闻舆论监督工作获得了公共决策部门制度性和政策性的支持，赢得了前所未有的发展空间，新闻舆论监督社会的影响力越来越大，民众对其关注程度越来越高。

舆论监督作为党和国家六大监督体系中最特殊的一种，它的实质是人民的监督。因为无论从广义上理解的公民享有对国家和社会事务实行舆论监督的权利和自由，还是从狭义上理解的公民依法运用新闻传媒充分发表意见、建议和呼声，表达自己的意志的权利和自由，都是人民群众通过舆论对各级党政机关及其工作人员的工作，以及社会事务实行的监督。

二、舆论监督的历史发展过程

人类是群居的动物，舆论是基本的社会过程。小到原始的氏族，大到国家、社会，舆论与人类社会相伴而生。从口头传播形态到印刷媒介传播形态到电子媒介传播形态，舆论监督的形态在理念、手段、方式上有着质的巨变，更有量的飞升。如今大众传播的时代，大众传媒营造的符号空间和角色摹本建构起了现代人生存的家园。我们栖居在大众传媒的语言之中，通过传媒的指引去看世界。大众传媒的新闻舆论环境对现代人而言，不仅是生活的工具，更是充当生存方式的本身。舆论监督在人类发展的长河里，对于人类"进化"的奠基意义从未有所削弱。

舆论监督构建了人类基本的社会化过程，同时也是这一社会化过程的最重要的产物。单纯的经济进步、技术革新都并不必然意味着新闻舆论监督机制会得到相应提升完善。新闻舆论监督是一场社会合力多声部合奏的宏大社会交响。它是政治、思想、文化、经济、意识形态多个领域力量的集中折射，多种力量在舆论监督的领地上碰撞、共鸣、消长，这就注定了舆论始终与社会母体脐血相连，同时舆论监督机制并不为某一力量专权，它也因此形成自身的相对自主、独立的特质。

1. 舆论监督是原生态舆论的本质属性

人类的历史是传播的历史。人类的行为是在个体与他人交往关系中得以认识并定位的。这一交往关系的重要形态就是舆论。20 世纪 70 年代的交往传播学派的帕洛阿尔托小组（Palo Alto group）提出其著名论断：人们不能不传播。他们认为传播实际上等同于行为。J. B. 贝弗拉斯则继续提出两个子陈述：① "所有的行为都'不是'传播"。但是，② "人们在某个社会背景下可能无法避免传播"，例如，一个飞机乘客闭着眼睛坐在那里，但即使这样，在别人看来，他也传播出他不想与邻近座位上的人讲话的意图。[1]帕洛阿尔托学派所提出的传播中的诸多社会背景里，舆论背景无疑充当着重要角色。

对舆论的需求直至依赖来源于人类的天性，来源于对生存执着的追求。原生态舆论的生成并不是阶级斗争的产物，它更多的是先民认识世界、认识自我的一种方式。人类学家列维·布留尔指出："原始思维和我们的思维一样关心事物发生的原因，但它是循着根本不同的方向去寻找这些原因的。"因此，另一位人类学家卡西尔就认为：符号是人类本性的提示。[2]在神话、巫术、宗教、图腾这些人类早期的符号化活动中，保留了人类最原生态的舆论形式。早期的人类是依靠这些信仰存活的。这些遗留至今的神话、巫术、宗教、图腾里包容了一个关于各种活动、人物、冲突力量的世界，在每一种自然现象中现代人都可以看见这些力量的冲突。即使在文明人的生活中它也绝没有丧失它的原初力量。"精卫填海""女娲补天""西绪福斯"等一个个神话形象依然指引着现代人的生命历程。在被缄默不语的宇宙世界包裹的时代

---

〔1〕 ［美］E. M. 罗杰斯：《传播学史——一种传记式的方法》，殷晓蓉译，上海译文出版社 2002 年版，第 104 ~ 105 页。

〔2〕 ［德］卡西尔：《人论》，李代梅译，上海译文出版社 1985 年版，第 31 页。

里，对于死亡的恐惧时刻在把人类拖向孤独的尽头。无论宗教、图腾还是神话、巫术乃至它们日常的交流，每一种舆论形态都在指向生存这一终极目标。布列斯特斯特在研究金字塔经文后发现它们是人类最早的最大的反抗的纪录，反抗那一切都一去不复返的巨大黑暗和寂静，它们在不屈不挠地反抗死亡。

舆论在人类诞生之初，和人类的原始思维一样，是不为意识形态、国别、种族、文化鸿沟所区别的人类共同本性的衍生物。它还不具备独立地品格。它是交感的（sympathetic），它同人类的风俗、神话、巫术、宗教、图腾交织在一起，共同担负着社会最基本的调节工具的职责。虽然在巫术和宗教的意识中，人们试图演出各种奇迹，他们忽视了自身精神力量的局限性，但恰恰相反，这正体现出他们充分地意识到了这种局限性。正是这种强大心理动力的驱动，使真正意义上的独立的舆论的形成成为可能，舆论监督作为重要的社会力量终将会登上历史舞台。

经历了数十万年，在人类早期的社会组织氏族里，舆论监督的最初形态诞生了。达尔文在对原始土著居民地考察后发现，原始社会的氏族民主制中就出现了舆论监督制度的萌芽。"在很荒远的一个时代里，是受到同辈的毁誉的影响的。显然，同一部落的成员对他们认为是对大家有利的行为会表示赞许，而对被认为是邪恶的行为表示谴责。"[1]而公元前6世纪的希腊，雅典人在反对贵族专制和神秘的来世祭祀中，就有了意见和观念的自由辩争。在远古的中国，"黄帝立明台之议者，上观于贤也；尧有衢室之问者，下听于人也；舜有告善之旌而主不蔽也；禹立谏鼓于朝而备讽矣；汤有总街之庭以观人诽也；武王有灵台之复而贤者进也。"可见，舆论的监督职能确是肌体的自然衍生物，是与舆论生产过程相伴而生的重要木质属性。有舆论，就有监督。它是人类追求理性、追求进步的本质需求。

2. 舆论监督是世界性的社会历史现象

舆论监督形式内容的丰富和完善是一个历史的过程，是政治、经济、文化、思想多种社会合力共同推动的过程。

古代和中世纪的舆论监督是在自然经济的基础上产生的。在西方这一阶段大约持续到15世纪中叶，直至欧洲金属活字印刷的发明。在我国，这一阶段大约延续到19世纪末，直到我国的近代报纸的出现。在这漫长的几个世纪

---

〔1〕［英］达尔文：《人类的由来》，潘光旦、胡寿文译，商务印书馆2009年版，第203~204页。

里，舆论监督形式内容的发展根本上说受制于这样一些基本的社会因素，如自然经济、血缘伦理、集权体制和大一统的观念，维系着宗法政治制度和意识形态的统一。人们交流的需要被限制在很低的水平。口头传播是人们交流信息、沟通意见、传递舆论的主要方式，文字传播被限制在少数王公贵族的特权阶层。舆论监督的总体特征呈现为出现相对完善的舆论监督体制，但意见分散、等级森严、缺乏交流、传播缓慢、信息量少、观念陈旧、监督力量薄弱、往往采取传言形式。

在中国，上古时代就出现采集民歌、民谣以观民风的"采风制度"。除了采风以观民意，封建王朝还发展了鼓励臣子直谏无讳的"谏诤制度"，百姓参与朝政的"朝议制度"，皇帝监察臣子的"监察制度"。而就具体的舆论监督形式而言，主要包括上书言事，下情上达的"奏疏"；知识分子的文章、史著、辞赋，如贾谊的陈政事疏、司马迁的《史记》、董仲舒和司马相如的辞赋；作为礼仪娱乐宾主和表情达意的诗歌民谣，林语堂在《中国报业及其民意史》中指出："中国在没有文字报以前，歌谣就是当日的口语新闻，换言之，歌谣也可视作文字报的前身。"老百姓"一以传十、十以传百"的街谈巷议和传语时论；军队征战讨伐的"露布檄文"。值得强调的是，中国古代的各类舆论形态的监督力量与飞扬跋扈的王权相比显得非常微弱。历代统治者都对舆论作了苛细无理的限禁。主要包括言论之禁，如禁"党人之议"；书籍之禁，如中国历史上西汉杨案为始后多次大兴文字狱；新闻之禁，如清朝对"捏造小钞，刊刻散播"的人处以极刑。在西方，从古希腊时期开始，一种相对自由的舆论空气弥漫于政治、艺术、学术各个方面。在城邦的民众大会上自由辩论风气盛行。在古罗马，公民会议演变为了部落会议和百人团会议。元老院外平民组织的"院外集团"四处演讲游说。泰利士、德谟克利特、苏格拉底等思想家的舆论观成为后期西方新闻舆论监督思想的精神家园。到了中世纪，宗教获得了号令天下的地位，舆论体制的斗争发展始终围绕异教反抗正教、正教镇压异教为轴心展开。十字军东征是西方历史上影响异常深远的思想统一运动和舆论示威；宗教裁判所是当时最为重要的舆论专制、镇压异端的机构；禁书目录成为西方的"文字狱"，自罗马教廷 1559 年正式公布第一个禁书目录后的四百年间，共公布了 22 版。1929 年的禁书目录包括培根、海涅、笛卡尔、卢梭、雨果、康德等几十名作家，约四千种著作遭禁。1660 年到 1756 年，先后有 869 位作家、印刷所主人、出版商和书商身陷巴士底狱。

随着工场手工业和社会化大生产的大发展，文艺复兴的曙光照耀欧洲，1543 年"哥白尼革命"把科学推向新的神坛，王权崇拜和神权崇拜的迷雾渐渐消退，启蒙运动中人民主权思想得到广泛传播，民主法治观念开始普及，具有自主意识的公众逐步形成，成熟的舆论观逐渐成形。具有主体意识的公众基于生活经验的思考，从而使舆论作为一种相对独立的社会力量发挥作用。文字传播在 15 世纪中叶后随着欧洲印刷术的发明成长为主流传播形态。30 年代后最先在美国出现的便士报迅速在西方普及，大众获知真实消息并公开讨论政治问题成为可能。20 世纪以广播、电视、网络为代表的电子媒介横空出世，人类迎来了大众传播时代。舆论的触角已经深入到现代人的政治、经济、文化乃至日常生活的方方面面。其形态结构已经不胜枚举。以政党和大众传媒为代表的有组织的团体开始介入舆论。但毋庸置疑的是，新闻舆论监督成为现代民主制度的基础，与政府、国会、最高法院并驾齐驱，成为现代社会的"第四种权力"。除新闻舆论之外，"议会舆论"和"选举与公决"还担负部分着现代社会舆论监督职责。

经济和科技的进步带来了舆论监督形态翻天覆地的变化，它在与现代社会政治、思想体系的互动里更具有交互构建的重大意义。18 世纪，启蒙思想家孟德斯鸠提出政治自由的舆论观。卢梭提出人民主权的舆论观。爱尔维修和霍尔巴赫的意见支配一切的舆论观认为人是环境的产物；教育万能和意见、舆论支配世界的思想。至黑格尔提出辩证唯心主义舆论观，现代完整的舆论监督思想体系基本奠定。舆论监督发挥作用的社会政治环境也在二者相互推动中日渐完善。通过全体公民参加的选举产生合法政府的"普选制"、保证公民每个成员都具有同等的参政权利的"政治平等制"和多数人统治但保护少数公民的不同意见的理念成为解释舆论监督和公共政策关系的基本原则。并得到法律的确认。政治领域的舆论监督得到广泛确立。而在当今的全球化和市场经济的浪潮下，经济领域的舆论监督也是无孔不入。一家企业在股票市场披露虚假信息的新闻报道会一石激起千层浪，在一个区域乃至全球酿成金融危机。前不久的亚洲金融危机便是一例，这些案例不胜枚举。大众传播时代，对个别问题的舆论监督上升为了普遍的、世界性的、社会化的舆论监督，舆论监督特别是新闻舆论监督为社会各个领域提供了必不可少的制衡力量。

三、大众传播时代的舆论监督

在今天的大众传播时代，报刊、广播、电视、通讯卫星、通讯社、电影、录像相系统如蜘蛛网密布全球每一个角落。新闻舆论监督具有以往任何一个时代都无法比拟的广度和深度。这一精神的制约力量成为现今时代"普遍的、隐蔽的和强制的力量"。少数人实行的监督发展为全体公众的监督，对个别组织、个别政策、个别行为、个别地区的监督发展成为对一切权力组织和个人的全面监督。很多时候舆论似乎就是环境本身。我们所认识的世界都是穿越舆论的隔栅看见的世界。人类从信息贫乏的时代正在走向信息过剩的时代，人们生活中节奏的加快、空间的延展、心理的易变，承载着流动性心理负荷的现代人如汪洋中的一叶孤舟，新闻舆论所提供的丰富的信息已经设置了一个保持其心理平衡、精神安定、生活有序必不可少的"环境装置"。

"原子"式的大众是现代文明的产物，也是当代新闻舆论监督的主体。城镇化、教育普及、大众传播发展和人的社会参与带来的迅疾的社会现代化，使当代新闻舆论监督的主体呈现出独特并影响深远的特征。它是由广泛分布在地球上的，大量的人所构成，这些人是一些文化、阶层、地位、职业等异质的成员，是大多数匿名者的集合，他们无组织，无支配个人行动的共同规范，由彼此间毫无接触的个人构成。"大众传播是一个过程，在这个过程中，职业传播者利用机械媒介广泛、迅速、连续不断地发出讯息，目的是使人数众多、成分复杂地受众分享传播者要表达地含义，并试图以各种方式影响他们。"[1]正是大众传播时代舆论监督主体的这些特征，使舆论学家李普曼在《公众舆论》中提出的新闻舆论制造的"准环境"充当了现代社会的"准现实"。我们现代人就像生活在孤岛上，新闻媒介传播出的第二手的文字、图像构造出的"准环境"左右着我们的意见思想。这是一个"议程设置过程"，现代传媒的新闻舆论监督为现代社会设置议程。

由麦库姆斯（Mccombs）和肖（Shaw）首先开创的议程设置理论研究的结果表明，大众传媒议程影响到公共议程，而公共议程一旦被传媒议程所设置或所折射，就会影响精英决策制定者的政策议程。[2]面对扑面而来的"第

---

〔1〕［美］德福勒、丹尼斯：《大众传播通论》，颜建军译，华夏出版社1989年版，第12页。

〔2〕昌富等编：《大众传播学：影响研究范式》，中国社会科学出版社2000年版，第97页。

二媒介时代（The Second Media Age）"，生活空间与信息空间的相互渗透，媒介角色迅速在全球范围内互换，传统单向的、信息制作者极少而消费者众多的舆论传播的播放型模式（broadcast model of communications）已逐渐为双向去中心化的交流模式所替代。大众对于舆论监督民主的认识也由知晓权、接近权发展到传播权。知晓权由肯特·库珀（Kent Cooper）于1945年提出，指民众享有通过新闻媒介了解政府工作的法定权利。

在当代，人民接近传媒并利用传媒自由交流传播的权利已被公认为基本人权中最重要的权利。以我国的新闻媒体为例，中央电视台《新闻联播》《焦点访谈》《新闻调查》等栏目所作的对于先进典型、社会时弊、百姓生活的报道，能够迅速引起有关方面部门的高度重视，在广大群众中激起强烈的反响，形成一个相互讨论、共商大计、良性互动的公共领域，达到弘扬正气、明确思路、惩治腐败的社会功效。哈贝马斯（Habermas）坚持在这一国家和社会之间的一个公共空间中，公众只存在于公民之间的积极意见、观点和信息的交流和交往之间。就"公共领域"的体制而言，"其核心是由被报纸及后来大众传媒放大的交流网组成的，这个网络使由艺术爱好者组成的公众得以参与文化的再生产，也使作为国家市民的观众得以参与由公共舆论为中介的社会整合"。

当前，随着新闻舆论监督广度深度的无限拓展，其负面影响已经不容忽视。良性舆论监督应该处理好公共领域和利益领域之间矛盾，避免对公民名誉权和隐私权的侵犯。媒介揭露批评性的报道不应该是一种舆论审判，要减少控制过程中有害的"噪音"，实现对系统的良性操控，同时将新闻舆论监督的杀伤范围和力度控制在科学的范围内。新闻舆论监督应本着为了社会公共利益的目的，报道内容系公众关心的公共事项且报道真实并有事实根据，报道对象是国家公职人员和知名人士的原则开展监督。在保护隐私权方面，新闻媒体也不应涉足他人不应受到干扰的隔离性私生活领域，不能随意公开他人不愿被别人知道的事实和某些容易令人误解的事实，或者利用他人的名字和肖像谋取利益。在我国，新闻舆论监督还要树立对党和人民的事业负责的态度，帮助构成"政府输入"和"政府输出"以及其中的反馈机制，所谓"政府输入"是指政府从社会获得的各种有用信息，而"政府输出"则是指政府的决策性措施。当前我国处于和平稳定时期，公众舆论最显然的，也是最重要的作用就是能够输入到政府的决策过程中，构成有利于赞同此类意见的政府输出。公众舆论的政治社会学解析政府的主要工作是把社会的输入变成政府输出，亦即以某种权威政策决定的方式来回应人们关于政治和公共事务的要求，这是政府的应有职责。例如媒体对"山西毒酒"事件报道，实际上只是山西省某县的某几个村子制造了毒酒，正逢过新年春节，人们像躲瘟神般地抵制所有山西出品的酒。与此类似的是"晋江假药"事件，并非是全晋江地区都生产假药，只是几个村子，但是造成的效果，不仅晋江地区的药品被抵制，而且晋江的几乎所有产品都遭到抵制。去年的"冠生园"月饼事件，同时造成南京以外各地的"冠生园"月饼都卖不出去。去年河北白沟皮包生产中使用有毒的胶水，造成几名工人患病和死亡的事件被揭露，当地政府不仅处理了当事的几家小企业，接着展开大规模整顿，白沟六百多家小企业几乎全部因"六证不全"而停业，一时间热闹的白沟小商品经济瘫痪了。媒体的舆论监督的失策也引发了政府决策的失策。与此相比，"南丹矿案"的媒体率先介入则使得整个事件大白天下，为政府部门正确决策铺平了道路。

充分认识到新闻舆论监督与社会进步的互动意义，特别是大众传播时代的新闻舆论监督的特征和影响，正确适度发挥其社会公器的职责和职能，对构建清廉政府特别具有现实意义。

第二节　国外舆论监督的理念与制度

腐败现象的存在，是每个国家都不可回避的、令人头疼的麻烦事，各国都在寻找预防和打击腐败的利器，为了防止和惩治腐败，各国政府都制定了有关法规和条例以及建立相应的机构。与此同时，舆论监督在各国的廉政建设中起着不可或缺的作用，成为遏制公职人员腐败的一支重要力量，是西方国家赖以建立政府与公众之间相互信任的法宝，更是西方政治制度不可分割的一部分，其重要性也许仅次于选举制度和政党政治，舆论监督是现代国家反腐倡廉不约而同的选择。

一、国外舆论监督理念与制度的演变

1. 国外舆论监督理念的演变

关于舆论及其对政府政策影响的历史演变，美国学者伯奈德·C. 亨奈西作过这样的概述："在 18 世纪思想革命之前，舆论作为一种社会和政治现象与掌权者没有什么关系。很明显，1650 年至 1800 年间，洛克、卢梭、孔多塞、杰斐逊和其他思想家们的平等主义和多数主义的思想，在这个时期起的作用就是要扩大政治权利的基础。在这之前，公众想些什么是无关大局的——公众在决定政策上，无法发表自己的意见，也不能使自己的意见产生影响。对政治平等和个人主义的强调，更重要的也许是 18 世纪的技术和经济的变革，使一向无发言权的公众有可能起到影响政府政策的作用。当公众开始影响政策时，公众想些什么就显得很重要了。这样，到 19 世纪，舆论这一名词在知识阶层中得到了相当广泛的应用。"

英国哲学家约翰·洛克于 1690 年出版了《人类理智论》。他在书中指出，任何人都有一种不可侵犯的自由权利，即任意用各种词汇来表达自己的思想的权利。洛克说，现在各种权力组织只是把他们的教条塞在归其支配者的喉咙里，而不让人们考察这些教条的真伪。他们不让真理公开地张扬于世，有公平竞争的机会，不允许人们自由地寻求真理。洛克认为这种思想不自由的人，比"无知地吞服庸医药丸"的愚民更可怜。

洛克在另一本书里还指出，对于国家是否违背原始契约而侵害公民权利的判断，应当由人民作出，"人民应该是裁判者"，因为受托人或代表的行为是否适当和是否符合对他的委托，除委托人之外，别无他人可做裁判者。[1]
法国思想家孟德斯鸠 1748 年写成《论法的精神》。他在这本书中主张，自由就是做法律许可的一切事情的权利。他认为暴政有两种，一种是以暴力统治人民，另一种是议论暴政，即统治者把他们的思想意志强加于人民的那种暴政。他认为，要享受自由的话，就应该使每一个人能够想什么就说什么；要保全自由的话，也应该使每一个人想什么就说什么。他主张公民可以说出或写出法律中没有明文禁止说或禁止写的一切东西。

英国思想家约翰·斯图尔特·穆勒阐述了真理与自由辩论之间的关系准则。他在《论自由》一书中指出，真理很可能来源于自由的、没有限制的讨论和辩论。他说，如果有什么思想或意见被迫沉默，我们有理由认为它可能是正确的，可能是真理，否认这一点就是以为自己一贯正确，永远正确。迫使思想沉默，即便是逼迫错误的思想未经争论就沉默，便是对真理的扼杀。他认为，任何一种正确的学说如果不是经过充分争论而让人接受，便存在这

---

〔1〕 ［英］约翰·洛克：《政府论》（下篇），刘晓根译，商务印书馆 1964 年版，第 70 页。

样的危险：它的真正含义会丧失或减弱，甚至丧失对人们的品行发挥影响作用，而变成一种教条或徒具形式的信仰，无法用之行善。教条一旦形成，便妨碍着寻求根据，妨碍着所有真实的、由衷的信念从理性或个人经验中生长出来。

穆勒在书中还指出，历史已经证明，没有任何政党和个人能保持一贯的思想正确。思想自由和言论自由，才是保障人生达于光明与真实的境界而设，无论什么思想言论，只要它能够把真理尽量地表现出来，对人生才是有益而不是有害的。思想本身没有丝毫危险的性质，只有愚昧与虚伪是最危险的东西，只有禁止思想和言论是最危险的行为。他强调，人类历史的每一次发展都是思想异端冲破束缚的结果，但是自古以来的思想钳制无数次地浪费了人类的智能，无数精神财富及其应当由这些财富带来的美德和幸福都付诸东流。

诚如亨奈西所说，洛克、穆勒等人的充满着理性色彩的言论，都是为扩大公民的政治权利廓拓着哲学和法理的基础，深化着他们前人约翰·弥尔顿的著名观点："书籍并不是绝对死的东西，它包藏着一种生命的潜力，和作者一样活跃。不仅如此，它还像一个宝瓶，把创作者活生生的智慧中最纯净的菁华保存起来。我知道他们是非常活跃的，而且繁殖力也是极强的，就像神话中的龙齿一样。当它们被撒在各处以后，就可能长出武士来。但是，从另一方面来说，如果不特别小心的话，误杀好人和误禁好书就会同样容易。杀人只是杀死了一个理性的动物，破坏了一个上帝的像；而禁止好书则是扼杀了理性本身，破坏了瞳仁中的上帝圣像。许多人的生命可能只是土地的一个负担；但一本好书则等于把杰出人物的宝贵心血熏制珍藏了起来，目的是为着未来的生命"。[1]

一旦言论自由和出版自由的理念同对政府政策及立法、司法实践的批评联系起来，这种理念便立即闪放出巨大的光芒。1649 年 8 月，伟大的英国"平等派"领袖约翰·李尔本发表了《弹劾克伦威尔及其女婿爱尔顿的叛国行为》一文。他在文中指责克伦威尔利用军队搞独裁统治，号召伦敦手工业者和商店雇员为实现"人民公约"而斗争。平等派的示威活动被镇压后，李尔本被当局以批评政府的罪名逮捕。英国当时有 10 万名群众签名要求当局释放李尔本。在审判中，李尔本宣传政治权利平等的主张。最终，法庭不得不宣

---

〔1〕 ［英］约翰·弥尔顿：《论出版自由》，吴之椿译，商务印书馆 1996 年版，第 5 页。

布李尔本无罪释放。史学界认为，李尔本案是西方社会第一次在判词中确认"报刊和作者批评政府无罪"的原则。[1]

但是，1660 年和 1697 年，英国国会仍然两次下令禁止采访并报道国会的一切事项，宣称诽谤议员，批评国会、政府、王室和政府官员或猥亵不敬国会的报道及言论，均可按煽动诽谤罪论处。英国报人约翰·威尔克斯在 1762 年 6 月《北不列颠人》创刊号中明确提出，"新闻自由是一切自由最坚强的堡垒"，"批评政府是每一个报人的神圣天职"。不久，由于在文章中批评国王乔治二世，威尔克斯被捕。获释后，他联合其他曾经被捕的出版商控告政府对他们的逮捕为违法行为。首审法官在审理中判处政府赔偿威尔克斯等人 10 万英镑，并宣布在英国实施了 200 多年的"总逮捕状"为非法。1772 年英国新闻界争取到了国会的旁听权，可以公开报道议员的发言和辩论。1868 年，英国国会通过法案，正式确立新闻记者报道及批评国会的行为不构成诽谤罪。而直到 19 世纪末，英国才最终确立对国家机关的批评权。实际上，这也是西方国家最早确立的新闻传媒的舆论监督权。

西方对舆论监督必要性与积极性的认识，主要来自对权力本质的辩证分析。美国学者格尔哈斯·伦斯基指出，权力有作恶和滥用的自然本性，这一原则由西方人士所信奉，其历史同文字、文明一样古老。英国历史学家约翰·阿克顿勋爵在批驳罗马教皇发布的教皇权威至高无上、教皇永远正确、永无谬误等信条时，曾提出一条政治公理：权力有腐败的趋势，绝对的权力绝对的腐败。孟德斯鸠也强调："一切有权力的人都容易滥用权力，这是万古不易的一条经验。有权力的人们使用权力一直到遇到有界限的地方才休止。""当一个公民获得过高的权力时，则滥用权力的可能性也就更大，因为法律未曾预见到这个权力被滥用，所以未曾作任何控制的准备。"

媒体负有对公众人物、公共事务进行监督的职能，也就是通常所说的具有"监督权"。但监督权是以有权怀疑为前提的。如果毫无怀疑，何必监督？如果无权怀疑，又何能有权监督？说到怀疑权，有人可能会说，人民怎能怀疑自己的政府，怀疑为人民服务的官员？其实，第一，怀疑权并不等于怀疑本身。所谓权利，就是可以行使也可以不行使的能力。承认公民有怀疑权并不等于鼓动他们怀疑，就如肯定婚姻自由并不意味着动员结婚或挑唆离婚一

---

[1] 童兵："西方国家舆论监督理念与制度的演变"，载《新闻爱好者》2007 年第 20 期。

样。第二，更重要的是，有权怀疑通常正是消除怀疑的前提，人民当然应该信任政府、信任官员，及至信任一切公共事务。但世间的"信任"有两种，一种是非理性之信，即不疑而信，如宗教信仰。一种是理性之信，实际上是疑而后信，释疑后信，不许疑则无法取信。在政教分离已成为公认准则的现代社会，任何世俗权力都不可能、也不应该要求人们如同信上帝那样对自己无疑而信。（反过来讲，能要求无疑而信的宗教势力就不能任意干涉世俗事务）既然如此，对世俗权力及至对任何世俗事务的信任便只能通过允许怀疑——举证释疑的机制来建立。尤其在市场经济条件下，社会的意识形态不可避免地淡化，而世俗化不可避免地加深，这时世俗权力之不许怀疑往往正是其失去信任的最重要原因。因此，怀疑之权与举证释疑之责恰恰是建立公信机制，进而建立一般性诚信机制的必要条件。[1]

这位学者的分析是很有道理的，也是相当深刻的。西方学者提出，"绝对的权力绝对的腐败"，并不是说一切权力都必然走向腐败。但如果人民有权怀疑权力可能走向腐败并进而据此反对腐败的话，那么权力就可能不腐败。应该指出，这种怀疑权，正是由西方有识之士首先提出，并为种种社会监督权利的确立提供了理论依据。英国哲学家罗素撰写和出版的《怀疑论集》，对此有专门的论述。罗素说，如果我们确已认识到了真理，那么我们就应该为了传播它而发表议论，而在传播真理的过程中决不能乞灵于任何权力，而只能靠真理本身所具有的、富于理性的力量。借助国家权力的介入以保持某些学说得到传播，只能说明那些学说尚缺乏有力而确定的证明。

西方社会重视舆论监督的集中表现，就是将新闻界视作立法、司法和行政之外的"第四权力"。第四权力论起于李尔本于17世纪提出的分权学说，洛克又将李的学说加以发展，提出行政、立法、外交"三权分立"，孟德斯鸠进而将三权调整为"行政、立法、司法"。后来，美国的杰斐逊认为"三权"还不够，必须突出报刊的舆论监督功能，使之成为"第四权力"。他在给朋友的一封信中提出，自由报刊应成为对行政、立法、司法三权起制衡作用的第四种权力。杰斐逊担任总统之后，他的政敌利用报刊攻击他，杰斐逊依然坚持自己的观点。他说："我甘愿将自己作为一项伟大的试验，以证明一个廉洁、公正而得到人民了解的政府，面对荒唐报纸的诺言也不会被推翻……因

---

〔1〕 秦晖："从法治角度看舆论监督"，载《南方周末》2003年2月19日。

此我对许多诽谤我的文字从未反驳。"〔1〕第四权力学说对西方新闻界实施舆论监督，提供了巨大的理论支撑，成为新闻界、政界相当深入地、普遍地进行舆论监督的基本理念。

2. 国外舆论监督制度的演变

西方社会实行舆论监督时，有一个普遍的基本理念：舆论监督必须得到法律的支持，法律要为媒介实施舆论监督建构必要的法律保障。

英国是世界上最早实行特许制度的国家。从 1530 年国王特许托马斯·希顿售卖圣经开始，到 1695 年《出版法案》停止执行结束，英国实行特许制度 165 年。1630 年法国政府以特许雷诺道特及其后代享有独家特权，可以出售国内外新闻和公报为代表，三次实行特许制，又三次废除特许制。巴黎公社之后，这几个最早创办近代报刊的国家，最终废除特许制，实行办报自由，为舆论监督争取到了一个平台。

言论自由是开展舆论监督的前提。英国从弥尔顿提出出版自由口号到李尔本"批评政府无罪"案例的确立，再到 1694 年政府取消对出版物的事先检查，为言论自由廓清了道路。1792 年，英国政府又首次公布诽谤法，对批评与诽谤作了初步的界分，改变了任由法官解释与判决诽谤案的无法可依的局面。1789 年制定的法国人权宣言规定，"自由表达思想和意见是人类最宝贵的权利之一"，明确保障每个公民的言论、著述和出版自由。1881 年法国公布的《新闻自由出版法》，规定禁止对出版物实行事先检查。美国历任总统都对报刊批评采取容忍态度，批评官员，被看作是天经地义的事。

知情权的保障是实施舆论监督的必要条件。1776 年《瑞典新闻法》中关于"公开原则"的规定，是西方社会最早关于知情权的法律规定。"公开原则"要求政府文件向人民公开，任何公民都有权看到。1812 年该新闻法修订后进一步明确规定，要保护提供消息的人，不予追究消息提供者的法律责任。

1848 年联合国公布全球人权宣言，提出"信息自由流通"原则，规定："每个人有权自由发表意见和作出表示，这种权利包括：不受干涉地保持意见，通过任何媒介超过国界寻找、接受和传送信息。"美国公布的《1977 年政府公开法》，又称"阳光法"，要求政府除依法不得公开的会议外，将属于讨论性质的会议内容公开。

---

〔1〕〔美〕穆特：《美国新闻事业史》，罗萱、张逢沛译，台北世界书局 1975 年版，第 4 页。

西方国家还对有可能影响正确实施舆论监督、滥用新闻自由的三个方面的问题作了必要的限制。首先是保护批评，反对诽谤问题。英国议会于1952年颁布了原出台于1792年的"诽谤法"，规定记者客观报道议员在议会发言中的攻击他人之内容，不构成诽谤。记者报道与公众有关的会议，如采取客观表述的手法，也不构成诽谤。在美国等其他国家，也有类似或相近的规定。总的精神，一方面是保护记者对政府及官员的监督，另一方面也有一定的防范与惩治条文。

其次是报道批评公众人物与侵犯隐私问题。法国的《人权宣言》是世界上最早提出隐私权问题的法律。1974年美国议会通过世界上第一个隐私权专门法，规定禁止政府和新闻界滥用私人性质的资料，包括个人过去犯罪记录，但当《隐私法案》同《情报自由法案》相抵触时，前者服从后者。继美国之后，西方许多国家先后出台保护隐私的法律。总的精神是，公职人员和公众人物不得主张隐私权。

最后是公开报道与不得传播淫秽内容问题。美国《1812年税法》中关于禁止淫秽文字出版物进口，和英国1857年公布的《坎贝勋爵法案》关于传播淫秽资料是犯罪行为的规定，是世界上较早的涉及不得滥用新闻自由、传播淫秽内容的法律文件。一般说，在各种公开报道中，都不允许带有色情等淫秽内容。西方国家关于舆论监督历来重视，几百年来各种评论生生不息，相关制度尤其是法律制度不断深化。其间的许多理念和制度值得我们研究和借鉴。

二、当代国外舆论监督在反腐倡廉中的作用及其影响

1. 当代国外舆论监督的作用及特性

新闻舆论监督是针对社会上某些组织或个人的违法、违纪、违背民意的不良现象及行为，通过报道进行曝光和揭露，抨击时弊、抑恶扬善，以达到对其进行制约的目的。舆论监督是现代反腐败斗争的重要手段，这是因为腐败行为具有隐蔽性，是在黑暗中进行的肮脏交易，所以，担心腐败行为暴露在光天化日之下，使之成为千夫所指的丑闻，一直是腐败分子的心病。

舆论监督具有事实公开、传播快速、影响广泛、揭露深刻、导向明显、处置及时等特性和优势，能够迅速将人们的注意力聚焦，形成巨大的社会压力，引起政府高度关注，促使司法机关秉公办事，对腐败分子及时依法严惩。

"不怕你通报，就怕你见报"，就是人们对舆论监督作用的一种形容。舆论监督虽没有强制力，却在一个国家的政治、经济和社会生活中极具影响力。

越南媒体深入揭露"张文甘"黑社会犯罪团伙的罪行，严厉谴责党员干部违法乱纪行为，为查处案件提供了强大的舆论支持。美国尼克松"水门事件"、克林顿绯闻案等，新闻舆论都发挥了重要作用，成为美国媒体舆论监督的"得意之作"。英国"伊拉克门"中的"凯利自杀事件"尽管是一场悲剧，但从中也可以看到媒体对政府监督的威力所在。媒体披露叶利钦家族腐败问题，也使这位著名政治家的威望受损。德国最大的在野党——基督教民主联盟接受了一家武器公司捐赠的丑闻，尽管在 8 年之后才被媒体揭露出来，但此事仍迫使科尔辞去了该党名誉主席的职务。20 世纪 90 年代，法国售台潜艇过程中，时任外交部部长迪马接受贿赂，媒体揭露之后，当时身为法国第五号人物的迪马不得不辞去国家宪法委员会主席的职务。

在许多国家，舆论监督已经成为揭露丑闻的主要手段之一，而且政府高级官员一旦卷入丑闻，就面临辞职和蹲监狱的厄运。同时，新闻界同行之间激烈的竞争，也迫使它们为争取读者和听众、观众，而千方百计地调查政府高级官员的活动，一旦发现任何不轨行为的蛛丝马迹便穷追不舍，使政府官员很难长期营私舞弊而又不被发现和追究。

2. "第四种权力"

新闻舆论在西方被称为除了立法、行政、司法三大权力之外的"第四种权力"。在世界上许多国家，特别是西方国家，各种报刊、电视、广播等传播媒介，虽然有一定的倾向性和明显的阶级性，但都有相对的独立性。国家都从法律和制度上给予新闻媒体"独立、自主报道的权利"。

《泰国宪法》规定，除了有损泰国王室形象、煽动反对现政府的报道以外，各媒体享有自由的新闻报道权。奉行新闻自由的美国，报刊、电视等媒体极尽猜测、窥探、曝光、揭露之能事，使得大大小小的官员都处于众目睽睽的监督之下，一言一行都得十分谨慎小心，其处境可谓很不自由甚至尴尬。美国有一条法则——除非能证明媒体存在实际的恶意，否则对公职人员的报道即使有不准确的地方，也免受司法追究。因此，官员们只好接受报纸、广播、电视等媒体的说三道四、评头论足。1960 年 3 月 29 日，《纽约时报》刊登了民权领袖马丁·路德·金对包括蒙哥马利市在内的一些地方镇压黑人的谴责，蒙哥马利市官员沙利文起诉《纽约时报》构成"诽谤"，一审二审皆裁定该报诽谤罪成立，但最后联邦最高法院推翻了前面的判决，为美国媒体对官员和政府的监督提供了法律支持。1972年6月17日，美国总统大选在即，在任总统尼克松的5名亲信潜入华盛顿水门大厦的民主党总部办公室，偷拍文件和安置窃听器，被当场抓获。其后，尼克松极力阻挠媒体对这一事件的调查和报道，甚至威胁吊销《华盛顿邮报》所属公司的营业执照，但该报不为其所阻吓，最终彻底揭开了丑闻。

3. 规范新闻舆论监督

新闻舆论监督是一把"双刃剑"。离开法律的保护，舆论监督的功能就会受到削弱，难以发挥应有的作用；同样，没有法律的约束，舆论监督也会被滥用。

许多国家都通过立法对新闻媒体的行为进行规范。这包括两种情况：一种是制定专门的新闻法，如法国、意大利、瑞士、希腊、丹麦等国都有新闻法；另一种是虽未制定专门的新闻法，但有散见于宪法和各种法律中的条文可资援引，如美国、英国、日本等国。总的来看，这些国家的新闻法或其他法律中的有关条文，都体现了保护新闻自由和限制滥用新闻自由两个方面的内容。具体管理方式可分为追惩制和预防制。前者是指报纸出版之前，不受任何机关检查或其他约束，只有在出版后，被认定违反法律后才会受到法律制裁；后者指报纸出版前要受有关行政机关的检查或其他约束，出版后也要受法律的管束。具体包括检查制、保证金制、申请制、注册登记制等。从发展趋势看，多数国家的新闻法或其他法律条文，正在逐步由预防制向追惩制方向转变。

4. 正确处理舆论监督与司法公正的关系

就媒体与司法二者关系来看，无论是发达国家还是发展中国家都反对"舆论干扰司法"，因为它可能导致公众对司法的不信任，从而损害法律的权威性，最终使人们丧失对法律的信任。同样，如果媒体的自由与权力受到过多限制，又将影响人们对权力的监督，包括对司法权的监督，如果权力得不到必要的监督，则容易导致权力的滥用。英国、美国等国家在平衡媒体监督与司法权的运用方面具有独到之处。如哪些属不公开审理的案件，在法律中都有相应规定。这样做便于媒体和司法机关更容易把握其间的界线。另外，在媒体报道过程中，美国往往鼓励新闻机构在自愿的基础上，与法庭签署一个双方都能接受的协议，用以指导媒体的报道，限定报道的范围。这种协议既能有效防止"媒体审判"，同时又能使媒体得到法庭的配合。

5. 保障新闻媒体和公众的知情权

从各国的实践看，舆论监督的实施效果主要取决于公民的知情权和公共权力运作的透明度。在有的国家，公民的知情权受到空前的重视，公共权力的运作力求公开，那么舆论监督所受的限制就很少；而在有的国家，公共权力的运作神秘莫测，公民没有或少有知情权，那么新闻媒体的舆论监督功能就受到压制。新闻立法在确定舆论监督公共权力"度"的时候，许多国家都以有关政务公开和公民知情权的法律、法规、政策为依据。瑞典是世界上首创信息公开立法的国家。1766 年，它就制定了出版自由法，该法后来成为《瑞典宪法》的一部分。美国国会 1966 年和 1976 年分别通过《信息披露法》和《阳光下的政府法》，赋予全体国民最大限度的知情权和政府官员最小程度的隐私权。其中，《信息披露法》规定，美国的任何一位公民有权看到除法律特别禁止的所有联邦或州政府的文件，而且实现这种权利无需任何必要的理由和请求。如果政府拒绝向公众出示这些文件，将直接导致司法审查的介入。澳大利亚、加拿大、新西兰均于 1982 年制定了信息公开法。《韩国公共信息公开法》于 1998 年实施，《日本情报公开法》于 2001 年 4 月 1 日生效。南非是非洲目前惟一已经制定了信息公开法的国家。欧洲大多数国家以及秘鲁、墨西哥等拉美国家也先后制定并公布了信息公开法。

6. 惩罚"不实之诉"

新闻媒体可能因采访环境、采访手段或时效的限制，在报道中部分内容或某些细节与实际情况有出入，但不会产生伤害的后果，因而在不少国家并不被认定为侵权。如果被曝光者企图通过诉讼来转移公众的视线，达到抵制新闻舆论监督的目的，就构成恶意"不实之诉"。对于这种滥用起诉权进行恶意"不实之诉"的行为，许多国家，如英国、美国、法国、日本、奥地利、匈牙利等国，都明确规定要处以罚款和令行为人向被告赔偿损失。一些影响较大的国际公约也有类似的规定，如《发展中国家商标、厂商名称和不正当竞争行为示范法》，就禁止以诉讼威胁竞争对手。在世界贸易组织中，《与贸易有关的知识产权协定》也规定对滥用知识产权执行程序的一方，司法当局应当有权责令其对另一方所造成的损害进行赔偿。

三、国外舆论监督的启示

国外尤其是西方新闻媒体，从理论上说，享有对政府进行监督和批评的权利，其出发点之一就是公众应该享有自由获取信息的权利，也即知情权。西方传媒理论认为，政府滥用职权导致社会的腐败和危机，而舆论监督则是对政府运用职权的有效制约。选举制、反对党制度和媒体共同促进了政府的信息透明化；而政府信息透明化则不仅方便了舆论监督，也使权钱交易实际上对当事人来说变成了一种困难的行为，培养公职人员的自律意识；更使公众因为知道政府在干什么和没有干什么而信任政府，公众的不满有宣泄渠道，社会也赖此保持安定。

从社会监督的角度来看，对于腐败的监督无非是三种途径。一是法治的途径，即严令禁止、违者惩处；二是舆论监督，即造成一种"老鼠过街、人人喊打"的环境；三是内在道德的控制，即主要靠道德、世界观的约束力。在这几种约束中，舆论监督处于非常重要的地位。因为，腐败的事情一般是比较隐蔽的，而舆论监督的特点是无所不在。腐败分子往往是一些控制了部分公共权力的人。要想依靠内在的制度体系遏制腐败，往往会受到掌权的腐败分子的重重阻挠。而舆论监督是跨区域、跨空间的，可以突破这些阻挠。另外，舆论监督的成本也比较低。比如，老百姓要控告一些腐败分子，虽然可以依靠法律手段，但是从起诉立案到一次次的出庭，对于一个普通百姓来说，需要的成本是不低的。相比之下，新闻舆论监督更有利于普通百姓，更有利于社会弱势群体进行舆论监督。

在反腐败斗争中，新闻媒体的舆论监督作用不可小觑，因为新闻天生具有民主和监督的功能。马克思、恩格斯、列宁都很重视报刊的批评监督功能。马克思说："报刊按其使命来说，是公众的捍卫者，是针对当权者的孜孜不倦的揭露者，是无处不在的眼睛。"当然，舆论监督的威力并不是来自新闻本身，而是来自新闻背后所代表的民意。现代民主政治对权力运作的要求是公共权力具有公开性和透明度。人民以其知情权和言论自由权参与国家政治活动，并监督公共权力的运作，而把二者结合起来的靠的就是公众传媒，靠的就是舆论监督。所以说，舆论监督是一个国家确保公共权力正当行使的重要保障。

综上所述，各国在新闻舆论监督方面，因国情不同，做法上既有相同的地方，又有不同之处，取得的效果也有差异。在一般情况下，发达国家媒体常常充当公众的"传声筒"和"排气阀"，传达呼声，宣泄积郁，平衡心理，满足愿望，从而使整个社会心态维持在一个它们所需要的安全值上。而发展中国家媒体具有"晴雨表"和"候风仪"的监测作用，在社会变迁、社会转型和社会现代化进程中，舆论监督以公众的反映、议论、评价和呼吁为表现形式，不断关注和评价社会发展进程，并为这一进程的发展扮演"守望者"的角色。

这方面的例子不胜枚举。如英国公务用车制度，政府车辆处各级负责人的名字、基本工资、加班费、车贴等，不仅列入年度报告交议会审核，而且全部在网上刊布。布莱尔任英国首相时一次出访美、日等国，夫人切丽穿了一套价值 7000 英镑的裙装，当天报纸就连讥带讽地捅了出来，虽然切丽花的是自己的钱，而且她的收入比布莱尔高出一倍。切丽是英国著名大律师之一，一次，她到澳大利亚讲学，友人款待甚殷，送了她不少名牌时装，一回国就被批评为贪小便宜；至于她交友不慎，找了个诈骗犯作中介购房的"切丽门"事件，更为英国人所熟知。其实，这些英国媒体很明白，都还没有当真严重到构成"腐败"的地步，但就连自己花钱买衣服之类的生活细节都会被媒体曝光，谁还敢动真格地搞腐败呢？

再看曾经闹得沸沸扬扬的"伊拉克情报门"事件，它给布莱尔带来空前深刻的政治危机，进一步削弱了他的地位。但抛开政治层面不谈，凯利事件其实也涉及媒体对涉及公共利益的政府决策的监督问题，因为凯利事件的导火线乃是英国广播公司（BBC）关于政府授意夸大对伊动武证据的报道，而身为国防部生化武器顾问的凯利是 BBC 这些报道的主要消息来源。正因如此，凯利之死，使政府陷入"伊拉克门"风波难以自拔，布莱尔的民意支持率和公众信任度急剧下降。在西方人的观念里，"腐败"的定义远比"行贿受贿"宽泛得多，与政府诚信和权力滥用息息相关。如果布莱尔政府当真如 BBC 报道所指责的那样，授意夸大关于伊拉克大规模杀伤性武器情报报告，以误导公众支持对伊战争，那么就无疑构成了严重到足以扼杀布莱尔政治生命的"腐败"。

也许有人认为，布莱尔的政治声誉因凯利事件严重受损，说明舆论监督不利于政府赢得公众的信任。但实际上，长远来看，情形恰好相反，它说明政府为达到自己的目的，在事关公众或国家利益的决策上欺骗或误导公众，将会导致何种严重的后果，足以成为布莱尔继任者的前车之鉴。它同时还说明政府尽管宣传手腕高明（当时的唐宁街公关主管坎贝尔，不仅有英国第一公关先生之称，甚至被半褒半贬地称为英国"真正的副首相"），但通过有一整套制度保障和支持的舆论监督，公众仍然能在很大程度上享有知情权，政府的任何重大决策都必须在可靠的基础上说服公众才能执行。

当然，必须看到，理论与现实永远有一定差距。英国，和其他西方国家一样，尽管政府信息已经相当透明，尽管有一系列制度保障，但媒体对政府的舆论监督里仍含有很多政治运作的成分。凯利事件中，唐宁街被怀疑故意挑起与 BBC 的口水战，以转移公众对伊拉克大规模杀伤性武器问题的注意力；而反对布莱尔的工党议员以及两大反对党保守党和自由党趁机激烈攻击布莱尔政府，其用意也显然着眼于两年后的大选。英文中有个常见词 SPIN，或可译为宣传，颇为一语双关，也可理解为把某一新闻事件当成陀螺来抽打，争取使它朝有利于自己的方向旋转。但与选举制和现代政党制度紧密结合在一起的舆论监督机制，使得各种政治势力都有机会尽力往不同方向抽打同一陀螺，事实真相也因此即便不能完全，也可以大部分浮出水面，公众的知情权得到了基本保证。

第三节　中国舆论监督的理论与实践

中国一贯重视发挥舆论监督的作用。依法保护报刊、电视、广播等新闻媒体的采访权和舆论监督权，支持新闻媒体披露各种不正之风和党政机关及其工作人员中的违法违纪问题。政府有关部门高度关注新闻媒体反映的问题，积极回应社会关切问题，及时提出解决办法，改进工作。近年来，随着互联网的快速发展和广泛普及，网络监督日益成为一种反应快、影响大、参与面广的新兴舆论监督方式。中国高度重视互联网在加强监督方面的积极作用，切实加强反腐倡廉舆情网络信息收集、研判和处置工作，完善举报网站法规制度建设，健全举报网站受理机制及线索运用和反馈制度，为公民利用网络行使监督权利提供便捷畅通的渠道。与此同时，加强舆论监督的管理、引导和规范，维护舆论监督的正常秩序，使舆论监督在法治轨道上运行。舆论监督是中国现今最流行的公共话语之一，是指新闻媒介代表公众（公民）对权力运作尤其是权力滥用导致的腐败进行的监督。

一、中国舆论监督现状

虽然我国舆论监督还不成熟，但是相比过去，我国舆论监督的环境和水平都有很大程度的改善和提高。其中政治环境、民众和新闻媒体三个因素对舆论监督的推动作用，加速了我国舆论监督的发展。

1. 政治环境变化有利于舆论监督

自我国改革开放以来，舆论监督被党提升到非常重要的位置，十六大、十七大、十八大报告则分别从"加强对权力的制约和监督""完善制约和监督机制""建立健全权力运行制约和监督体系"角度来谈舆论监督，逐步把舆论监督纳入权力制约和监督体系。2003 年 12 月 31 日颁布实施的《中国共产党党内监督条例》（试行），十分重视党外监督，尤其是"舆论监督"被其单列一节。2005 年 4 月 5 日，中共中央办公厅发布《关于进一步加强和改进舆论监督工作的意见》，对新闻舆论监督在统一思想、凝聚力量，促进改革发展、维护社会稳定的重要作用进行了深刻的分析。2008 年 5 月 1 日起我国施行《政府信息公开条例》，通过立法明确了政府信息公开的义务，保障公民享有政府信息的知情权，给舆论监督提供了一个有力的法律保障。2010 年 12 月 29 日国务院新闻办发布《中国的反腐败和廉政建设》白皮书，正式把舆论监督纳入权力制约和监督体系，明确指出，"目前，已形成了由中国共产党党内监督、人大监督、政府内部监督、政协民主监督、司法监督、公民监督和舆论监督组成的具有中国特色的监督体系。"该白皮书关于舆论监督的表述，除了将舆论监督纳入监督体系外，还有两大亮点，一是把舆论监督跟公民监督区别开来，更好地凸现了舆论监督的地位；二是重视网络监督，明确网络监督是"一种反应快、影响大、参与面广的新兴舆论监督方式"。

从把舆论监督纳入党内监督制度到把舆论监督纳入权力制约和监督体系，我们不难看出，党的舆论监督思想并不是孤立存在的，而是放在整个监督体系建设中来谈，这为舆论监督寻求各级党政机关及党政领导的重视和支持提供了充分的政策依据。

2. 民众舆论监督意识有所增强

国民舆论监督意识普遍提高。根据《二〇〇三年至二〇〇九年教育系统人才工作综述》文件传达：我国每万人中高校学生在校生数由 2000 年的 72.3人增加到 2010 年的 212.8 人，总人口中大学以上文化程度的超过 7000 万人，位居世界第二。如果没有一定的思想和文化水平，公众就没有行使政治和法律所赋予他的义务和职责的意识，必然就会较少地去关心政治现象，关心社会生活，更谈不上参与政治生活，熟悉社会情况，也就不可能正确行使舆论监督的权利。

民众监督意识普遍提高。从 2009 年重庆打黑事件至今，在破除黑恶势力的过程中，除了行政、司法机关的投入，舆论监督在事件发展中功不可没。重庆打黑事件在网络上流传开来，庞大的网络跟帖队伍，众多论坛博客对打黑行动的点评，在此事件中对揪出和拔掉地方恶势力起到了积极的督促和配合作用。全国各地百姓对此事件进展的关注，无疑都反映出民众监督意识的不断增强。

3. 新闻媒体与网络舆论监督步伐的加快

新闻媒体队伍迅速发展。随着我国经济建设步伐的加快，媒体也随之迅速发展和扩张。尤其是在中国加入世界贸易组织之后，跨国传媒集团逐步进入中国，国内传媒市场走向国际化。凤凰卫视等境外媒体收看率飞速提高。

敢说的多了。现如今，除了央视的《焦点访谈》，地方性电视台以敢说主打的舆论监督节目也不少，其中不得不提深受百姓喜爱的《南京零距离》。同时作为中国深具公信力的严肃大报《南方周末》报道的问题通常较为敏感尖锐。

主流媒体舆论监督"踩油门"。2014 年以来，新华社、中央人民广播电台、中央电视台、人民日报社等主流媒体"踩油门"进行舆论监督，加大对违反中央八项规定、住房保障、高考加分、考试舞弊、新闻敲诈、减刑假释弄虚作假、药品行业行贿受贿等热点问题的跟踪调查和曝光力度，彰显了舆论监督的威力。中央人民广播电台重点关注公款旅游、公款吃喝、大操大办等情况，推出《节日期间，党政机关传达室是否仍礼品扎堆》《旅游景点、高档商场是否还有公务用车身影》《高端会所、商务酒店、高档餐饮场所日接待量统计与反思》《购物卡是否确实销声匿迹》等系列报道。中央电视台针对送礼新招、会所歪风等问题，播发了《晒晒"四风"隐身衣"网购＋快递"送礼更隐蔽》《记者调查：公园会所屡禁难止》等新闻调查节目，迅速成为社会舆论热点。各地电视、广播、报纸、门户网站等打造"电视问政""行风在线""曝光台"等品牌栏目，揭露、批评损害群众利益的不正之风，扩大舆论监督的正能量。在新闻媒体有效的舆论监督之下，各地出重拳整治不正之风取得明显成效。

网络舆论监督的快速崛起。在2015年1月22日举行的中国互联网产业峰会上，中国互联网网络信息中心副主任兼副总工程师金键指出，中国网民数量去年达到近6亿4800万人，报告数据显示，去年的网民人数比前年增加了3000万人，互联网普及率达到48%。此外，中国手机网民的规模也达到5亿2700万人。《人民日报》与人民网联合进行网上调查，参与调查的网民有87.9%非常关注网络监督，当遇到社会不良现象时，93.3%的网民选择网络曝光。对此，有相关评论指出，网络舆论监督当下已经成为畅达民意、鞭挞腐败、维护公众权益的便捷而有效的渠道。

纪委官网"开门反腐"。中央纪委监察部网站开通以来，成为信息发布、网络监督举报、倾听民意的主阵地。第一时间发布重要案件信息，设置"晒晒'四风'隐身衣""克服组织涣散、纪律松弛现象"等10余个"每月 e 题"，吸引网友开展讨论。开通"12388"网络举报专区，一度日收举报量达800余条。围绕贯彻落实中央八项规定精神，开设"监督举报直通车""'四风'问题举报窗""每周通报"等栏目，接受网友监督举报，督促各地各部门从严从快对曝光问题问责整改。中央纪委监察部网站的发展，带动了各级纪检监察机关网站升级改版，全国31个省（区、市）和新疆生产建设兵团均已开通纪检监察官方网站，打造了监督执纪问责的网络平台。

新兴媒体参与监督趋于理性。随着微信、微博等新媒体迅猛发展和智能手机等互联网移动终端的广泛应用，群众通过微信、微博、"移动终端随手拍"等方式监督举报身边干部，把"网络吐槽"转变为线索证据，扩大了社会监督的视野和范围。中央人民广播电台通过官方微博、微信开设《厉行节约随手拍》专栏，一些地方鼓励人人参与、集中曝光"三公"消费、"四风"问题，让违法者不得不考量背后的"那双眼睛"，促使其养成自我约束的心态。各级纪检监察组织主动运用微博、微信应对涉腐舆情，促进社会监督与专业机构监督的有机衔接。据统计，全国纪检监察机构已在新浪和腾讯两大微博平台开通实名认证账号792个，目前有130余个纪检监察微信公共号，为媒体社会化时代的纪检监察工作注入"微力量"。在运作流程上，德阳市纪委建立网友"随手拍"反映"四风"问题的台账，实行专项登记报告、集体排查研判、快速核实查处。厦门市思明区建立纪检监察微博群，形成"收集－整理－落实－沟通－反馈"的闭合式投诉处置流程。

全国的"两会"、党代会，微博、微信议政蔚然成风，微博已经成为公众议政问政的新渠道。政府开通官方微博、微信，人大代表、政协委员开通个人微博、微信，平等、近距离与民众交流，网友们在微博与微信中表达批评意见，讨论公共事务，见证着舆论监督在大数据时代的新常态。

二、中国舆论监督存在的问题

实事求是地讲，我国社会舆论监督近几十年以来取得了不错的成绩，但无论从监督的外部环境，还是从监督（传媒及新闻从业者）自身方面来说，都还不尽如人意，存在不少亟待解决和克服的问题，主要表现在以下几个方面：

1. 监督主体的监督意识不强

从舆论监督的定义不难看出，舆论监督的实施主要依靠两大主体，即公众和媒体。公众作为舆论监督最主要的主体，是舆论话题的发现者与提供者，同时公众需要通过媒体实现舆论监督。首先，在我国，公众的监督意识虽然已经有了很大的提高，但是较发达国家来说还是有很大差距。在瑞典，"民主、自由、平等、团结"作为国民的基本价值理念，已经深入到社会的各个层面，舆论监督也不例外。民主在舆论监督方面的具体体现为民众广泛的政治参与；平等则意味着被监督者不论其职位高低、社会地位高低，都被置于监督的范围。从总体上讲，由于受文化教育水准的限制，全民整体素质不高，人们的参政、议政意识和能力还不强。公众的着眼点在于"独善其身"而不是"兼济天下"。人们关注更多的是发生在自己身边的事和关系到自己切身利益的事，对除此之外的事，往往持冷漠态度。因而，这也在一定程度上限制了舆论监督作用有效发挥。其次，媒体作为公众舆论监督的途径，其本身也是舆论监督的主体。作为舆论监督的中坚力量，媒体工作者素质的高低直接决定着监督质量的高低。而我国现有媒体工作者中存在业务能力有待提高、敬业精神与职业道德方面的修养还不到位，以及社会环境的阻碍等问题。

2. 舆论监督法制法规不健全

任何对权力行使的监督机制，要顺利地实现其功能，都需要有健全的法律作保证，舆论监督也不例外。但我国目前尚未建立比较完整的舆论监督法律体系，舆论监督的地位、性质、权力、新闻侵权应担负的责任、新闻记者的权利和义务、公民隐私权的保护、国家信息的安全以及新闻诉讼等都没有明确的规定，没有从法律的角度对新闻传媒的地位、性质、权利等予以确立；对新闻采访、报道、监督方面的权利和义务尚未予以界定；对新闻自由、新闻调控、新闻侵权、新闻记者的权利义务、公民隐私权的保护等也未作出详细规定。现有的法律规定大都比较抽象，操作难度大，且各个地方规定不一，加之也有不连贯、不统一的问题，往往使一些是非难以评判。这使得舆论监督的法律保护不够，也就使得舆论监督权利不明朗，监督义务不确定，易受政治氛围的影响和领导层的左右，且社会没有形成良好的监督环境，使得监督主体的正当监督权和人身安全难以得到有效保护，以至公众和媒体的监督权行使受限，不利于依法治国。

3. 新闻腐败依旧存在，纠纷不断

新闻腐败即新闻不站在正义的立场上讲公道话。新闻腐败的存在有着复杂的原因：改革过程中利益的重新分配引起了人们思想观念的变化，利益的不公平流向使人们价值观念发生混乱；新闻媒体间的激烈竞争，产生了急功近利的心态；通过组织和私人关系阻止批评性言论的发表，有些媒体成为政府对百姓宣传政策或对自己歌功颂德的工具；对批评报道者进行打击报复，这在很大程度上削减了报道者的勇气和积极性，从而降低了舆论监督的作用。

新闻从业者素质不高，引发了不少新闻纠纷事件新闻从业者自身素质不高，新闻稿件、电视节目水平参差不齐。究其原因，主要有两点：第一职业道德素质不高。真实性是新闻的本质要求，也是新闻工作者最起码的职业道德。但舆论界"假冒伪劣"现象时有发生，例如思想宣传上曲意逢迎，成果业绩上虚报浮夸，剖析结论上夸大其词，歪曲事实，虚假报道，更有恶意攻击的，这些失真的现象给大众传媒带来极坏的影响，也招致人民群众的反感。另外，很多记者在采访中随心所欲，乱用权力，把采访对象搞得人心惶惶，产生负面效应，这也是其社会责任感不强的体现。第二，业务能力素质不高。作为新闻工作者除了具备专业的技能如写作，还应具备法律，社会学等多方面的知识。实际上，很多新闻报道采访不深入，视角偏差：有的老旧俗气，缺乏新鲜感；有的新闻则不伦不类，逻辑混乱，不知所云。

4. 监督对象存在抵触情绪

长期以来，很多人，尤其是有些党政领导人在观念上对社会舆论监督存在一种抵触情绪，认为社会舆论监督是揭短，担心舆论监督揭露社会阴暗面，一会影响社会稳定，引发群众不满情绪，造成社会动荡；二会影响自己的政绩，使地方领导脸上无光，而且会给地方形象抹黑，影响招商引资，阻碍当地经济发展。因此，对舆论监督的问题极力掩饰，不敢曝光，更有甚者，对记者等工作人员进行打击报复和威逼利诱，使得社会舆论监督困难重重。

5. 网络监督力度不够

网络监督力度不够。网络监督是舆论监督的重要方式之一。舆论监督的力度一方面表现在数量上，足够的数量是形成较强力度的必要条件；另一方面表现在监督的层次上，监督层次高，力度则强大，监督层次低，力度则显小。

内容失真。网络媒体是一个开放的平台，在传播信息的过程中，往往存在内容失真，抄袭传统媒体消息等缺乏公信力的现象。大量重复的新闻信息，漫天弥漫的假消息充斥着整个网络。过分追求新闻发布速度而忽略了新闻的真实性，这可以说是网络媒体的通病。而为了片面追求点击率而导致黄色、低俗等新闻泛滥，更是为所垢病。"如果把网络新闻传播的发展分为三个阶段，即拷贝借鉴阶段、用户化阶段、网络原创阶段，那么现在的网上新闻传播尚处于第一阶段向第二阶段的过渡，离网络新闻传播的原创阶段，距离尚远。可见，我国的网络新闻传播还处于不成熟的阶段，缺点与优势是共存的。"业内人士认为，网络媒体普遍缺乏传统媒体对新闻真实性严格把关的机制和经济实力。从近几年的网络报道来看，这样的例子也是屡见不鲜，例如"史上最毒后妈"案。引发风波的是一篇题为《史上最恶毒后妈把女儿打得狂吐鲜血》的网文，该文援引的是江西某电视台的报道，随后不少媒体在跟进报道中仍以"六岁女童遭史上最毒后妈毒打"等有罪推定式标题报道此事，最后却是一场误会。

监督异化。一个事件一经网络传播，就会以百倍膨胀的面目出现，很容易催生网络热点，而且中国网民更容易受群体的感染，有更强的寻找集体归属感的需要，群集效应更加明显，这是中展集体主义传统的反映：东方文化与西方文化的一个重要区别在于，东方文化强调集体主义，西方文化强调个人主义，集体主义有紧密的社会结构，人们将内群体和外群体区分开来，成员期望他们的内群体亲属、氏族、组织来照顾他们，作为这种照顾的交换条件，他们对内群体拥有绝对的忠诚；个人主义则表示一种组织松散的社会结构，人们自己照顾自己及其直系家庭。尽管在现实社会的结构没有原样复制到网络社会中，但是，新的结构并非完全脱离原有的社会传统，中国网民不满足于网络中的独来独往，对于群体的心理需要和对内群体与对外群体的区分仍然十分强烈。对于群体的依赖使其受群体内的权利关系、情绪感染等的影响，也更容易让网络意见聚合；另外，尽管舆论本身在很多情况下是单纯的情绪发泄，但是意见背后隐藏的是公众对政治的理解和对政府的价值期望，这是政府获得公众信任与支持的基础，也是政府合法性获取的重要途径。

三、中国舆论监督的对策

改进和完善社会舆论监督，有助于我国的民主政治建设和政府职能的转型，是我国政治文明建设的重要内容。针对我国的舆论监督错综复杂的问题，借鉴国外舆论监督的成功经验，我国要尽快改善和加强舆论监督，充分发挥当前体制下社会舆论监督的作用，建立具有中国特色的舆论监督体制。

1. 舆论监督必须有法可依

加快新闻立法工作步伐，使社会舆论监督有法可依。要想从根本上解决舆论监督中存在的问题，对新闻舆论监督实行规范化管理，最重要的是加快新闻舆论监督的法治建设，将新闻舆论监督纳入法治轨道，实行依法管理。

争取尽快纳入全国人大常委会的立法程序。在继续修订完善《新闻法》（草案）的基础上，争取尽快纳入全国人大常委会的立法程序。只有在新闻法治原则指导下，在宪法和法律给予的范围内，新闻单位才会享有更多更大的舆论监督自主权。要明确公民与新闻媒介的参与权、知情权、采访权、报道权、批评权、评论权的概念、范围和行使原则；明确新闻报道、舆论监督与侵害公民名誉权、隐私权，泄露国家机密行为及妨害其他刑事、民事法律关系和应承担的法律后果；要把限制滥用舆论监督权的问题切实通过立法程序解决好。在现代法治国家，任何社会力量的存在及其发展均需要法律的保障。瑞典早在 1766 年就制定了《新闻出版自由法》。这部法律被赋予基本法的地位，属于世界首创。它在很大程度上保障了公众通过报纸杂志等印刷媒体自由表达思想的权利。后又制定了《表达自由法》，作为《出版自由法》的补充。这两部法律为瑞典的新闻出版自由提供了十分坚实的法律保障和基础。目前我国新闻舆论监督的社会环境差强人意，由于我国目前没有专门的"新闻法"对此行为作出法律规范，所以新闻媒体在开展舆论监督时遇到的困难和阻力不小。新闻记者甚至还可能面临野蛮的暴力，连基本的人身安全都无法保障。这种现象急切呼唤新闻立法的诞生。制定新闻法，是将舆论监督纳入法治化、避免人为因素影响的重要途径，它既有助于舆论监督自身的规范发展，也有助于保障舆论不受外界干扰，保证其报道的准确、有力。

制定舆论监督法规、条例、办法。在目前专门的新闻法还不能出台的情况下，可以先制定舆论监督法规、条例、办法等来明确规定媒体和公民在实行舆论监督方面的所拥有的职权、责任和义务；规定党政部门、行政机关、司法机构及各种社会组织在接受新闻舆论监督方面所应当承担的责任和义务。

规定新闻从业者的特殊主体性。在其他法律法规的相关内容上。规定新闻从业者的特殊主体性。例如在《刑法》《社会治安管理法》《行政诉讼法》中，对舆论监督引起的纠纷进行特别说明，对阻挠、干扰和打击报复新闻舆论监督者要制订严格的制裁性措施和办法，以防止任何单位和个人运用非法手段干预新闻舆论监督。

2. 进一步扩大政务公开

要从理论同实践的结合上给"公开性"以正确与足够的评价，要从制度上和机制上保障"公开性"原则在舆论监督操作过程中得到切实贯彻。我们有必要重温列宁讲过的一个千真万确的观点：没有公开性来谈民主是可笑的。列宁把公开报道作为无产阶级报刊同资产阶级报刊相区别的重要标志。他强调，无产阶级政党在自己的报纸上或者进行口头宣传鼓动的时候，应该完全公开、肯定、明确、大声地把实行无产阶级专政以及自己的纲领、路线、主要目的告诉群众。他特别要求把那些纪律败坏、劳动生产率低下的病态企业及其工作人员送交人民法庭审判，并且公开报道和抨击这些企业和工作人员。列宁反复强调，不要怕揭露错误和无能，不要怕家丑外扬，不要怕赤裸裸的真相。社会舆论监督与社会稳定和领导政绩并不矛盾，舆论监督实际上是在帮党和政府的忙。是有利于推动地方工作和地区发展的。大众传媒是我们党和政府的喉舌，它行使社会舆论监督功能的目的之一是监督政府行为，改进政府工作，促进政策出台，将隐患扼杀在萌芽阶段。从这个角度看，社会舆论监督是符合党、政府和人民的利益的。所以政府应该解放思想，转变观念，进一步支持社会舆论监督。

在行政执法中引入听证程序，是指行政机关对行政相对人的权利义务进行处分时，就与该处分行为相关的事实及法律适用问题，允许行政相对人或其他利害关系人充分陈述意见，并对证据进行质证、辩论的程序。之所以在行政执法中引入听证制度，目的就是为了以程序的公正保证结果的公正，同时也是对行政执法人员实施行政行为的一种事前监督制度。目前我国立法已经建立了四种形式的听证制度，即行政处罚听证、价格决策听证、立法听证以及行政许可听证。从目前来看，我国法律明确规定可以举行听证的行政事项范围十分有限。但在实际生活中行政执法行为对行政相对人权益的影响有着十分重要的意义，如不扩大听证制度的适用范围就不足以充分发挥听证制度的优势和作用。行政执法中听证程序的重要功能就是通过行政相对人的参与来保障执法内容的公正、公平和合理性。如果执法时不听取行政相对人的意见，不考虑他们的利益，那么执法活动将很难取得理想的效果也达不到执法的真正目的。从目前来看，可以先从基层或地方以点推向面的试行行政执法听证制度。先采取非正式程序的听证，也即给予当事人口头或书面的陈述意见的机会，以供执法机关记录参考。对于听证范围的扩大，可以从重大的行政执法行为入手，如吊销营业执照、涉及人身自由的行政处罚以及较大、重大罚款时等。在日本，许多法令都规定了听证制度，如《建筑基准法》《道路交通法》《建设法》《生活福利法》《医疗法》《证券交易法》等。总之，凡涉及行政机关要撤回授益性处分，作出停止、废止或禁止营业和事业发展的命令及其他负担性处分的场合，甚至一些拒绝授益性处分的场合，都有听证的规定。因此，笔者认为，鉴于国外听证制度的先进经验，听证程序可以适用于行政执法的各个领域，只要相对人认为自己的权益可能受到执法行为的损害就可以提出听证要求，启动非正式或正式的听证程序。

3. 坚持分类指导，充分发挥舆论监督的灵活性

坚持分类指导，根据意识形态程度把握传媒的性质、特点和功能，形成定位明确、各具特色的传媒体制。大众媒体是整体性范畴，现实生活中各级各类媒体丰富多彩，具有不同的定位、对象、功能、覆盖范围，不同媒体之间的意识形态色彩、社会影响作用并不完全相同。新时期传媒体制改革之所以取得重大突破，就是立足传媒业发展的实际，按照不同类别、不同媒体的性质、定位，把握媒体实际表现出来的意识形态强弱程度，完整把握传媒的结构体系及其思想意识形态的谱系，顺应媒体分众化、对象化趋势，把媒体分为党报党刊、广播电视、都市类媒体、网络媒体等不同类别，充分考虑时事政治、思想教育、财经信息、生活服务、文化娱乐、科学技术、体育健康等不同内容的具体特点，对不同性质功能、内容定位的媒体区别对待，分类指导，形成了中央媒体与地方地方、传统媒体与新兴媒体、主流媒体与非主

流媒体、对内媒体与对外媒体等不同体制架构。仅在网络媒体方面，就形成主流新闻网站、商业网站和企业、个人网站不同的体制。对不同媒体，应当根据体制不同采取不同的领导方式、管理方式，促进健康发展。[1]

利用我国舆论监督的优势，发挥舆论监督的灵活性。我国社会强调的是有领导的舆论监督，这是我国现阶段的舆论监督不同于西方舆论监督的根本所在。中国特色的舆论监督的优势在于有行政力量作为其强大的背景，能够大力促成问题的解决。因此，社会舆论监督必须要在党和政府的正确引导下进行，确立新闻舆论监督选题、稿件和节目的审批与撤销的标准和机制。同时党和政府应当在把握大政策大方向的前提下，适当放宽各级新闻单位、大众传媒的采访权限，放宽新闻稿的审批制度，应该允许他们充分发挥传播信息的优势，进行灵活多样的新闻调查监督，提高新闻工作者的高度政治责任感，调动他们的积极性、主动性和创造性，增强舆论监督的活力。

要更加有力地推进党中央提出的加强公民知情权、表达权、参与权、监督权"四权"建设。赋予公民充分的"四权"，让他们以"四权"为尚方宝剑，利用新闻传媒，广泛而持久地开展舆论监督。"四权"中，知情权令公民获知监督的对象和事实。近几年虽然已经要求领导干部申报每年收支状况，但又不向群众公布，这如何让民众进行监督？表达权令公民对获知的事实进行公开揭露、分析和评论，有充分的法律保障对自己的公仆——各级官员的非法行为说三道四，指责抨击。参与权令公民有权进入现场，置身事件全过程，了解与调查各级政府机关及官员的执政措施和行为，使舆论监督的渠道、方式、手段、力度、效度都有充分的保障。监督权令公民在法律的支持下，有充分的权利对各级党委、政府和官员的腐败行为进行直接的揭露与批判，提出自己的处置意见，并保护自己不被打击和报复。党的十三大提出舆论监督的使命和功能，公民的"四权"开始得到重视。党的十六大以来，公民的"四权"建设有所加强，但其中存在的不足与问题仍然不少，尤其是"四权"建设还缺乏宪法和法律的明文保障，妨碍"四权"建设的组织制度和工作制度的改革还没有提上重要议事日程。对此，我们应有清醒的认识。

4. 努力提高新闻工作者业务能力的修养

强化新闻行业自律，提高媒体和从业人员素质舆论监督要注意新闻纪律。

---

[1] 葛玮："中国特色传媒体制：历史沿革与发展完善"，载《中国行政管理》2011年第6期。

我国的舆论监督是为了强化舆论导向，为了解决问题，更好地为人民服务。因此，我们的新闻工作者在进行舆论监督报道时，必须增强维权守法意识，遵守职业道德，严格自律。媒体和新闻从业人员要从三个方面加以改进。

一是舆论监督要有正确的定位，要把社会责任放在第一位。坚持舆论监督不能为揭露而揭露。为批评而批评，要从有利于维护社会德定。有利于维护广大人民群众的利益，有利于促进党风、民风、社会风气的好转和推进民主与法治建设的角度出发。媒介不能用舆论监督当着"武器"搞市场竞争，记者也不能期望靠揭露问题谋取私利或提高"名气"，把舆论监督报道变成一种"利益工具"。

二是采取客观公正的务实态度。毛泽东曾严肃指出，报纸不能滥用批评，不能乱扣帽子，无限上纲，更不能歪曲事实，无中生有，或被坏人利用，破坏性的批评要严加制止。在实施舆论监督中，媒体要避免"炒作"反面典型事件，防止负面影响。媒介必须本着"团结－批评－团结"的原则，在披露事实时有所保留，允许被批评者发表反批评意见。一旦出现舆论监督的失实或失准，在追究责任人责任的同时，要积极地采取补救措施，挽回影响。

三是新闻工作者要加强学习，多作贡献。在日新月异的信息化时代，新闻工作者应该加强修养与学习，不断充实自己的法律、社会、政治、经济和金融等方面的知识，提高政治敏锐度和业务素质。同时还要有舆论监督的勇气和胆量，不要畏惧艰险，不要为权势所屈服。要深入调查研究，站在党的政策和人民群众利益的立场上，客观、公正地反映问题，运用好手中的权力。

舆论监督是人类社会发展到一定阶段所总结出的宝贵精神文明成果，是衡量现代民主法治国家社会监督机制完善与否的重要标志。目前，我们应该深入分析我国当前的社会舆论监督现状，发扬中国特色，扬长避短，建立健全舆论监督制度，提高公民参政议政的意识，改进媒体及其工作人员的工作，转变监督对象的观念和态度，在这条法治化的道路上，充分发挥舆论监督的作用，以推动社会民主的进程，进而促进社会文明的更大进步。

5. 加强网络舆论监督

网络媒体自20世纪90年代末大规模兴起之后，时至今日，已迅速成长为一种重要的新闻传播媒介。2015年2月3日，中国互联网络信息中心（CNNIC）在京发布第35次《中国互联网络发展状况统计报告》（以下简称《报告》）。《报告》显示，截至2014年12月，我国网民规模达6.49亿，互联网普及率为47.9%。[1]如同硬币具有两面,互联网在为人民服务并为我们的社会带来无限广阔前景的同时也带来了其不可忽视的弊端,这其中涉及文化、伦理、法律等多方面的问题,而这些问题是需要我们积极应对不能消极回避的。因此为了更好地适应互联网的发展需要,针对网络舆论监督存在的问题,找出相应的对策来完善这种新生的舆论监督形式。

政府加强对网络舆论监督的引导。根据人民网发布的《2014互联网舆情报告》,2014年中国互联网舆情,是在中共和政府严厉反腐、深化改革的鼓点正酣中展开的。在这种"高压态势"下,互联网舆论场在继续扩张的同时,出现了从严管理的新局面。一方面,微信取代微博客,成为当下经济发达地区民众的首要信息渠道和社交平台,新闻客户端也开始影响一部分人群的信息获取;另一方面,随着互联网相关法律法规逐步完备,网站平台加强管理,网民自律及社会公序良俗的约束,网络舆论的总体压力有所减轻,但社会转型期各种利益诉求并未消减,在某些突发事件和热点议题中甚至还呈现爆发态势。政府的舆论引导工作,向专业化和智能化方向提升。在反暴恐、"微信十条"出台、香港"占领中环"事件、乌克兰危机等热点事件中,理性的声音占了上风,正能量的传播成为网上舆情的"新常态"。

从1994年4月中国与国际互联网全功能接入至今,20年来互联网有力地保障了人民群众"四权"(知情权、参与权、表达权、监督权),在依法管网,依法办网,依法上网,做大做强主流舆论,提升网络话语权,做好网上"意见领袖"工作,发展"网上统一战线",探索政府舆情工作的机制和方法,培养专业人才等方面都取得了很大的成效。但由于互联网发布信息的涵盖范围广、时效性强等特点,网络在很大程度上被当作一种重要的信息来源而使用。这里的"网络信息来源",不仅指发布在网上论坛、帖子、博客中的网友留言,也包括一些网络媒体转载的报道。然而,网络信息发布与生俱来的随意性、匿名性,使得网络信息来源的真实性成为最大的考验。因此网络舆论监督中的信息来源核实机制,变成了非常关键的一环,但是互联网的虚拟性,对它的信息来源进行核实变得非常困难。

就目前我国一些有影响力的论坛参与情况来看,每个论坛都有自己较为稳定的参与群体,在这些参与群体中,一些文字表达能力强,分析问题深刻,

---

〔1〕 中国互联网络信息中心(CNNIC):"第26次中国互联网络发展状况统计报告",第3页。

有独特见解的网民的发言往往影响或左右着其他网民的看法，利用这些意见领袖来引导舆论，已成为一些大型论坛的普遍做法。将意见领袖有见解、有代表性的发言通过醒目的字号或色彩加以强调，放在网页的突出位置，从而来强化主流言论。

加强网民的媒介素养教育。移动互联网是互联网与通信网融合发展的新兴产物，以 3G 的普及为正式发端，4G 时代获得加速发展，渗透度和影响力不断增强。信息传播生态和模式在移动互联网的冲击下迅速重构，一种以"轻"为鲜明特征的新兴舆论生态逐渐形成。如何很好地利用这一工具，营造良好的网络环境，不仅只是网络机构和网络工作者的责任，也是每个网民的责任。在诸多"华南虎事件"中，虽然出现了一些专业的网民，他们通过合理的途径和方式一步步揭开了事件的真相，使得网络舆论环境逐步走向有序化，但是网络舆论中仍然存在非理性的现象。所以，首先，应该培养网民的主体性意识，提高网民对网络信息的解读能力和辨别能力。其次，网络中充斥着大量色情、暴力、凶杀、犯罪、反社会等反动的信息，只有充分认识到这些负面影响，排除不良信息的干扰，才能在大众媒体面前树立一道防火器。最后，受众应清楚地了解媒体的优缺点，正确使用网络信息，掌握媒体传播内容的规律，选择有效的信息为自己学习、工作和生活所用，以理性的态度发表建议。

《第三十五次中国互联网络发展状况统计报告》显示，我国互联网的主要使用人群还是青少年，俗话说"少年强则国强"，青少年是祖国的未来和民族振兴的希望，中华民族的振兴和社会主义和谐社会的构建不仅需要青少年具备良好的科学化素质，更需要他们具有良好的思想道德素质。因此媒介素养教育应从青少年抓起。世界各国尤其是西方发达国家非常重视青少年的媒介素养教育。如加拿大，从 20 世纪 60 年代就开始在中小学里进行媒介素养教育，而我国的媒介素养教育起步相对较晚，青少年缺乏成熟的认知能力，在海量信息面前容易成为信息的奴隶，面对色情、暴力等负面、消极的东西，也容易被导入误区，这些都影响着青少年的身心健康。

综上所述，中国业已形成了种类齐全、数量庞大、硬件先进、覆盖全境和辐射国际的媒体格局，客观上为公众参与提供了较为充分的媒介技术条件。但是，传统的大众传播之于公众参与有一大缺点：它本质上是一种从传播者到受众的单向传播，由媒体"代表"公众来监督公共事务和公权力的运作；

公众通过报刊和广电媒体从事的政治和社会事务参与非常有限。不过，以互动性等优势为特征的互联网大有后来居上之势。当前，网络媒体在公众参与中发挥的作用日益突出。随着网络技术日益发展，它对中国社会进步的推动作用与日俱增。

◁◀ 延伸阅读案例一：海内外网络舆论场同异比较

随着互联网技术的迅猛发展和网民在社交平台上的快速迁徙，海内外舆论场的无形之隔正在变薄。

全球网络舆论场发展现状纵览

（一）媒体结构改变使舆论环境进一步透明和扁平化

网络媒体的崛起给予传统新闻行业改革信息生产方式、发布方式、运营方式的机遇，而社交媒体在信息及新闻传播、交流和分享方面的优势再次凸显的事实现状。当人际传播、群体传播和大众传播在同一平台上发生时，信息的传播方式也由"媒体－受众"关系主导转变为"社交"关系主导。

据调查，三分之一的美国人通过 Facebook 获得新闻，其中的 80% 则是通过朋友分享看到新闻信息。美国新闻协会调查显示，年轻人习惯通过社交媒体如 Facebook 和获取新闻信息，较少经由新闻网站、电视或报纸等专业媒体渠道。重大突发事件出现时，社交平台的新闻时效性优势使其获得更多关注，甚至成为专业媒体的新闻来源。Twitter 前副总裁凯文·萨乌基至宣称，Twitter 实际上是新闻媒介而并不是一个社交媒体。昆明火车站暴恐、马航坠机、波士顿爆炸案、上海外滩踩踏等事件中，社交平台比专业媒体机构更快地发布信息并引起舆论关注。

（二）信息生产角色由生产者主导转向搬运者主导

互联网时代，传统信息生产者的身份及职能分散到无数网络用户身上，社交媒体用户不只是被动的信息接收者，更兼具信息生产者、整理者、搬运者的多重身份。普通的网络用户可以通过社交媒体在互联网上发布新鲜见闻，可以依据个人偏好整理并再传播已有的信息，也可以在不同平台间搬运、转译他人发布的信息。

在海内外网络舆论场信息的跨域流通过程中，社交媒体用户中承担搬运者角色的个体和群体打通了不同的社交平台、地域领域、文化环境之间的传播壁垒，对网络舆论事件的发生、发展和结果有不可忽视的作用。信息源也随之从专业新闻机构延展至自媒体、公民记者、普通网民。民间渠道已经成为境内外信息互通的重要组成，非机构信源则起到了助推器的重要作用。

（三）信息内容改变使得舆论场更加复杂多元

内容类型上，海内外网络舆论场均存在娱乐化趋势：一方面，严肃信息内容比例下降，娱乐八卦、电视节目、体育赛事等话题关注度远超政治、社会、民生等严肃话题；另一方面，新闻信息内容追求戏剧性、刺激性、时效性，在增加网络用户获取信息的可读性的同时也使舆论环境呈现更为复杂的情形。

网络及社交平台上的信息生产和传播过程缺乏"把关人"角色，信息源头、内容、细节真假混淆且存在缺陷，社交媒体成了谣言和虚假新闻的多发地，也使权威信息渠道比重有所降低。当下，互联网已不仅是普通网民获取信息的主要渠道，也是专业新闻媒体的重要信息源。当专业媒体将网络平台采集到的虚假信息未经求证便转化为"新闻"，通过正规渠道报道、转载，产生的结果只会是虚假信息的负面效果扩大、媒体的公信力丧失、官方的权威性降低。

海内外网络社交平台对比分析

（一）全球知名社交平台过半来自美国，大陆地区用户渗透率低

在社交媒体的全球市场上，美国互联网企业毫无疑问地处于支配地位。统计显示，截至 2015 年 3 月全球月活跃用户量超过 1 千万的 18 家社交网络平台中，有 10 家来自美国，占总体的 55%；中国、俄罗斯、日本的网络社交媒体也位列其中，但其社交网络从用户数量、海外知名度、国际市场占有率等方面仍落后于美国的产品，仅在本土市场居领先位置。

中国活跃网民数和社交媒体普及率在世界范围内遥遥领先，海外主流社交媒体在境外更是表现出色；然而，大陆地区没有为海外社交媒体贡献相符的用户数。较为典型的例子就是社交媒体巨头 Facebook，其在亚洲除中国以外的各个市场都获得一定成果，但在中国大陆的用户渗透率却不成规模。

（二）社交媒体平台功能设置差异加强舆论场差异

互联网产品往往根据目标用户所处文化背景的不同，开发制定相应的平台功能，平台上形成的舆论场也因此而不同。如人际交往在西方社会中注重

安全距离、强调个人隐私，用户依据线下关系的亲疏差别选择电子邮箱、私人号码或社交媒体账户等不同的社交工具。

海外社交媒体整体对于用户账户实名制没有任何要求，互联网匿名性特点明显，网民参与公共话题和舆论监督的积极性更高；而国内社交媒体平台的功能设置更为多样化，在保留自身特点的同时不断丰富功能以迎合用户需求。

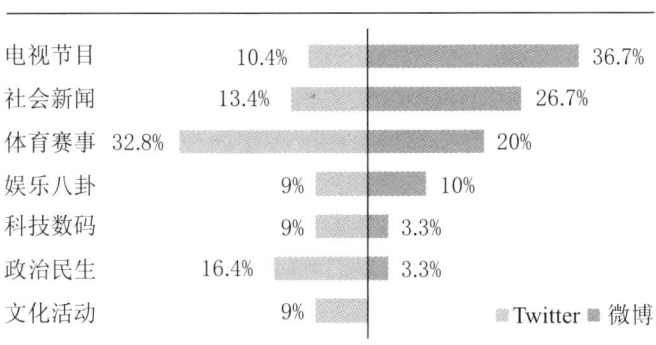

Twitter与微博2014年热门话题类型比较

	Twitter	微博
电视节目	10.4%	36.7%
社会新闻	13.4%	26.7%
体育赛事	32.8%	20%
娱乐八卦	9%	10%
科技数码	9%	3.3%
政治民生	16.4%	3.3%
文化活动	9%	

数据来源：中国传媒大学互联网信息研究院

Twitter和新浪微博的公共舆论属性比微信和WhatsApp更为明显和突出，是迎合草根网民发声需求的公共舆论空间，平台的舆论导向从专业媒体导向转变为用户追踪热点话题。两个平台上设置的热点话题榜、参与用户类型、话题标签设置都强调了其自媒体属性，使舆论参与者追踪热点话题并参与热议变得更为便捷。WhatsApp和微信相对更注重基于强关系的人际沟通，尤其是前者的功能设置，仅仅满足用户的通讯需求，没有为用户提供参与和讨论公共事件的场所。

（三）社交平台信息、关系设置影响舆论场圈群关系和生态特点

Twitter最具特色的属性之一是话题标签（hashtag）——通过用户创建的话题标签对平台信息进行归类和聚合。话题标签不但能使用户轻易地找到特定话题从而加入其中，还提高了平台上舆论追踪的可行性，它使数万人在极短时间内聚焦在同一个话题之上，演化为影响现实的行为活动。一些重大的国际事件中可以体现出Twitter话题标签的强大效果，如海地地震、追捕本拉

登、2012 年美国大选等。

目前，话题标签几乎成为所有网络社交媒体的必备功能，新浪微博、Facebook、Instagram 等都具有某种形式的话题标签。新浪微博更是在话题标签的基础上扩展了活动功能和热点事件专页，进一步增加了话题的舆论热度和传播效力。

（四）体育赛事最受 Twitter 关注，微博平台综艺节目受欢迎

Twitter 平台上体育赛事话题关注度遥遥领先，话题囊括美国国内重大赛事活动如美式足球联盟（NFL）、美国职业篮球联盟（NBA）、超级碗（Super Bowl）等，也有世界知名比赛如温布尔登网球公开赛、世界杯等。以 2014 年美国橄榄球联赛"超级碗"为例，Twitter 官方统计比赛期间共有 2490 万条不包括转发和评论的相关推文，峰值高达每分钟 38 万条。

政治民生相关话题量排名第二，包括印度大选、美国大选、推倒柏林墙 25 周年等。具体来看，Twitter 上的热点话题尽管来自世界各地，但绝大多数是围绕欧美国家或建立在西方主流文化之上。

相比之下，新浪微博热门话题类型则表现为娱乐化：2014 年全年提及度最高的 30 个热门话题中，以电视节目、社会新闻和体育赛事类型最多。综艺节目和当红电视剧占据了微博热门话题中的绝大多数，综艺节目"爸爸去哪儿""我是歌手""中国好声音"都进入话题榜前十，其他热门话题还包括"春晚""雾霾""马航""iPhone6"等。

海外信息流入影响

（一）舆论场信息流通障碍更小，不良信息跨境影响增大

互联网的便利性和及时性同时也加速了不良信息的泛滥，匿名性使得网络世界中不良信息的发布者、浏览者和传播者难以确认和追查，给打击网络不良信息带来了困难。

据报道，"东伊运"恐怖组织近年来通过网络渠道不断向境内传输暴恐音频、视频，并且数量和频率逐年上升：2010 年发布 8 部、2011 年 13 部、2012 年 32 部、2014 年 109 部。从现实中向境内偷运宗教宣传品，到线上传输暴恐音频视频的转变，使打击犯罪的难度和必要性大幅提高。

（二）跨境传播速度的提升，对海内平台提出更高要求

对比近年来的海内外舆论场的事件，发酵速度和跨境传播速度方面都有

飞速提升。"白金蓝黑裙子"话题传入国内社交网络用了不到 24 小时，在国内舆论场从传入到引爆仅 3 小时。"橘子哥"事件中，国内外互动的网络舆论传播平均响应速度仅为 6 小时，相当于中美时差的一半。这对国内网络舆论平台而言，无疑增加了信息管理难度，同时对平台基础设施的稳定性提出了考验。

大量信息的跨境传播也对中国互联网提出了叩问，新的网络舆论形势下传统的管理方式已经无法满足需求，要以更贴近海外网民的方式主动深入海外网络舆论场，加强联合，扩大中文舆论的海外影响力。（来源：中国网信网，作者：张晓雪，2015 年 7 月 27 日 http://www.cac.gov.cn/2015-07/27/c_1116022821.htm）

延伸阅读案例二：开展新闻舆论监督 媒体要摆脱 "双重人格"

媒体有社会监督的职能，尤其是对于权力的监督。但一系列新闻腐败事件提醒我们，反腐败斗争，新闻行业不是死角和盲区，不是特区、没有特权。

在反腐败的向度上，媒体发挥了重要作用，在"表哥"事件中，正是一张图片让陕西省纪委对网民热议的有关问题展开调查。随着《政府信息公开条例》施行，媒体的采访报道权利有了更大的保障。

媒体不是权力部门，但媒体的采访权、报道权、监督权同样是权力，如果得不到有效监督，同样会衍生出形形色色的腐败问题。针对央视郭振玺被调查一事，中山大学传播与设计学院副院长张志安认为，既担任广告部门主要负责人，又担任财经频道总监，是极具权力寻租风险和管理漏洞的人事安排。

有权力就有腐败，这是媒体常用的一句话。媒体是腐败的揭露者，但媒体对于腐败也没有天然的免疫力，有偿新闻、有偿不闻、敲诈勒索等新闻腐败现象时有发生。

2008 年山西霍宝干河煤矿"封口费"事件 5 名涉案人员分别被判处 9 个月至 1 年的有期徒刑。被侵害公司的指证和涉案人员的供述表明，《21 世纪经济报道》"21 世纪网"《理财周刊》利用其在财经界的广泛影响力，与公关公司相互勾结，指使下属媒体记者以发布负面报道为要挟，迫使 200 多家公司与其签订"合作"协议，收取高额"广告费"。

曾被誉为南方报业集团"双子星"之一的沈灏，有一句名言说："即使新闻死了，还会留下圣徒无数。"他还曾在一次发言中引用了海子的一句诗："我要做远方忠诚的儿子和物质的短暂行人，和所有以梦为马的诗人一样，我不得不和烈士和小丑走在同一道路上。万人都要将火熄灭，我一人独将此火高高举起……"

小丑，烈士，信徒？媒体常说贪官"台上反腐败、台下搞腐败"是双重人格，一些媒体人在权力和利益面前也没能摆脱这一宿命。《21世纪经济报道》是个优秀的财经媒体，总编沈灏是一名业务精湛的新闻人，这点不可否认。但如果他有经济问题，就应被带走调查，这点也没有异议。

理想与利益的碰撞
"我违背了当初自己对新闻行业的承诺。"——沈灏

从《新快报》记者陈永洲到央视芮成钢，多名财经媒体人士被带走调查，足见财经媒体圈确实水很深，甚至是很黑，而且"芮成钢"们的落马比一般省部级官员被查更为吸引眼球。

南京政治学院新闻传播系教授王传宝分析称，欲上市公司自身存在的问题，客观上给一些不良财经记者和财经媒体不法谋利提供了想象和操作空间。加上监管无力，巨大的牟利诱惑冲决了一些媒体从业者的职业底线。

腐败的主体与客体都是一个愿打一个愿挨，只要把钱谈妥了，只要不出事。两三万块钱，就把自己的灵魂卖了，就把公众的知情权剥夺了，将所谓的新闻理想丢在一边，将新闻职业道德抛诸脑后。

有人认为，小报小刊小记者迫于生活压力，更容易腐败，其实不然。在新闻腐败中，诸如芮成钢等精英同样会如此，而且他们腐败起来，其程度和危害会更大。

只要有机会有能力，"苍蝇""老虎"，都不会放弃对非法利益的追逐。"苍蝇"不嫌钱少，蚂蚱腿也是肉，"老虎"玩得级别更高，会划定地盘、设卡寻租，甚至充当利益掮客。

在21世纪传媒公司多名高管的手机中，警方发现了大量"某某公司（的报道）不上网"之类的短信。"每一条短信都可能意味着一笔高额的公关费用。"按照这样的模式，21世纪传媒有限公司旗下的财经媒体与财经公关公司"合作"敲诈企业，获取了巨额利润。

媒体从业者无论自己如何认为只是"新闻民工"，但在公众眼中他们都是"精英分子"，只不过有些人变成了"精致的利己主义者"，这些人"一旦掌握权力，比一般的贪官污吏危害更大"。

《人民论坛》一篇文章指出，"现在看来，'芮成钢'们能够长时间风风光光，只能说他们较好地迎合了权贵利益集团的诉求，学会了如何通过不法手段牟利，这种普遍存在的社会现象最值得引起反思"。

价格与价值的较量
"反腐，一场必须赢的价值观较量。"——《人民日报》

新闻媒体是思想领域的工程师，对于一个社会价值观的形成以及何为主流有着非常强的影响作用。

中国网上一篇文章指出，"媒体是意识形态的先行者，是引领社会潮流的先锋，有什么样的媒体，就有什么样的社会风气，如果媒体不能自律，尽宣传乌七八糟的东西，那么指望社会的清廉只能是一句空话"。

新闻是一种商品，但媒体不能把媒体当作捞钱的手段，利用话语权敲诈勒索，大搞有偿新闻、有偿不闻。近年来，"有偿新闻、虚假报道、低俗之风、不良广告"一度被称为媒体"四大公害"，给社会造成了不同程度的危害。

新闻行业出现的腐败问题，与从业人员甚至在部分新闻单位普遍存在的价值紊乱脱不了干系。例如公关公司给参加新闻发布会的记者塞"车马费"红包、有偿撰稿（软文）、有偿创作旅行等腐败行为都不少见。

媒体腐败会导致媒体公信力受到侵蚀，这些价值观会以新闻作品的形式外化为精神垃圾，荼毒人们的灵魂，影响全社会的价值判断。网络上，适度腐败能拉动内需、发展经济的观点比比皆是，一些企业也患上了公款消费依赖症。

价值观错误的新闻产品无异于加入了三聚氰胺的牛奶，喝一杯牛奶看一篇报道或许一时显现不出问题，但是只要达到一定的剂量，就跟饱受三聚氰胺牛奶伤害的那些孩子一样，伤害是不可逆的，问题将是终生的。正如《人民日报》评论指出的："腐败也好，潜规则也罢，已经在利益的渗透中，让一些人的心灵和环境遭到了污染、出现了异化；另一方面也表明，如果不能构建一个全社会的清廉文化，反腐这场艰巨的战役很难打赢。"新闻媒体必须摆正经济效益和思想效益的关系，决不能为了眼前的经济效益去牺牲长远的价值效益。

"最可怕的腐败，正是社会价值观的腐蚀堕落。"当下一些不良社会价值观比如奢靡享乐、拜金主义等大行其道，媒体即便不是始作俑者，也往往自觉不自觉地起到了推波助澜的作用。1983年10月12日，邓小平同志在中共十二届二中全会上提出"思想战线不能搞精神污染"，"精神污染的危害很大，足以祸国误民"。不管是改作风，还是反腐败，越是深入，越需要媒体由内而外从观念上来一次"化学反应"。

媒体是社会发展的瞭望哨，在一定程度上，比任何其他行业都需要更高的职业操守，释放更多的正能量。如果任由新闻敲诈现象存在甚至蔓延，就会破坏媒体采访环境，损害媒体公信，进而污染社会风气，扰乱社会秩序，成为社会发展进步的绊脚石。反腐败对于包括新闻业在内的整个社会而言，既是一场斗争，也是一次文明重建，是一场输不起的价值观较量，更是我们必须赢得的未来。（摘自：《中国纪检监察报》，发布时间：2014年10月14日，作者：贾亮）

学习与思考

1. 简述舆论监督的含义及其影响力。
2. 结合延伸阅读案例一，试述中外舆论监督的区别与联系。
3. 简述当代国外舆论监督的重要作用与特性。
4. 结合延伸阅读案例二，简述中国舆论监督存在的问题。
5. 联系实际谈谈完善我国廉政制度建设中舆论监督的具体举措有哪些。

参阅文献：

张春林：《中国共产党舆论监督思想史》，人民日报出版社2015年版。

于红：《新时期反腐倡廉视角下的舆论监督研究》，中国人民大学出版社2014年版。

朱颖：《新闻舆论监督与公共权力运行》，复旦大学出版2011年版。

展江：《新闻舆论监督与全球政治文明》，社会科学文献出版社2007年版。

张锦力：《解密中国电视》，中国城市出版社1999年版。

［法］埃哈尔·费埃德伯格：《行动者与系统——集体行动的政治学》，张月

译，上海人民出版社 2007 年版。

[美] 凯斯·桑斯坦：《网络共和国——网络社会中的民主问题》，黄维明译，上海人民出版社 2003 年版 。

金红霞："关于网络舆论监督的几点思考"，载《信息化建设》2010 年第 8 期。

程璐："在舆论监督中折射出的媒介话语权变迁"，载《新闻爱好者》2008 年第 2 期。

秦晖："从法治角度看舆论监督"，载《南方周末》2003 年 2 月 19 日。

童兵："'新闻自由'的表述与践行——传统马克思主义与非传统马克思主义两种视角的比较"，载《南京社会科学》2011 年第 7 期。

许峰："当前我国舆论监督的理论与实践研究"，载《湖北经济学院学报》（人文社会科学版）2015 年第 8 期。

程旭："新媒体时期反腐背景下的舆论监督"，载《理论观察》2015 年第 4 期。

王巧捧："国外舆论监督扫描"，载《廉政瞭望》2007 年第 9 期。

第四章

中外廉政制度之廉政伦理比较

制度建设既要体现价值追求，更要解决社会发展面临的一系列突出矛盾和挑战。历史发展到今天，人类的政治生活从人治到法治、从集权到分权、从等级到平等、从强权统治到多元治理的转轨路向，为政治系统打上了现代印记。以"限政"为旨归的法治运动和以"分权"为载体的多元参与，成为现代政治生活的重要标志。以法的形式框约现代政治、分享权力，实现多元参与的政治主张和政治实践，实际上默认了政治系统的被动性和不规则性，这不能不说是片面性恶论在政治系统的推广应用。应该说，法在政治系统中的作用发挥，为人类的政治实践增添了强制性和稳定性因素，然而，人们在依赖法律的同时，也不能一味地抹杀政治系统本身的积极因素。

伦理的注入使得现代政治的主动性和创造性被重新发现和认识，如若在法治的同时，调动政治伦理的积极作用，那么现代政治活动将更加充满活力，政治目标更加充满理性。在现代政治的视域中对伦理的原动力重新界定和发掘，力图系统地构建起现代伦理政治的理想蓝图，为现代政治注入道德力量，唤醒政治系统的主动性，从政治系统"善"的主动发挥和"恶"的主动规避两个方面，为现代政治提供软性约束作出注解。

政治是经济的集中表现，健康有序的经济秩序离不开一套廉洁高效的政治运行机制，而要确保国家机关的廉洁高效，更需要有科学的廉政伦理来指导。制度建设是抓好当前各项工作的根本问题，廉政制度问题带有根本性、全局性、稳定性和长期性。廉政伦理是国家政治伦理的重要组成部分，立足政治伦理学的研究视角，明确廉政伦理的原则体系和基本内容，通过民主政治廉政制度伦理建设制衡公共权力，这已经成为世界各国的共识，成为现代政治生活的重要标志，对于创新和探索当今世界各国的廉政之路，促进经济发展、社会繁荣和全球和平稳定意义重大。

第一节　廉政伦理概述

一、廉政伦理的内涵

廉，在古汉语中的本义是指"堂之边"或"厅堂上方有棱角的横梁"。段玉裁注《说文解字》肯定了此说法。其中曰："堂之边曰廉""堂边皆如其高""廉远地则堂高，廉近地则堂卑""堂边有隅有棱，故曰廉"。由于"堂之边"或"厅堂上方有棱角的横梁"均具有平直、方正、棱角分明等特点，"廉"于是被赋予"清正、堂正、洁净"等道德内涵，并常常组成"清廉""廉洁""廉正"等固定的用语，表示清白不污、堂正不邪、公正不偏、廉洁不贪等道德含义。由于"廉"具有了上述道德规范属性，人们自古以来就将"廉"与"政"连用，组成"廉政"一词，表达对与"政"相关联的一切活动的道德期待，"廉政"也因此成为自古以来关于"政"之价值目标的道德诉求，具有极强的伦理意蕴。

廉政之"政"，是指政治或行政。根据马克思主义的观点，政治是一种特定的社会关系。这种关系的特定性，不仅因为它是由社会经济关系决定而反过来又反映着社会经济关系，而且它是一种属于上层建筑领域中包含着国家关系、民族关系、阶级关系、政党关系以及其他重大社会关系在内的特定社会关系。因此，政治是一种对社会公众利益的充分表达，它不仅表达着特定阶级的根本利益要求，而且无时不在运用着阶级集团的综合性权威影响力，对社会价值进行权威性分配，并对社会各阶级的利益进行规范与调整，从而促进一种确定的社会关系的形成。政治虽然不以价值关系作为自己的直接对象，但它一刻也离不开对价值关系的叩问。追求价值关系的合理性与合目的性，历来是政治所追求的伦理价值目标。因为政治从一产生开始，便已内含了明确的价值追求，蕴含了极强的伦理精神。

伦理，是指人际社会关系中类之间或辈分之间的道理、原理、规范的总和。在当前，伦理已度越了狭隘的人际社会关系，而推至人与自然、社会、心灵、文明各领域的伦理关系。是人们为追求现实中某一"存在物"而形成的社会认同的伦理规范和伦理价值体系的总和。按照现代应用伦理学原理，伦理主要包括规范伦理和美德伦理两方面。规范伦理与通常意义上的以法律、规章等言辞表达的制度性规范相区别，侧重于社会生活中人们追求现实中某一"存在物"而应该遵守的非强制性规则（主要包括舆论、习惯、风俗、良心等维护的规范）；美德伦理侧重于人们追求现实中某一"存在物"而应该达到的自我价值修养（包括意识、思想、价值观等方面）。遵守规则的"应然"与自我价值修养的"应然"的高度统一就是人们全面追求现实"存在物"所应该做到的"存在物伦理"。人是现实生活中的人，具有"社会人"的性质，必然会受到社会各方面的约束。一般意义上的制度、法律、规章等，对个人而言，属于一种外在的非自觉性的带有一定强制性的外在他律约束体系（属于治标行为）；而伦理是人们为达到自我完善与社会秩序的平衡而自觉遵守的非强制性的内在自律约束体系（属于治本行为）。外在约束体系与内在约束体系是相辅相成的关系，外在约束体系是内在约束体系形成的基础，而内在约束体系又是外在约束体系产生的理论前提和实现的重要保障。要达到社会秩序的和谐，必须注意外在约束与内在约束的统一，真正做到标本兼治。

廉政伦理，通过对以上几个概念的分析，可以揭示出廉政伦理的涵义。所谓廉政伦理是人们为追求"廉政"这一现实存在而应该自觉遵守的廉政规范和美德体系的总和。其内涵主要包括廉政规范伦理和廉政美德伦理两部分，廉政规范伦理不是一般形式上的归属于上层建筑内容体系中的廉政制度和廉政法规，而是依靠舆论、习惯、风俗及良心等来维护的实质性的社会规范，如我国当代社会对各级官员行政行为所提出的勤政、廉洁、务实、高效等要求都属于廉政规范伦理范畴；廉政美德伦理主要有廉政意识、廉政道德及廉政价值观等方面的内容，着重塑造人的廉政思想修养。

我国历代流传下了许多亘古不变的廉政美德伦理，如《论语·子路》中言："其身正，不令而行；其身不正，虽令不从。"汉朝刘向《新序·节士》中云："受鱼失禄，无以食鱼；不受得禄，终会食鱼。"汉朝韩婴《韩许外传》卷一中云："智者不为非其事，廉者不为非其有。"诸葛亮《诫子书》中所言："夫君子之行，静以修身，俭以养德，非淡泊无以明志，非宁静无以致远。"唐朝吴兢《贞观政要·贪鄙》中有云："若徇私贪浊，非止坏公法，损百姓，纵事未发闻，中心岂不常惧？恐惧既多，亦有因而致死。大丈夫岂得苟贪财物，以害及身命，使子孙每怀愧耻耶？"《刘少奇选集》（下卷）中指出，每一个共产党员，都应该以艰苦朴素为荣，以铺张浪费为耻。廉政规范伦理和廉政美德伦理是廉政伦理的两个不同方面，前者侧重于对人的行为约束，后者侧重于对人的思想修养约束，其目的是人为了达到自我完善与社会秩序协调平衡而自觉追求的非强制性的思想及行为体系。

廉政伦理作为集静态与动态于一体的概念，具有以下特征：一是历史继承性。一定时期的廉政伦理部分内涵，特别是美德伦理的某些方面，有着经久不衰的特性，一直为后代所沿袭。二是空间相异性。同一时期不同空间（主要指不同国家）因政治、经济、文化、风俗、习惯等因素影响造成了廉政伦理内涵的相异性。三是阶级性。廉政伦理主要侧重于政治方面的规范和美德，代表一定阶级利益是政治的特征，不同阶级因自身利益的需要，在廉政伦理方面有着自己的要求和规范，因而附有阶级性特征。四是时代变迁性。不同时期由于政治、经济等各方面的原因，人们对廉政的认识和评价也不尽相同，廉政伦理的内涵除历史继承部分外，另有符合时代发展的新的廉政伦理内涵，显示出鲜明的时代特征。五是创新性。廉政伦理是一个动态的发展过程，一定时期廉政伦理内涵也不是一成不变的，随着人类社会的发展以及人们知识水平和各方面素质的提高，其对"廉政"会有更深入的认识与理解，自然会更加丰富廉政伦理的内涵。

二、廉政制度的有限性

1. 廉政制度内生的不完善性决定了廉政制度的有限性

纵观人类廉政制度建设的发展历史，人与廉政制度的博弈就贯穿了人类社会廉政制度演化的全过程。在遵守中对付，在对付中完善发展，在既定廉政制度框架下琢磨趋利避害的策略，运用正当合法的程序让廉政制度变革导向有利于自己的轨道等，这些行为都是现实社会中廉政制度演化运行的常态。我们经常听到的一些民间俗语，像"上有政策，下有对策""见了黄灯赶快走，遇到红灯绕着走"等，其实就是对客观存在的人与制度博弈关系的形象表达。退一步讲，就算人们主观上真想不折不扣遵守制度，不去打什么"擦边球"，不去刻意"钻制度的空子"，也会发现制度事实上是有"边"的，制度不可能没有"空子"。

所谓制度，"制"是边界，"度"是空间。任何制度都有它的适用范围、所属领域，越出边界就不起作用，也起不了作用。比如，制度可以规范人们的行为、协调人们的利益关系甚至确定人们的地位高下，但面对人们的偏好、感情、信仰等这些"超理性"的问题只能保持沉默，硬去干预反而会添乱；又如不能用美国法律管制中国事务，也不能用党纪要求普通群众，明朝的尚方宝剑斩不了清朝的官。这些都是制度常识。至于廉政制度的"度"，更是其本质属性。制度可以细化，但不可能无限细化。即使把制度设计得再严密、把制度的篱笆扎得再紧，制度的自由裁量空间依然存在、也必须存在。遵守制度时选择上限还是下限，偏左一点还是靠右一些，不同的选择会产生不同的制度绩效。类似的行为累积起来，天长日久，结果就会有天壤之别。

2. 廉政制度主体的特性决定了廉政制度执行的有限性

公共领域中人的行为对廉政制度也有着建构与影响的作用，直接或间接地影响着制度实施的效果和制度的创新与变迁。虽然廉政制度作为一种制度设计是客观存在的，公职人员作为一个具有主体能动性的个体，对廉政及其相关制度安排的理解与认知是存在差别的。公职人员个体是廉政建设的关键性因素，人事行政中的廉政设计就显得十分重要了。包括行政人员在内的全体公民群体，其廉政伦理与廉政意识状况，也是国家廉政建设中必须高度重视的内容，甚至可以说是国家廉政建设取得成效的灵魂性要素。对公务员和社会大众进行公民教育，培养现代廉洁自律意识的公民精神与社会认同，将社会廉政文化的培育与全民公民廉洁教育作为反腐与廉政建设的长久着眼点，这是目前世界各国尤其是新加坡和北欧国家普遍且收效显著的做法。虽然一系列的廉政制度设计对个体行为具有规范与约束的作用，但国家廉政建设必须在获得了全民的普遍认同后，方可取得持久的效果。也就是说，对廉政建设的"认同尽管能够从支配性的制度中产生，但只有在社会行动者将之内在化，并围绕这种内在化构建其意义的时候，它才能够成为认同"。[1]

也许有人会说，制度就是刚性规范，只要我们把制度内容写得明明白白，把制度条文定得没有漏洞，做到科学严密，怎么会有人敢公然挑战制度的权威？从道理上讲，此话不假，但就制度运行的历史与现实来看，这实在是一厢情愿。古语讲"徒法不足以自行"，廉政制度同样如此。任何廉政制度要起作用、要发挥功能，都离不开作为廉政制度主体的人的参与配合。没有相应

---

〔1〕〔美〕曼纽尔·卡斯特：《认同的力量》（第 2 版），曹荣湘译，社会科学文献出版社 2006 年版，第 5 页。

的廉政制度意识及社会氛围，没有人的接受、认同、遵循，制度就是一纸空文，就是没牙的老虎。这些年，各国廉政制度制定了不少，从宏观的基础性制度到微观的条例章程，大到国家社会层面的制度安排，小到邻里家庭的公约守则，可谓涉及方方面面，但许多廉政制度作用的发挥并不尽如人意，有些廉政制度甚至名存实亡。制度哲学把这种现象叫"制度空转"：看起来制度在那里努力地做功，但就是对现实社会产生不了影响，因为没有人在意它、维护它，更没有人遵守它。[1]

3. 廉政制度制定的成本决定了廉政制度实践的有限性

廉政制度是有成本的，廉政制度的实现需要消耗资源，需要配套条件，如果所有这些投入超过该制度所能产生的绩效，这一制度就会得不偿失；还有，廉政制度必然烙有深深的时代印记，超越社会发展阶段"早产"或滞后社会发展阶段"赖场"都会给社会带来闹剧以至悲剧；至于说制度异化，更是制度的一大隐痛，最为大家所熟悉的例证就是"潜规则"。当现实生活中"潜规则"大行其道、受人追捧，"显规则"退隐式微甚至遭人耻笑时，制度就走向了自己的对立面。为了解决这类问题，把廉政伦理意识引入廉政制度，并作为制度的重要组成部分，这是对廉政制度运行及其发展规律的深刻认知。廉政制度是看得见的意识形态，廉政伦理意识形态是看不见的制度。有了对廉政制度权威的认同，就会从心所欲不逾矩；有了对制度价值的共识，面对制度的自由裁量空间就不会"过"也不会"不及"，甚至当碰到制度不完善或有缺陷时还会按照制度的价值导向自觉救场补台。

指出制度的局限及其困境，绝非贬低制度、不信任制度，而是为了消除迷信、走出误区，还制度以本来面目，给制度以准确定位，让制度做它该做和能做的事。只有这样，才能真正建设好制度、发挥好制度的作用。我们应把制度变革与发展看作一个大的系统工程，既重视作为制度客体的规则内容的科学化，也关注作为制度主体的人的廉政伦理理念、意识的培育，还要营造崇尚制度的社会氛围。三管齐下，各司其职，相得益彰，制度建设才能取得明显成效。

---

〔1〕 倪邦文："廉政建设的宏观考察"，载《中共四川省委省级机关党校学报》2012 年第 3 期。

三、廉政制度与廉政伦理的辩证关系

从制约腐败的角度上看，廉政文化是反腐的第一道关口，这道关口是建立在人们理性之上的自律意识，是一道抵制腐朽思想侵蚀的思想道德防线。而当人一旦产生贪欲之心，思想道德防线无法控制这种贪欲的冲动时，那么设置于自身之外的制度防线将发挥强大的制约作用，无论人的贪欲来得多么凶猛，它都无法冲破这最后的一道坚固屏障。应该说，人内心的自律与外在制度的他律，构成了防止腐败的"双保险"。那么，是不是说有了外在的廉政制度屏障，就可以不要廉政文化的内在约束了呢？回答是否定的。二者是不能相互替代的，因为无论制度设计多么周到细致，多么全面详尽，它都不可能穷尽一切现象和可能，加之人的情感、思维、动机是不可能精确量化的，所以廉政文化是不可能用廉政制度来替代的，其中尤其以廉政伦理道德更为首要与关键。社会管理需要有完善的法制，但法制并不能解决一切问题。对大多数人而言，固然需要法制的强约束，但多数行为都是在道德的软约束之下，尽管这种约束是无形的、不自觉的。廉政伦理要解决的问题就是廉政制度未能解决的问题。只有做到扬善和抑恶的有机统一，廉政伦理与廉政制度的作用才能充分发挥。被誉为"政治学之父"的马基雅维利早就看到了这个统一的重要性。他针对当时意大利的社会情况，提出了消除和防止腐败的办法，如依靠领导者的自律为公民作出良好的表率，依靠法律规范人们的行为，依靠有效的监察制度，依靠相互制衡的政治制度，等等。[1] 从一定意义上说，扬善与抑恶的统一，就是廉政伦理和廉政制度的统一。实践证明，要肃清腐败，就要树立坚持扬善和抑恶相互补充、相互促进的廉政建设思路。通过扬善来减少恶，通过抑恶而更好地扬善。[2]

加强廉政建设就是要全面推进廉政思想文化建设和廉政规范制度建设。廉政建设是外在的廉政制度、规范要求与内在的廉政精神共同作用的过程。在传统的政治生活中，强调与保证官吏的廉洁所依赖的力量无外乎两种：其一是依赖于制度强制力的惩处，通过掀起不同阶段的反腐斗争，从而收到震慑腐败分子、净化政治环境的效果；其二则是依靠官员自身廉政伦理精神的

---

〔1〕　何清涟：《现代化的陷阱》，今日中国出版社 1998 年版，第 134～135 页。

〔2〕　田湘波："廉政文化与廉政制度关系辨析"，载《廉政文化研究》2010 年第 4 期。

养成，使官员个人保持廉洁自律，从而达到廉洁政治的目的。廉政制度的完善与廉政精神的培育对于廉政建设都是不可或缺的手段，两者既互相区别，又互相联系，是廉政的自律与他律的有机统一，共同维护廉政建设的存在与发展。

1. 从内在性质上看，二者是"扬"与"抑"的统一

所谓"扬"指的是对人性中善的一面的张扬；所谓"抑"指的是对人性中恶的一面的制抑。只有做到扬善和抑恶的有机统一，人性才能完美地加以体现，社会才能做到进步和谐。廉政伦理的根本功能就是扬善，而廉政制度的根本功能就是抑恶。所以，扬善与抑恶的统一，就是廉政伦理和廉政制度的统一。扬善就是最大限度地提高人的道德素质，这种提高是无止境的，其最高的境界是达到古人所说的"至善"，这是一个理想的道德境界，也是廉政伦理所追求的最高目标。抑恶就是抑制人的贪婪、野心、虚荣、欺骗、卑鄙、伪善、残暴、凶恶等坏的特性。这种抑不是对恶的根除，而只是将恶控制在一个明确的范围内，使其不危害政治体制本身和社会。廉政制度的"抑恶"功能本身是无法彻底根除"恶"的存在的，它只能是把有形的"恶"即"恶"的外在表现抑制在一个具体的范围内，而无形的"恶"即灵魂深处的"恶"，只有通过廉政伦理对人的道德的扩充使其空间不断受到挤压而减少。当达到"至善"的境界时，"恶"也就彻底地被消除了。但严峻的事实证明，在现实世界中这种理想的状态是不存在的。所以，廉政思路必须坚持扬善和抑恶相互补充，协调发展。通过扬善来减少恶，通过抑恶而更好地扬善。

2. 从规范形式上看，二者是"有"与"无"的统一

从实质上讲，廉政伦理和廉政制度研究的都是一种规范。只不过规范的形式各有不同。廉政伦理研究的是道德规范，这是一种无形的规范；廉政制度研究的是行为规范，这是一种有形的规范。无形规范是对人内心的一种内在约束，它没有明确而具体的条规，是一种通过道德教化而根植于人内心的"法"。黑格尔在他的《法哲学原理》中指出："道德教育净化理论的真谛，在于使政府官员并不只靠外力的制约，而是从思想上堵塞不法行为的产生，形成一种自我约束的道德规范和主观意志的法。"恩格斯对此予以了肯定，并指出"道德是具有特殊规定的内心的法"。美国小说家菲尔丁也说过一句名言："纵使在一个法纪松弛的国家里，一个有良心的人也不会胡作非为；他会替自己定出立法者所忘记的法律。""这种无形的规范如同一只无形的手，以

一种无形的但又是强有力的力量，把人的行为拉入符合道德规范的轨道。这种力量不是外在的，而是发自内心的，是人的一种自觉与自愿，甚至是一种无意识。但是这种力量所形成的效果确实有强烈的规范意味。"这种无形的力量是建立在人的"羞耻之心"的基础之上的，如果违背，就将无法有尊严地"做人"。在日本，人们对耻的畏惧远远超过了对罪的畏惧。"耻感伦理"就像西方伦理中的"纯洁良心""尊奉上帝"和"避免罪恶"一样，严厉地约束着日本人一生的思考和行动。有形规范是一种能够加以衡量的规范，这是一种对人的从政行为作出各种明确规定的规范。如果违背，从政者非常明白将会受到怎样的惩罚。这是建立在人的"畏惧之心"基础上的规范，这种畏惧是指害怕自身既得利益的丧失。由于担心利益的失去，所以即使心里想违规去腐败，也因风险太大而不敢为之。"有"和"无"的统一，就是既在人的内心世界建立起一种自我约束的"内心之法"，同时也在人的行为之外树起一道法律的"藩篱"。

3. 从约束功能上看，是"强制"与"自觉"的统一

廉政伦理和廉政制度都能对人起到约束的作用，但各自的约束角度是不同的。廉政伦理是自觉的、无形的、非强制约束。它是通过一系列的价值观念、风俗、习惯、道德等非正式制度来约束人的行为。廉政伦理重视公民自身的精神世界对其行为的影响和控制，廉政伦理是强调对自身的内在的一种约束，它存在于人的头脑中，是一种精神状态，往往通过有形的事物、活动反映和折射出来。如果一个人违反了廉政价值准则，廉政伦理的非强制性控制就会自然发生作用。此外，政治主体还可通过对违背廉政道德行为的人的批评和谴责，使其灵魂受到震撼和触动，从而对自己的行为加以纠正。[1]与廉政伦理不同，廉政制度是有形的，往往以法律、制度、规章、条例等正式形式表现出来，是一种强制约束，是指人人都能感受到的，具有警告性、必惩性、及时性、公平性。廉政制度是通过建立防范、监督的制度和明确的法律来约束人的腐败行为，它注重外在控制手段对公民行为的约束。由于制度这种约束的明确性和稳定性，使人们在行动之前便可以知道自己的行为意味着什么，从而使人们自觉地遵守廉洁从政的各项法律规章。

---

〔1〕　曹森："浅析廉政伦理与廉政制度的辩证关系"，载《重庆行政》2006 年第 3 期。

4. 从作用机理上，二者是"内"与"外"的统一

所谓"内"，指的是内化于心的自我约束机制，这种机制，指的廉政伦理是对自身的内在道德约束，正如马克思所指出的："道德的基础是人类精神的自律。"这就是说道德发挥作用主要在于人类的自觉，在于人内在的良心发现，着眼点在于"应当"。所有的行为规范和价值原则若不内化为良心，就只能是一种空洞的形式的存在，社会舆论也必须被良心接受才能发挥作用。所谓"外"，指的是建立在人身之外的制度约束机制，是对人们政治行为的外在约束。廉政伦理旨在通过提高人的道德素质来消除腐败的动机和念头，而廉政制度则是通过建立防范的机制和明确的法律规范来约束人的腐败行为。一个是依靠人们内心的自我反省，一个是凭借外在力量的强制约束。从相互关系上看，廉政伦理是反腐的第一道关口，这道关口是建立在人们理性之上的自律意识，是一道抵制腐朽思想侵蚀的思想道德防线。而当人一旦产生贪欲之心，思想道德防线无法控制这种贪欲的冲动时，那么设置于其身之外的制度防线将发挥强大的制约作用，无论人的贪欲来得多么凶猛，它都无法冲破这最后的一道坚固屏障。应该说，人内心的自律与外在制度的他律，构成了防止腐败的"双保险"。那么，是不是说有了外在的制度屏障，就可以不要道德的内在约束了呢？回答是否定的。二者是不能相互替代的，因为无论制度设计多么周到细致，多么全面详尽，它都不可能穷尽一切现象和可能，加之人的情感、思维、动机在根本上是不可能精确量化的，故这些是不可能用制度来替代的。

第二节 国外廉政伦理的实践特点及其启示

作为一种社会共识，制度反腐的重要性已无须赘言，但人类社会发展演变的历史经验已经表明，制度囿于其自身的性质和特色，对某些领域腐败的治理亦存在一定程度的限制。廉政建设的发展要求探寻一条法制建设和伦理道德建设共长之路，因此，在廉政制度设计中，应积极引进对于制约权力有着积极意义的伦理道德因素，建立廉政伦理的规范体系，并为廉政伦理发挥作用提供环境支持，使其在与廉政制度的相互补充中实现对公共权力的有效约束，促进权力运行机制的健康发展。国外许多国家在预防和遏制腐败问题时，除了通过监督机制、立法、社会环境等方面加大惩处和预防力度外，在

廉政伦理的建设、实践、推广等方面都是卓有成效的，而且很多国家都是在经历了历史上比较严重的贪污腐化的阵痛之后，才逐步建立起自己的一整套反腐倡廉的体系、机制，并形成一种良性发展的廉政伦理。

一、国外廉政伦理的理论热点

1. 廉政伦理内涵研究

政治作为职业，是马克斯·韦伯提出的命题，廉政伦理无疑是作为政治职业属性的必然要求。韦伯认为，作为职业的政治，必须让政治家拥有"激情、责任感和恰如其分的判断力这些素质"。[1]在韦伯看来，政治是一种职业，具有其明确的职业伦理要求，而职业道德是政治家在从事职业活动时安身立命的心理基础。但由于职业总是作为一种谋生手段而存在，从业者在为社会承担一定的义务和责任的同时，总要获得相应的报酬，而且报酬与其业绩相关，这就决定了从业者在服务于公共利益实现的同时，也不可避免地直面自利的行为，因而，职业生活中始终存在从业者自利性与公利性的矛盾空间，政治职业生活自然也是如此。韦伯就认为，以政治为业存在两种方式：一是为政治而生存，二是靠政治生存，前者因为主体服务于一项事业而使生命具有意义，后者因为主体将政治作为固定收入来源而靠它吃饭。[2]职业伦理正是化解从业者自利性与公利性矛盾冲突的一剂良方，依据职业伦理要求，职业活动是否正当，最根本的是要看其趋利性是否公正合理，政治作为职业，只能以促进公共利益的实现为最大目标。因此，廉政伦理作为一种政治职业伦理的基本要求是，在政治行为主体个人与个人之间、个人与国家之间、个人与社会之间多种利益关系中，最大限度地促进国家利益和社会公共利益的实现，坚持公共利益实现的公正性与廉洁性，坚决反对政治职业从业人员任意放大自己的自利性空间。这是政治从业人员在政治职业活动中应当树立的价值观和必须遵守的职业道德准则，也是社会对政治职业及其从业人员的价值要求。同理，属于政治关系执行层面的各个职能机构，毫无疑问是一种职业的存在，因而也具有相应的职业伦理要求，那就是，行政主体应该具有为人民服务的职业伦理动机，以促进公共利益的实现为职业理想，自觉加强职

---

〔1〕［德］马克斯·韦伯:《学术与政治》，冯克利译，三联书店 2005 年版，第 100~101 页。

〔2〕［德］马克斯·韦伯:《学术与政治》，冯克利译，三联书店 2005 年版，第 63 页。

业道德修养，履行职业道德规范，担当职业责任，恪守职业良心，爱岗敬业，尽职尽责，在利益面前不妄取、不苟取、不乱取和不索取，养成正直公道的职业作风和清白不贪的道德品质。

2. 廉政伦理责任研究

近现代以来，在西方社会，政府官员的伦理问题可谓五花八门，数不胜数，政界腐败触目惊心。政客们不择手段地获取金钱、权力、美色，大搞"权钱交易"，许多高官因为贿赂、贪污、"黑金政治"落马。正是因为现实行政活动过程中大量伦理问题的出现，从而促发廉政伦理研究的兴起。由于不道德行政行为在不同的历史时期和不同的文化传统中表现不一，因此就有不同的分类。根据美国一些行政伦理学家的研究，美国行政活动中主要存在利益冲突、礼物、演讲费、兼职、后就业、任人唯亲、违法乱纪等伦理问题。

公民对政府的信任是政府合法性的真正来源，也是经济发展和社会繁荣的社会资本。一个良好的政府治理需要政府、公民、企业、社会之间的信任关系的存在，这种信任关系的重要基础在于政府及其官员将国家权力用于公民的目的而不是用于自己的目的。腐败亵渎了公民的信任，也侵蚀了社会资本，最终损害政府的合法性。腐败是一种亵渎公共行政的丑恶现象，在公共行政过程中具有普发性，对于任何一个国家来说，限制政府滥用职权，或是运用权力谋取个人私利，使政府能够控制其自身是一个永恒的挑战，国家和社会应该采取各种战略和有效措施，如政治的、立法的、司法的、制度的、教育的、伦理的策略和方法等，抑制官僚腐败，以维护公民对政府的信任。面对日益增加的政治丑闻、公共官员的腐败，西方国家一些学者在探讨用法律手段来抑制腐败、惩处腐败官员的同时，也积极从提高公共官员内在的道德素质方面来寻找一个有效的反腐倡廉的突破口。他们认为，一个高尚的国家和社会是由良民与良官共同建构的。

1935～1941年以费勒和弗雷德里奇为代表的关于"内部控制"的有效性的持久争论尤其引人注目。弗雷德里奇坚持认为，在复杂的现代环境条件下，那种由政治和法律施加的"外部控制"不足以确保行政人的责任行政。因此，他主张培养由高斯提出来的行政人的"内律"，即以行政人的专业价值、伦理规范来弥补甚至取代外部控制。费勒则坚持内部控制相对于人的理性化倾向的脆弱性，因此重申通过法规、制度和制裁对行政人施加政治控制的必要性。"行政责任的核心是一个统一的义务观念，它由意识形态的和专业的规则所形构；是行政官员自主做出的牺牲个人偏好以贯彻法规政策的一种决断，并将自己的精力和创造性冲动注入他的任务的完成；是对人民及其根据利益的一种觉醒的遵从意识。行政责任发自一种忠诚的服务态度。对于这种态度的形塑，官员的伦理观念是唯一的，且十分重要的因素。"

3. 政府善治问题研究

如前所述，"治理"理念之所以被提出，是由于人们发现在社会资源的配置过程中存在市场失灵和政府失灵的现象，仅靠市场和政府无法全然对社会实行最为有效的管理，而治理则可以弥补国家和市场在调控和协调过程中的某些不足。但治理也并非万能，它也内在地存在许多局限，它不能代替国家而享有政治强制力，它也不可能代替市场而自发地对大多数资源进行有效的配置，即它也存在"失效"的可能性。既然存在"治理失效"（governance failure）的可能性，如何克服治理的失效、如何使治理更加有效等问题便自然而然地成为研讨的对象。一些学者和国际组织纷纷提出了"元治理"（meta - governance）、"有效的治理"和"善治"等概念，作为对上述问题的回答。其中"善治"（good governance，又译"良好的治理"）的理论最具影响。

从"善治"的核心思想和理论特质上看，它与"善政"是一组相对应的概念。后者是国家和政府诞生之后，人们所期望的理想政治管理模式。我国古代已经称之的"善政"，大体相当于英语里所说的"good government"（可直译为"良好的政府"或"良好的统治"）。在中国传统政治文化中，善政的最主要意义，就是能给官员带来清明和威严的公道和廉洁，各级官吏像父母一样热爱和对待自己的子民，没有私心，没有偏爱。不过，更抽象地说，善政的内容，无论在中国还是在外国，在古代还在现代，都基本类似，一般都包括以下几个要素：严明的法度、清廉的官员、很高的行政效率、良好的行政服务。毫无疑问，只要政府存在一天，这样的善政将始终是公民对于政府的期望和理想。可以说，如果"统治"（government）的理想形态是"善政"，那么，"善治"就是"治理"的理想形态。特别是随着人们日益将关注点从统治转向治理，人们也开始将对"善政"向往转为对"善治"的向往。善治要求确保腐败的最小化，社会各阶层的利益均受到考虑，社会最为弱势群体的声音能在决策过程中被倾听，以及对社会现在和未来的需求作出积极回应。

二、国外廉政伦理的实践操作及其特点

1. 在形式上，许多发达国家的廉政伦理规范大致有三套系统

许多发达国家廉政伦理规范的三套系统，一是通过国家立法的形式确定公共行政的道德。譬如早在 1958 年 7 月，美国国会两院以共同决议书的形式通过了《政府工作人员伦理准则》；1978 年 10 月，美国国会通过了《美国政府行为伦理法》；1985 年，美国国会制定了《美国众议院议员和雇员伦理准则》；1989 年 4 月，国会通过了时任美国总统布什提交的《美国政府行为伦理改革法》；1992 年，美国政府又颁布了由政府伦理办公室制定的更具操作性的《美国行政部门雇员伦理行为标准》。另外，政府的一些部门根据各自的具体情况，制定了适合本部门的伦理规范和实施办法。日本在 1999 年通过并颁布了《国家公务员伦理法》和《国家公务员伦理规程》，并于 2000 年 4 月 1 日起正式实施。二是由国际组织倡议的用于规范其成员国政府行为的伦理规范。譬如，经济合作与发展组织（OECD）在 1989 年将治理国际腐败问题提上了议事日程；并于 1994 年、1995 年先后提出了《关于给外国公共官员的贿金扣税问题的建议书》和《制止在国际商业交易中贿赂的建议书》；经过反复协商谈判，于 1997 年各成员国和五个非成员国在巴黎共同签署了《制止贿赂公约》。OECD 理事会又于 1998 年 4 月发出了《改善行政伦理行为建议书》。所有这些规范，对于改善和规范其成员国的公共行政行为，都起到了积极的作用。三是公务员职业社团制定的伦理准则。譬如，美国公共行政学会全国理事会经过反复讨论，于 1981 年通过了一系列道德原则，在此基础上，1984 年理事会为会员制定了一部道德准则，并于 1994 年进行了修订。[1]

2. 在管理体制上，建立了一套立体式、多层次、多方面的综合反腐倡廉体系

如上所述，这些机构既包括像 OECD 这样的国际联合机构，也包括国内公共行政职业协会与学会以及其他一些非政府组织等社会团体，甚至还有不少的私人伦理咨询公司，也加入到了政府伦理建设的阵营。除此以外，就是通过立法新创或授权成立的各种行政伦理管理机构。譬如，美国众议院的常设机构"伦理委员会"不仅管理众议院议员及其雇员的伦理事务，而且在美

---

〔1〕 李春成："发达国家行政伦理的特点"，载《学习时报》2007 年 6 月 18 日，第 006 版。

国政府官员的廉政建设方面也发挥着重要作用。最为重要的行政伦理管理是根据《美国政府行为伦理法》成立的美国政府伦理办公室，它在1979年成立之初隶属于人事管理局，1989年独立建制并直接向美国总统、国务院和国会负责，办公室主任由美国总统提名经国会任命。其机构、经费、人员、权力等都得到了扩张。另外，在政府的许多部门以及许多州和市的议会和政府，也设有伦理方面的工作机构。

3. 在教育科研上，有一支强大的教育科研队伍和机构建制

以美国为例，几乎每个州都有一个实力强大的咨询机构，这些机构不仅受理政府伦理咨询，而且协助政府做行政伦理培训。譬如时任美国总统老布什1989年就职不久就曾邀请"美国伦理咨询中心"为美国高级公务员做行政伦理方面的报告。总部设立在洛杉矶的美国行政伦理研究会囊括了美国一大批学者、律师和政府官员，集中研究和讨论政府伦理问题。此外，美国的高等院校也成了美国行政伦理的研究、培训和咨询的重要基地。据1995年NASPAA对其成员院校的调查，至少有78所院校在研究生的教育中开设了行政伦理学课程。其他学校以各种方式进行了行政伦理教育。

4. 在内容上，发达国家的廉政伦理往往以界定公共服务的价值观为起点，进行廉政伦理规范的讨论和制定工作

发达国家进行廉政伦理规范的讨论和制度工作包括以下内容：一是界定公共服务的价值观。譬如，根据美国"政府官员和职员伦理行为原则"（共14条），可以将美国的行政价值观概括为十四点：①忠于宪法、法律和伦理规则；②个人利益的获取不能有害公共利益；③不得利用信息谋私利；④不得索贿、受贿或行贿；⑤忠于职守；⑥秉公办事；⑦不得以权谋私；⑧保护联邦财产；⑨不得违规承诺；⑩不得从事与政府职责相冲突的职业或活动；⑪应向有关部门检举揭发腐败；⑫率先垂范履行公民义务；⑬公正公平执法；⑭力避违法犯纪行为。澳大利亚1993年题为"建设更好公共行政"的政府报告列出了官员行为的几项原则，体现了其主要的行政价值观：积极响应政府；密切关注结果；功绩为人事配备之本；廉洁、清正，坚持高标准；严格责任制；严于律己并与他人合作，精益求精。英国"公共生活标准委员会"首份报告提出了"公共生活七原则"：无私；廉政；客观；负责；公开；诚实；表率。

二是严格实行公务员财产收入申报制度。在现代社会中，廉政伦理主要

是一种利益伦理，绝大多数的腐败行为都直接或间接地与经济利益相关。因此，大多数国家都采取了公务员财产收入申报制度，但是在申报的具体项目与形式以及公开的方式等具体做法上，各国不尽相同。财产收入申报制度一般包括三个方面：是否要求申报个人财产收入及申报形式、公务员能否以及在何种情况下能够接受礼品或好处。譬如澳大利亚政府规定公务员必须申报财产收入，但并不向社会公布，只是内部公开；须经部（局）长的许可，公务员方能接受礼品或好处。而美国则规定公务员的财产收入必须向社会公开，除非特殊情况一般不允许收受礼品或好处。例外情况包括以下几种：①在生日或那些有互赠礼物传统的节假日，公共雇员一般可以每次接受或赠予总价值不超过 10 美元的东西，在办公室享用食物、茶点或在家中私人的招待。②在为数不多的对个人有重要意义的活动时，如结婚以及在结束上下级关系的情况下（如退休），雇员可以赠送或接受礼物。他们还可以为集体性的自愿捐助提供或征集少量礼物。

三是与公共管理改革同步进行。"二战"以来，为适应迅速变化的社会经济形式，西方发达国家公共行政改革运动可以说是一浪接一浪：由传统行政范式到新公共行政再到新公共管理，20 世纪 80 年代末以来，多中心治理模式又盛行起来。每一股思潮、每一波运动，都会导致公共行政理念与价值的变迁，民主、效率、公平、正义等价值处于一种变动中的调适与平衡之中，不同时期各有侧重。因此，其廉政伦理规范也处于不断的变动之中。就目前而言，发达国家廉政伦理改革表现出三个方面的共同特点："一是全面审查行政伦理管理体制的现状，认清新特点、新问题；二是在推行'全面公共管理'改革的同时强调伦理的管理；三是着眼于在公共行政现代化进程中建立新的伦理框架和机制。"

三、国外廉政伦理制度及其启示

一些发达国家在长期的实践中通过立法等手段制订了形形色色的廉政伦理法律法规，使之制度化、法律化，真正做到有章可循、有法可依。

1. 廉政伦理是行政行为的指南

虽然西方国家的行政道德规范形式多样，内容繁杂，侧重点不同，但都对行政官员应当做什么和不应当做什么进行了具体而详细的规定。这就为行政官员在对社会公共事务进行管理的过程中如何遵守道德规范提供了有章可循的标准。

如《澳大利亚公务人员行为准则》规定：①公务人员有责任向其部长或常任首脑报告任何可能与其公共职责相违背的直接或间接的钱财收益。②公务人员不得从事可能损害或影响其职务的第二职业。③公务人员在履行职务时取得薪金以外的任何其他报酬均须上缴政府。④公务人员不得利用职权范围内掌握的官方信息和文件为自己或他人或任何集团谋取利益，违者处以2年监禁。⑤公务人员个人不得接受馈赠，但微不足道的小纪念品，工作午餐款待，或出于不同文化背景，拒收会招致冒犯的情况下不在此列。⑥除特许外，公务人员不得担任公司董事等职务。⑦禁止上级向下级借款。⑧公务人员退休或辞职后，原则上不禁止在企业任职，在脱钩后，不得泄露过去所掌握的文件或事实，否则以犯法论处。也不得利用过去的关系谋取优惠。⑨公务人员不得利用官方设备从事非官方的目的。⑩务人员不得行贿受贿，违者处以两年监禁。⑪公务人员不得为了晋升、调动或其他便利谋求别人的帮助，也不得为其他公务人员提供这种帮助。⑫公务人员在工作中要厉行节约，避免铺张浪费。⑬公务人员要爱护公物。对毁坏公物，偷窃公共财产，仿造篡改账簿、档案和报表者处以2至7年监禁。⑭公务人员不得冒充别人参加根据法令举行的考试，或在考试前不正当地得到或提供试卷。其中，①③⑫⑬这4条属于"应当做什么"的条款，而其余10条则属于"不应当或者禁止做什么"的规定。这样，《行为准则》就成了行政官员道德行为的指南。

美国公共行政协会全国理事会于1985年通过的道德规范一共12条，简要摘录如下：①在一切公众活动中，个人的行为要表现出高度的正直、诚实和毅力，以激励公众对政府机关的信心和信任。②在执行公务时不得趁机谋取私利。③回避任何与自身公务有冲突的利益或活动。④支持、执行、促进业绩制和公平就业计划，力争通过从社会全体人员中招聘、挑选和提升合格者来达到就业机会平等的目的。⑤消除任何形式的非法的歧视、欺诈以及滥用公款，同事试图纠正这些情况遇到困难时要给以支持。⑥对公众服务要有敬意、有爱心、有礼貌、负责任，要意识到为公众服务是为自己服务的延伸。⑦力争个人专业优秀，鼓励同事和试图进入公共行政领域的人提高其专业水平。⑧对组织和作业职责持正面的态度，支持信息交流畅通、勇于创新、兢兢业业、富有同情心。⑨对在履行公务过程中接触到的内部信息要尊重、要保护、不外传。⑩尽量行使法律许可范围内的裁决权以促进公众利益。⑪个人的职责包括随时了解新出现的问题；执行公务要符合专业水准，公正、不偏不祖，注意效率和效果。⑫要尊重、支持、学习，并尽力完善联邦和州的宪法以及阐明政府部门、雇员、服务对象和全体公民之间关系的其他法律。可以看出，前5条主要涉及政府官员的道德行为，后7条则着眼于政府官员的专业服务质量。这些规范对利益冲突的内容阐述得非常的具体、清晰，因而在美国广为流传。

2. 廉政伦理是政府管理的要旨

通常人们认为法律是国家制订的，并由国家强制执行。而伦理道德则是依靠社会舆论、人们的信念、习惯、传统和教育的力量来维持，它并不需要强制机关，人们以自己的善和恶、正义和非正义、公正和偏私、诚实和虚伪等道德观念来评价人们或自己的行为，从而调整人们之间的关系。行政道德针对公务员本身就具有法律般的强制性。行政机关在对社会公共事务管理过程中要充分利用法律形式如发布行政命令、制定行政规范和条例来进行管理。同时，政府的合法管理行为受到法律的保护。有一些公职人员由于其道德发展水平并不一定达到了正常的标准，因此，通过对行政伦理规范的学习内化以及规范本身的约束可以提高其道德水平，从而有可能达到提高行政效率的目的。美国心理学家科尔伯格认为人的道德发展总共可以经由前常规的（以个人为中心的）水平、常规的（以团体为中心的）、后常规的（讲原则的）水平等三个水平，每一个水平又有两个阶段。科尔伯格认为，并不是每一个人都必定会走完这六个阶段，事实上有很多人并没有真正达到最后两个阶段。有些人能够在嘴巴上达到，但在实际行为中达不到。多数人实际上只达到了前四个阶段的道德水平。显然，一个人在道德发展的道路上达到的阶段越高，其决策和行为也就会越道德。因此，忽视政府官员的道德问题很可能导致专业知识不足的人从后门进入政府部门，同时也会影响到政府官员的思想方法。由于其业务水平不高，或者考虑问题的出发点不是以公众利益为重，其结果就可想而知了。

1991年，撒切尔在党内斗争中辞去保守党领袖和首相职务，时任财政大臣的梅杰接任英国首相。新首相上任后的一个重大举措，是发动了名为"公民宪章"（Citizen's Charter）的声势浩大的运动。所谓公民宪章，就是用宪章的形式把政府公共服务的内容、标准、责任等公之于众，接受公众的监督，实现提高服务水平和质量的目的。英国政府要求所有公共服务机构和部门制定宪章，宪章的设计必须体现明确的服务标准、透明度、顾客选择、礼貌服务、完善的监督机制、资金的价值等六个指导原则，以满足公民对公共服务的合法需求。诞生于英国的这种社会服务承诺制成为提高公共服务质量和公民满意程度的有效机制。

3. 廉政伦理是公共决策的参照

美国总统华盛顿在他第二届任期届满、即将退出政坛的告别演说中强调，品行或者道德是民主政治的必要的源泉。这条规则的确或多或少的对各种自由政府起过支配作用，在华盛顿担任总统之初，他在领导制定美国宪法的时候，就突出强调了公仆意识。他讲宪法所赋予的权力将永远掌握在民众手中。然后讲，民众是为了特定的目的把这个权力授给这样一些政府官员，当他们感到政府官员不能代表他们的利益的时候，他们可以，而且无疑会撤销他们的公仆资格。就是说他们的宪法是一个法制的基础，在制定法制基础的时候，一个好的法制必须有两个条件：第一个法本身是个好法，必须有它的道义基础、伦理基础，否则这个法是恶法，它只能是专制的东西。第二执行法律的这些政府工作人员要有好的职业道德，也就是行政伦理，你才能真正地依法治国、依法行政。所以在内容上，对这些国家伦理和法制相结合，其实是一个普遍性的东西。

一个法治国家，按照德国近代哲学家黑格尔的话讲，这个法可以是基础，但是仅靠法还不能完全实现自己，只有法律，法治社会还没有到来。道德是什么？也就是说当一个人有了法律意识，能够比较自觉地遵守法律的时候，你就由纯粹的法的阶段进入到道德阶段。因此法和道德的关系绝不是对立的东西，是互补的关系。一般认为法具有强制性，道德强调自觉性，法是客观性，道德具有主观性；法是一种实然的关系，道德是一种应然的关系。只有两者结合在一起才相辅相成。

因此，制定有效的廉政伦理机制，加强从政道德法建设，已经成为国际性的大趋势。目前，西方国家都用伦理规范与法令条文相互配合，共同约束政府官员进行公共决策。行政决策与行政官员的价值观密切相关。可以说行政决策是行政官员本身价值观的选择。而价值观又深受其行政道德水平所制约。这样，一个合乎道德的行政决策又是行政官员行政道德水平的产物。布茨郝尔兹认为道德的决策"是正义和权利等问题在那里都得到严肃和道德的思考的一种决策。""决策和以原则为基础的行为就是把连贯性、一致性和预测性带到人们的生活和行政官员的角色中去。原则化的决策避免了专制、反复无常和盲目性。"各种行政伦理规范的规定，构成了指导行政官员进行道德决策的"原则和规则"。无论是强制性还是非强制性的行政伦理规范所提倡或禁止的行为，行政官员在进行决策时都必须遵守。行政官员遵守行政伦理规范的各种规定的过程，实质上就是他们在管理公共事务中确保决策具有道德性的过程。世界各国在这方面都有着自己的特色制度。

新加坡非常重视公务员的品德监督，除在任职前进行常规的品德考察外，还要进行更为严格的任后例行品德考核。个人品德行为考核主要有两种方式：一是日常个人品德行为考核，二是个人行为跟踪考核。日常个人品行考核：新加坡政府每年会发给每个任职公务员一本已编注页码和日期的日常行为记录本，要求公务员每天必须随身携带，随时记录自己日常活动，并于每周周一时交由主管官员检查并签字发还。如果主管官员检查时发现问题，要及时将相关记录本送交反贪调查局进行进一步调查核实。与之相配套，新加坡实行主管检查官员与其所辖政府公务员实行品德考核连坐制，即如果主管检查官员对其所辖政府公务员品行疏于管束或主管官员检查时没能及时发现问题或故意帮助隐瞒问题，一旦被反贪调查局通过其他途径调查核实，则会被与违纪公务员一并处罚。个人行为跟踪考核：新加坡法律赋予了反贪调查局一项特权，即可以对所有政府公务员特别是新参加工作的公务员进行相关行为跟踪，暗中监视、跟踪和调查他们的日常活动是否正当、合法，并收集相关证据。同时，要及时将相关证据与负责该公务员日常行为考核的主管官员进行沟通，以进一步核实该公务员日常行为记录本所记载内容的真实性。品德考核制度通过强化政府公务员廉洁奉公的自律行为和法律赋予的强制监督行为有效保证了政府的纯洁和高效运行。

芬兰、瑞典、韩国等都坚持不懈地塑造深入人心的廉政文化。芬兰一向被认为是世界上最廉洁的国家之一。芬兰人在北欧严酷的自然环境中形成了特有的民族性格——坚忍不拔、不贪婪，人们崇尚自律，鄙视贪污受贿、侵吞公共财富之举。至今，芬兰仍然保持着纯真古朴的道德准则和良好的社会风气。而良好的教育环境使得芬兰公民普遍具有较浓厚的法律意识。多年的熏陶和不懈的教育使清正廉洁成为每个芬兰人的自觉习惯，这已经成为当代芬兰文化的一个重要组成部分。在瑞典，由于受历史和文化的影响，腐败行为被认为是极其羞耻的事情，很少有人幻想能够通过受贿、贪污来发财。在瑞典，不管是政府官员还是普通公民，都很害怕有污点记录。

营造诚信为本、崇廉鄙贪的清廉文化环境。芬兰人坚信，"很难强制让一个人不腐败""只有自己内心的强大才是防止腐败的利器"。与腐败作斗争不能只靠风暴式打击让腐败分子受到指责惩罚，关键要形成诚实信任的社会环境。芬兰的反腐败教育与其公平、平等的理念紧密结合，深深地植根于社会。这种理念的发展已有上百年了。因与公民意识联系紧密，官员和平民就拥有共同的道德上的标准，都自愿服从共同的规范。具体做法上，一是面向社会进行廉洁教育。芬兰中学就开设法律基础教育课程，培养公民的守法观念。二是面向公务员队伍进行廉政教育。芬兰年轻人从大学毕业进入公务员体系后，最重要的就是通过培训使其弄清"腐败"的界限，即接受礼品或受请吃饭的上限在哪里，个人的权限是什么。三是重点抓执法系统的廉洁自律教育。一位赫尔辛基大学的教授对笔者讲："我对政府机构及其内部的公职人员都是信任的。他们受到良好的廉洁自律教育，各层级的权限清晰，下级无须请示上级的事，打招呼不太管用。我去警察局等部门办事从来没有担心过不行贿就办不成。当然他们可能犯错，也可能理解法律有偏差，这种情况下我可以和他们讨论，甚至到法院起诉他们，但从来没有想过通过行贿来解决。"芬兰通过长期的廉政教育、完善的法律制度、各方面有效的监督，营造了崇廉鄙贪的浓厚文化氛围，使得贪污受贿行为如同偷盗抢劫一样，被视为卑鄙肮脏的不义之举。近来外国的一个调查机构举行全球一些大城市丢钱包交回实验，芬兰赫尔辛基因回收钱包最多而获得世界最诚实城市称号。[1]

韩国政府在中小学课程中设置反腐败内容，加深未来一代对腐败的危害和影响的认识。2001 年，韩国教育人力资源部就委托全国道德教师会开发反腐败教材。同时，为了教育普通公民，提高他们的反腐败意识，反腐败的教育也在妇女学校、老年大学和其他文化教育及培训机构进行。积极利用电视、广播等通讯舆论工具进行反腐宣传、制作、播放以反腐为主题的节目，为教育和公开反腐败提供各种反腐败材料，分析和评估政府反腐败的成效，注重建立一个对腐败不能容忍的社会和文化环境。

---

〔1〕　伍捷："芬兰清廉建设的经验与启示"，载《红旗文稿》2013 年第 22 期。

第三节　中国廉政伦理的实践及其发展

廉政建设一直是我国民主政治建设的重头戏，也是确保党政机关廉洁高效运行的根本性措施，健康有序的经济政治局面离不开科学的廉政伦理来指导，真正实现社会公平正义也需要确立廉政伦理的重要地位。廉政伦理是社会主义先进文化中必不可少的一环，其以崇尚廉洁执政、鄙弃贪腐私利为价值取向，融价值理念、行为规范和社会道德风尚为一体，反映了一种人们对廉洁政治和廉洁社会的总体认识、基本理念和精神追求的文化。追溯古今，廉政建设和历朝兴衰紧密相连，我们党和国家历来高度重视廉政伦理建设，因为廉政伦理建设关系着党和国家的生死存亡。

一、中国有着悠久而丰富的廉政伦理传统

中国传统廉政伦理思想文化，形成于古代社会发展的过程之中，体现了当时人们廉政核心价值的认知和判断，对历史上风清气正社会局面的出现起到过积极作用。历史是一面镜子，是一部教科书，以史为鉴，可知兴替。对照这面"镜子"，我们可以反观自己，找出不足，避免重蹈历史的覆辙。中国传统文化中蕴含的丰富廉政伦理思想，可为当前的廉政建设提供重要借鉴。正如习近平总书记所指出的，"研究我国反腐倡廉历史，了解我国古代廉政文化，考察我国历史上反腐倡廉的成败得失，可以给人以深刻启迪，有利于我们运用历史智慧推进反腐倡廉建设"。

有曰：道之以政，齐之以刑，民免而无耻；道之以德，齐之以礼，有耻且格。我国传统社会注重道德教化，历代统治者都希望通过道德教化增强统治合法性，并借此约束官吏慎重行使权力，减少权力行使中的腐败现象。传统社会始终强调"为政在人"的施政理念，但凡较有作为的皇帝和政治家都将"得人"视为为政的第一要务，通过建立全社会统一的价值体系、道德观念，促使官员慎重行使权力。在中华民族的漫长历史发展过程中，形成了以儒家、道家、法家为代表的中华传统文化，其中蕴含着丰富的廉政伦理思想资源。在儒家廉政伦理思想文化中，它将"廉"的思想寓于德政之中；在法家思想文化中，其廉政主张更多地体现出了法治的色彩。管仲则将"廉"与"礼""义""耻"视为"国之四维"，把为政之廉提升到关系国家命运的高

度。道家则是强调无为而治，倡导清静无欲等。

西周时期，统治者提出"以德配天"的君权神授说，认为君主的权力来源于"天"的授命。天命属于谁，要看谁有使人民归顺的德。这一观念的产生，标志着统治者开始重视人民的作用。君主行使权力时从"无法无天"到"敬天保民"，奠定了传统廉政文化中重民、重德、仁政的思想基础，客观上有利于促使官员谨慎行使权力。《周礼》中就提出廉善、廉能、廉敬、廉正、廉法、廉辨的"六廉"思想。

到汉朝，统治者实现了法律儒家化，提倡仁政，提倡统治者通过道德教化达到治国理政的目的，反对不教而诛。儒家思想成了全社会都必须遵守的"礼"，也要求官员"正确地"行使权力，即符合儒家的道德标准。正如南怀瑾先生所说："四书五经在过去无宪法观念时代，严格说来就是一种宪法思想，也就是政治哲学思想的中心，法律思想的中心。"[1]

《论语》载："为政以德，譬如北辰，居其所，而众星共之。"强调的是为官之人应该有德行，只有官吏自身具备高尚德行，才能获得同僚、下属和民众的支持。而要成为一个有德之人，首要条件之一就是为官清正廉洁。"道之以政，齐之以刑，民免而无耻。道之以德，齐之以礼，有耻且格。"对民众用政令治理，用刑罚来约束，民众固然不敢犯罪，但并无羞耻之心；而以道德教化，礼仪约束，则不仅有羞耻之心，还能知道改过。这都无不体现出统治者要求权力谦抑，避免滥施刑罚，提倡道德教化。

传统中国社会还注重通过官箴提出为官的戒规，规劝官吏清正为民，慎权慎独。不少广为流传的官箴成为为官的格言。宋人吕本中在《官箴》中道："当官之法，唯有三事，曰清、曰慎、曰勤……然世之仁者，临财当事，不能自克，常自以为不必败；持不必败之意，则无所不为矣。然事常至于败而不能自已。故设心处事，戒之在初，不可不察。"这样一段官箴，即提出做官的基本法则即清、慎、勤，要求官员消除侥幸心理，从起心动念之时就勤勉为政。

颜希深在清朝乾隆年间任山东泰安府知府时，从旧科房的残壁中发现三十六字箴言："吏不畏吾严而畏吾廉，民不服吾能而服吾公，廉则吏不敢慢，

---

[1]　黄义英、秦馨："廉政、廉政文化和廉政文化建设的理论内涵"，载《前沿》2010 年第 9 期。

公则民不敢欺，公生明，廉生威。"颜希深读后，深受启示，便将它移到署内西边走廊，并在碑文后面写了跋文，以鞭策自己和教戒属僚及子孙后代，成为颜氏三代从政为官的座右铭。

无论是统治者提倡的儒家道德观念，还是流传甚广的官箴文化，其实质都是通过道德作用对官吏的思维方式、价值判断进行引导，要求官员慎重、勤勉的行使权力。与强制性法律规范相比，道德观念的作用范围更广，作用效果也更为深刻。强调道德观念的作用，体现了统治者希望从源头治理腐败问题的愿望和决心。

综上所述，在中华民族传统伦理中，有着丰富而深邃的伦理道德精髓，传承和弘扬中华优秀伦理道德，对于反腐倡廉，具有特殊价值和现实意义。它关系民族的治乱兴衰，国家的生死存亡，个人的身家性命。为此，倡导和践履中华优秀伦理道德，建设一个公平正义、廉洁奉公、不贪不淫、诚信无欺的廉政而和谐的社会，是今天的急务。我们要培养品行诚信的廉风，要培育贫贱不移的廉志，要尊重节操爱民的廉士，要培育清白高洁的廉洁之士，要培育廉明公正的廉正之士，要培育洁身谨慎的廉谨之士，要培育谦逊知礼的廉让之士，要培育一身清廉知耻的廉耻之士。这是立身之本，立国之本，立世之本。

二、注重思想作风建设是中共廉政伦理建设的显著特点

中国共产党人的党风廉政建设和反腐败斗争历史可以追溯至共和国摇篮江西瑞金和革命圣地延安，改革开放以来，我党和政府始终坚持一手抓经济建设，一手抓反腐倡廉，逐步形成了系统的反腐倡廉理论，建立了有中国特色的反腐败工作格局。事实证明，世界上没有哪一个国家、政党能像我们一样卓有成效地开展反腐败斗争。事实上，回首中国共产党作为一个执政党的六十余年辉煌历程就不难发现，党的历史和共和国的历史，不仅仅是一部革命史、建设史，同时也是一部反腐倡廉的斗争史。中国共产党在她的执政生涯中始终贯穿着一条主线：全心全意为人民服务，永葆党的先进性和纯洁性。在长期的反腐败斗争中，我们党逐渐意识到，在加大力度打击腐败的同时，遏制腐败现象的发生必须标本兼治，治本工作尤其重要，既要有完善的廉政制度做外在的保障，更要有深度的廉政伦理做内在的固本，这是真正实现善治的根本应对之策。

　　注重思想作风建设一直是我们党的显著特点。早在井冈山时期，毛泽东同志制定的"三大纪律八项注意"就成为全党全军必须遵守的钢铁纪律。革命战争时期毛泽东同志就提出，共产党员不但要在组织上入党，而且要在思想上入党。1942 年的整风运动就是我们党进行的一次深刻的马列主义教育运动。毛泽东同志提出，"反对主观主义以整顿学风，反对宗派主义以整顿党风，反对党八股以整顿文风"。经过延安整风，全党形成了理论联系实际、密切联系群众和批评与自我批评的三大作风。党的作风是党的形象，是党具有强大生命力的源泉。战争时代，党的作风建设是与党的生存发展和根据地政权建设紧密结合的。人民群众通过党的优良作风和严明的纪律，从自身感受中深深认识到中国共产党是全心全意为人民服务的政党。

　　新中国建立前后，毛泽东同志多次提出，因为胜利，党内的骄傲情绪以及其他各种错误情绪可能滋长，资产阶级也会出来捧场，可能征服我们队伍中的意志薄弱者。他要求高级干部学习《甲申三百年祭》，告诫全党不要当李自成，不要重犯胜利时骄傲的错误，要警惕敌人糖衣炮弹的攻击，务必保持谦虚谨慎、不骄不躁的作风，务必保持艰苦奋斗的作风等。这些论述丰富了党的反腐倡廉的理论。

　　党的十一届三中全会决定把党和国家的工作重点转移到社会主义现代化建设上来，作出实行改革开放的战略决策。以邓小平同志为核心的第二代领导集体，从改革开放伊始就清醒地意识到，在改革开放的历史条件下，可能出现腐败易发多发的严峻形势，他告诫全党，如果失去警觉，可能要毁掉一批干部。他提醒全党："执政党的党风问题是有关党的生死存亡的问题。"

　　邓小平同志提出：要把反腐败贯穿于改革开放的全过程；坚持"两手抓、两手都要硬"的方针；反腐败要靠制度、靠法制，搞法制靠得住些；反腐败要从党内抓起，从高级干部抓起，从具体事件抓起；党要接受监督，要有专门机构铁面无私地监督检查；严格维护党的纪律，对违纪违法案件不管牵涉到谁，都要按照党纪国法查处等。小平同志的这些重要思想是邓小平理论的重要组成部分。

　　以江泽民同志为核心的第三代领导集体对党风廉政建设和反腐败问题同样进行了深入思考。江泽民同志提出，要正确认识党处于执政地位，特别是长期执政及其带来的影响问题。他指出，反腐败关系党心民心，民心向背，决定政党、政权的兴衰存亡。在刚刚闭幕的党的十六次代表大会上，江泽民同志再一次警示全党，不坚决惩治腐败，党的执政地位就有丧失的危险，党就有可能走向自我毁灭。他曾反复要求各级领导干部树立正确的权力观、地位观、利益观并强调"治国必先治党，治党务必从严"。为此，我们党成功地开展了"讲学习、讲政治、讲正气"的"三讲"教育活动，创造了新时期对党员、干部进行马克思主义教育的有效形式，这应当说是党建工作的创新。江泽民同志提出的"三个代表"重要思想，对于全面推进党的建设，保持党的先进性和纯洁性，保持党和国家的长治久安具有根本性的指导意义。

在党的十五大到十七大期间，我们党进一步确立了反腐败斗争的指导思想、基本原则、工作格局和领导体制，全面分析了腐败现象滋生蔓延的原因，作出了反腐败斗争具有长期性、艰巨性和复杂性的论断；制定了标本兼治、综合治理的方针；明确了教育是基础，法制是保证，监督是关键，通过深化改革不断铲除腐败现象滋生蔓延的土壤的基本思路。党中央反复强调，反腐败必须坚持全党抓，要认真落实党风廉政建设责任制，严格实行责任追究，强化领导干部反腐败的政治责任。要依靠发展民主、健全法制来预防和治理腐败。要坚持依法治国和以德治国，筑牢思想道德和党纪国法两道防线。要加大监督力度，建立有效的监督管理机制等。这些重要思想和英明决策有力地指导了新形势下党风廉政建设和反腐败斗争的深入开展。

党的十八大以来，以习近平同志为总书记的党中央把坚决惩治腐败作为全面从严治党的重要抓手，以雷霆万钧之势推进党风廉政建设和反腐败斗争，赢得了党心民心。按照"四个全面"的战略布局，在经济发展进入新常态的同时，党风廉政建设也呈现出新特征、新态势。贯彻全面从严治党要求，必须清醒认识新特征，切实巩固新成果，牢牢把握新目标，打赢反腐败斗争这场攻坚战、持久战。一是增强廉政伦理建设，清醒认识党风廉政建设新特征，强化责任落实。十八届三中全会提出"两个责任"。各级党组织深刻反思"重业务轻党风廉政建设"的思想倾向和惯性，增强了责任意识；各级纪检监察机关转职能、转方式、转作风，加大了执纪监督力度，把落实"两个责任"作为重要的政治担当，作为贯穿党风廉政建设的一条红线抓好。二是形成持续动力，牢牢把握党风廉政建设新目标。政贵有恒，治须有常。习近平总书记在十八届四中全会上大篇幅地阐述了党风廉政建设，在十八届中央纪委二次、三次、五次全会上又特别强调了纪律建设和制度建设。这些要求既体现了新一届中央领导集体深入推进党风廉政建设的政治智慧和勇气，更着眼于建设一个现代文明、长期执政的政党，指明了党风廉政建设的新目标。政治生态，是党风、政风和社会风气的综合呈现，不仅能折射出领导干部群体的党性修养、理想信念、作风建设等根本性特征，更能反映出主流的社会道德价值。近年来，一些地区和部门窝案频发，呈现塌方式腐败，归根结底是政治生态出了问题。构建风清气正的政治生态，既要靠严惩的震慑，靠制度的约束，更要靠思想意识的提高。各级党组织不仅要通过深化党风廉政建设，努力营造清正廉洁的从政环境，也要顺势而为，以风化俗，用优良的党风政风引领改善民风，加强廉政伦理建设，促进整个社会风气的好转。

三、加强行政伦理建设是廉政伦理建设的重要内容

我国的治国方略是"法治"和"德治"相结合。惩治腐败同样要用法和德的手段。西方学者说："为了防止公职最终变成一条迅速致富的捷径，所有国家都需要制定一个基本的规范公私利益冲突问题的方案，这一方案强调官员的行为要符合道德标准，同时还以法律制裁作为后盾。"〔1〕加强行政伦理建设，是实施以德治国方略的基础和关键。〔2〕坚持法治与德治相结合，就是坚持外在制度与内在制度相结合。在实践中，内在制度和外在制度之间存在明显的灵活转换。内在制度可以有很高的效能，它常常足以使极其棘手和复杂的情形变得井然有序。〔3〕虽然我国的外在制度在禁止腐败问题上，态度是坚决的。但是，人们不是把当官赚钱当作一种耻辱，一种犯罪，而是把它当作从政过程中一种必经程序。在这样一种价值观的指导下，能使从政者认真履行遵纪守法的义务吗？假若人们心中都把腐败当作一种犯罪，形成一种普遍遵守的内在制度，就没有必要制定那么多的外在制度规范了。在内在制度缺失的情况下，表面上制定有反腐败法律，但是这些法律实际上发挥不了什么作用，因为"公众的态度能够使法律条文变得不那么重要"。〔4〕所以说，进行以德修廉是进行内在制度的重要途径，从而使德这种内在制度与法这种外在制度一致，降低反腐

---

〔1〕［美］苏珊·罗斯·艾克曼：《腐败与政府》，王江、程文浩译，新华出版社 2000 年版，第 75、90、111、176、214、304、305 页。

〔2〕王伟：《行政伦理概述》，人民出版社 2001 年版，第 7 页。

〔3〕柯武刚、史漫飞：《制度经济学：社会秩序与公共政策》，商务印书馆 2005 年版，第 13 页。

〔4〕［加］里克·斯塔彭赫斯特、萨尔·T.庞德：《反腐败———国家廉政建设的模式》，杨元刚译，经济科学出版社 2000 年版，第 115 页。

的成本。

因此，一切公共服务部门的伦理规范建设则成为加强政府廉政勤政建设的一项重要内容，也是坚持依法行政、从严治政，加强对政府机关及其公务员行为进行规范与监督的一项重要任务，对于建立廉洁、勤政、务实、高效的现代政府具有十分重要的意义。

中国共产党和中国政府高度重视行政伦理规范建设。十七届中央纪委第五次全会工作报告指出，要建立健全防止利益冲突制度。改革开放以来，我国不断加强领导干部廉洁自律教育，加强规范廉洁从政的各项制度建设，初步形成了以廉洁自律，收入申报，重大事项报告，礼品登记，回避，离职后从业限制以及对领导干部配偶、子女从业限制等制度为支柱的公共服务伦理规范体系，对于规范公务人员道德行为发挥了重要作用。但是，与现代公务员制度相比，我国公务员制度还没有提升到法治国家基本制度的高度，其最主要的问题就在于还没有建立起完善的公务员行为规范。公务员行为规范致力于解决公职人员私人利益和行使权力时公共利益的冲突问题。它分为道德规范和法律规范，并有道德规范法律化的趋势。我国公务员制度的行为规范还很不完善，现有的公务员行为规范只是一些原则性的规定，缺少量化的具体规定和强制性的惩罚措施。这些规定散见于党政文件中，以党纪政纪的形式存在，没有上升到法律高度，特别是道德规范很不完善，权力滥用和行为失范在一些行政机关及其公务人员身上比较突出，加强公共服务伦理规范和廉政建设任务仍然艰巨。

从廉政伦理建设的需要出发，关注处于行政改革中的行政人员在行政实践中所面临的伦理困境，发挥其在全面改革中的重要作用，并为行政人员解决现实的伦理困境提供必要的指导。

一是把行政伦理价值的实现作为政府的施政目标，并贯穿于行政活动的一切过程，建立起促进行政伦理价值实现的机制。密尔早在19世纪中叶就对公民和政府之间的关系和政府的标准作过许多精彩的论述。他认为，政府最重要的职责不仅是增进人民的福利，而且还促进了人民的美德与智慧。政府的职能限制在这两个方面："它比任何其他政体更有利于提供良好的管理，又能促进较好与较高形式的民族性格的发展。"党中央提出要让人民生活得更幸福更有尊严，体现了政府实现行政伦理与政策制度结合的自觉。

二是建立分层次的行政道德规范体系。行政道德规范应分为由低到高的三个层次：第一个层次，也称为底线要求，其特点是义务性和强制性，表达的是公务员最基本的义务和要求，通常应以"禁止"的方式表达，以立法的形式实施。主张道德立法并不是要将有关行政道德的一切内容都以法律的形式固定下来，强制执行，行政道德立法有其特定的内容，它特指那些关乎公共权力运行及对腐败的防范具有根本意义的道德规范。第二个层次，态度层次，基于职业责任层面的道德要求，其特点是责任性和主动性，表达的是公务员基于对职业精神领会的情况下主动承担的责任和要求，以"应当"的方式表达，以道德规范的形式实施。第三个层次，价值层次（精神层次），体现的是公共行政的基本精神和理念，应当贯穿于行政活动的每一个环节，每一个公务员都应当以此为价值追求，政府的政策和社会制度都应当体现这种基本的理念与精神，如公平正义等价值观念。

三是把行政伦理教育与行政伦理管理、行政伦理文化结合起来。行政伦理建设是一个系统工程，其成效取决于个人品德、组织文化、职责体系、社会环境等因素。目前，在加强行政伦理教育的同时，要注重建立健全公职人员的职责体系，要在干部的任用机制和绩效考评中贯穿伦理的导向和要求，把行政伦理建设与制度建设结合起来；要注重加强行政伦理文化的超前享受，特别是要发挥舆论的导向作用，营造良好的行政伦理环境，从而解决行政伦理规范和潜规则分离、知与行脱节的问题。

四、修炼官德人品、为民务实清廉是加强廉政伦理建设的关键

官德建设关系到执政党的兴衰、政府的公信力，无论是中国还是西方都将官德提高到治国理政的高度。官德建设与廉政建设是一个问题的两个方面。中国共产党深谙"官廉则政举，官贪则政危"的治国安邦历史规律，提出以德治国。将"德治"升华为管理国家、治理社会的基本方略，为加强社会主义道德建设指明了方向，同时也为领导干部的官德建设提出了现实的可操作要求。治民先治吏，中华民族传统文化，历来都讲德法相依、德治礼序，"以德治国"重在加强"官德"建设，是社会道德的核心，是有效行政的基础，是遏制权力腐败的内在屏障。

官德，即为官之德，为政之德，是指官员从政所需遵守的行为规范与准则，主要是指对个人道德行为、操守方面的原则、规范和要求。在中国传统的政治文化中，很早就提出了有关从政道德的相关理念，如修身、齐家、治

国、平天下。从以孔子和孟子为代表的儒家所提出的民本和仁政思想，事实上已不难看出"以人为本"的初始轮廓；道家提出的崇尚自然和不争的思想主张，也体现出为官的一种境界；法家倡导以"法"作为官吏执政标准，则反映出尚法不尚权的"公心"思想。可以说，奠基于春秋战国时代的中国传统文化思想源流中，对于官德早已有了一套完整的思想体系，且这一思想沿亘几千年，至今仍有深刻的影响。中国传统文化中的官德思想，反映出中国封建政治文化体系虽以君臣政治为中心但重视民本的思想基础。虽然说他们是站在统治阶层的立场来构建其思想体系，与近现代西方兴起的"民主"观念大相径庭，但毫无疑问，这一思想依然具有难能可贵的价值。不可否认的是，其整体诉求对于我们今天净化官场风气、提升官员道德境界、严格官员管理，维护社会发展具有一定的积极意义。

十八大以来，我国加大了惩治腐败的力度，强调"老虎苍蝇一起打"，一批腐败官员纷纷落马。如何将对公职人员特别是党政领导干部的非制度约束如道德自律进一步强化，也就是说，在新的社会发展时期应该如何树立领导干部的"为官意识"即"官德"意识，同样是治理腐败、净化官场风气、实现廉洁从政不可或缺的重要一环。从本质上讲，廉政既是一种制度约束，同时更是一种道德自律。因此，腐败既表现为一种制度现象，它可以指向诸如政治制度、经济制度、法律制度等成型的或不成型的制度不足，同时也具有极其明显的伦理学特征。因为任何一种制度都属于外在的约束，而腐败主体则具有非常明显个人化、主观化特点，并基于人的"欲望"与"德行"，也就是人们常说的"主观能动性"问题。虽然说，基于人性中固有的弱点，我们不能完全把权力行使过程中的约束机制建立在人的道德自律基础上，但缺乏人的主观能动性的单纯性制度约束，也同样是软弱的。

当代我国新型官德或者说从政道德，是从事政治和行政管理工作并具有一定政治权力或行政权力的领导干部应当遵循的道德规范和应有的道德素养，是一种集政治道德、职业道德、角色道德为一体的复杂的、特殊的评价标准体系。中国特色社会主义民主政治条件下官德思想的时代性突出体现在它的法治特征上。法治是现代社会治理的基本要求，法治不仅是全社会须遵循的基本规范，更主要体现在依法行政即权力的行使规范上，因此，新时期官德思想必然要紧扣这样一个时代主题。通过法律的形式将国家公职人员必须遵守的道德操守作为立法规制的对象，明确规定国家公职人员从事公务活动的一整套道德行为标准，研究制定规范国家公职人员从业道德的"从政道德法"，将国家公职人员最基本的道德和伦理要求上升到法律的层面进行规范，同样也是健全我国反腐倡廉制度建设的重要内容。[1]

新时期新型"官德"的养成需要自律性与他律性的辩证统一。"官德"的核心是"德"，而"德"是一种高层次的道德内化，是行为者本人自觉自愿的意识和行动。他律作为社会对于官员从政行为的制度性约束，无疑是非常重要且不可或缺的，但只有将他律的外在性规范真正转化为官员的内在自觉，使得他们从内心深处真正认同这一行为准则，他律才能自觉转化为内在的自律，完整意义上道德力量的作用才能实现。当然，这样一种他律与自律的内在统一无疑是高标准高要求的，不能完全作为普遍性原则。但是，对于国家公职人员特别是党政领导干部来说，一方面要以党性的高标准来严格要求其职务行为，另一方面要通过有效的思想政治工作培育他们树立高尚的道德情操。具体到当前反腐倡廉工作中，既要从精神上激励党员干部追求高尚的道德情操，亦不能简单地用过于空洞的道德目标去进行机械化的说教；既要以制度的力量而不仅仅是清规戒律去约束公职人员的权力行为，又要关心、体谅他们在社会生活中客观存在的实在感受。

总之，对官员加强道德锤炼，增强对廉政的敬畏，用权讲官德，交往有原则，以敬畏之心对待权力、坚持秉公用权、时时刻刻严于律己、慎独慎微，真正做到"常修为政之德，常思贪欲之害，常怀律己之心"，这是从源头上防治腐败的重要举措，是新时期加强党风廉政建设的重要途径和有效方法。

◁░ 延伸阅读案例一：美国　"制约腐败的达摩克利斯之剑"

美国是西方国家中较早制定法律防范和惩处公职人员腐败犯罪的国家之一。1883 年，美国就颁布了调整和改革美国文官制度的法律，又称《彭德尔顿法》。1925 年，美国国会通过《贪污对策联邦法》，这部法律的重点是预防公职人员腐败犯罪。1978 年颁布的《政府道德法》规定，"总统、副总统、国会议员、联邦法官以及行政、立法和司法三大机构的工作人员，必须在任职前报告并公开自己及配偶的财产状况，以后还须按月申报"。

---

〔1〕王建芹："'法度''官德'一个都不能少"，载《检察日报》2014 年 10 月 28 日。

不仅如此，美国还成立了一个约束官员行为的机构——美国政府道德署（United States Office of Government Ethics，简称 OGE）。虽然该署在美国各大政府部门中属于公众曝光率很低的"小字辈"，但据说它在预防腐败方面成效显著，其一年一度的联邦行政官员财产审核，更是被视为对官员的廉政测试，通过与否，决定着官员去留。有人称它为"制约腐败的达摩克利斯之剑"。

该署根据 1978 年《政府道德法》而成立，起初隶属联邦政府人事管理总署，1989 年成为联邦政府下属的独立机构。该机构只对行政机构具有管辖权，管辖的联邦政府官员达 300 多万人，包括正副总统、各部部长在内。道德署署长由总统任命，须经参议院批准，任期 5 年。署长向总统和国会负责，不经国会同意，总统无权免去其职务。署长级别比内阁部长低，与联邦调查局长平级。道德署署长及其下属官员均廉洁自律，奉公守法。迄今为止，还没有一位道德署署长被总统免职。

该署下属的机构有：署长办公室、国际援助与政府良政项目处、法律顾问与法规政策处、政府机构项目处、信息管理处等 5 个单位。编制人员为 70 多名（其中律师 15 名）。年度预算为 1200 万美元。

道德署的主要职责

道德署的主要职责是制定行政部门雇员道德行为规范；监督行政部门官员公开和秘密的财产申报的执行情况；审核和批准各行政部门制定的道德行为规范；审核总统政治任命者（被总统提名担任某政府要职，但须参议院批准的人）是否有经济方面的利益冲突；定期审核监督联邦政府各部门道德项目的运行。

道德署反腐败的"尚方宝剑"是《行政部门雇员道德行为规范》，以及 1978 年 10 月 26 日，在尼克松政府辞职 4 年多之后国会通过的《政府道德法》等。

《行政部门雇员道德行为规范》明确了官员在各种场合可以做什么，不可以做什么。例如官员可收受的礼物价值规定上限为 20 美元。美国国防制图局某雇员曾受制图协会的邀请，就该机构在导弹技术演化过程中的作用发表讲演后，协会赠送其一张价值 18 美元的带框地图和市值 15 美元的有关制图历史的书籍。按照规定，该雇员只能接受其中一种礼品，否则，就违反了《行为规范》中关于雇员每次从同一渠道接受对方主动提供的、总市场价值不超过 20 美元礼品的规定。

《政府道德法》规定，所有总统提名的官员的额外收入不得超过其正式收入的 15%，这一限制实际上防止了被提名者通过兼职来获得额外收入。该法通过建立一些新的联邦公共机构扩大管理，最引人注目的是建立独立检察官制度。该法律的通过是美国现代公共道德管理演变过程中的一个里程碑。

1985 年推出的《政府工作人员道德准则》规定，不得以任何形式用公职作交易；国家公职人员不得在外兼职，不得利用职权谋求工作；去职的政府官员在离职后一年内不得回原工作部门为别人从事游说活动，违者将受到刑事处分。

道德署的制度利器还有很多，如定期或不定期审查、审核。定期的大约 4 年一次，道德署派出审核员对各政府部门执行道德法规的情况进行审核，并向被审部门的道德委员会发出审核报告，如有问题就发出限期整改令。被限令整改的部门必须在 60 天内回复，道德署还将在审核报告发出 6 个月之后进行后继审核。如果发现道德方面的重大问题，可以随时派人审核。

对联邦雇员违规违法行为的调查权则由各部门监察长和司法部联邦调查局（FBI）行使。根据 1978 年《监察长法案》，联邦政府行政部门都设有监察长一职，对本部门的职员有调查权和建议权，FBI 则有权调查任何公务员涉嫌腐败的案件。FBI 对政府官员进行的调查主要是便衣特工、法庭许可的电子监听等手段。这些手段可以让 FBI 特工近距离观测到官员受贿行为的全过程或幕后非法交易，以充足的证据将犯罪人绳之以法。

与之不同，美国政府道德署更加注重发现和解决潜在的利益冲突，即侧重于防止腐败发生，而不是事后追惩。比如公开与秘密的财产申报、审核，就是由该署负责。据说，这是发现和防止政府雇员有意或无意利用职权谋取私利的最有效手段。

道德署发现官员涉嫌违规，除了通知其所在部门的道德委员会外，还有权通知所在部门的总监察长，要求进行调查，如果总监察长不执行，可以直接向白宫报告；如果官员涉嫌犯罪，道德署会把相关案件转送联邦调查局或司法部刑事局公共廉洁处，由他们调查并起诉。

美国政府道德署还有一项职责，就是教育公职人员正确认识行为准则。美国政府道德署制定一项教育计划，该计划用于培养大约 6000 名"道德官员"，他们中有些是兼职。再由这些"道德官员"对全国约 300 万名国家公职人员进行廉政教育和培训。教育和培训的方式包括运用媒体、网络、海报等。其中，公务员网上廉政教育一年不少于一次，以道德行为准则和法律法规为主要内容。政府道德署及时奖励那些在开展廉政教育和培训方面取得突出成绩、具有创新性和注重实践的机构。

看上去级别不高，人员不多，管辖权有限，调查权也有限的道德署，之所以被称为"制约腐败的达摩克利斯之剑"，是源于诸多基础制度的有效运行，源于对腐败现象的零容忍，源于他律和自律的结合。

政府道德署的署徽别具一格，颇具象征意义，是一个圆形的褐色标牌，在"美国政府道德署"几个英文字的环绕下，中间的那只白头鹰目光如电，似乎在紧盯着每一位政府官员。白头鹰的嘴巴特别长，非常坚硬，锋利无比，似乎象征着对任何腐败分子都毫不容情。（来源：中国青年报，2013 年 4 月 15 日，高荣伟）

延伸阅读案例二：看习近平 30 余年从政经历学为官之道

"人，特别是领导干部不要把自己、把眼前看得太重，看得太大。也不能因为难以在历史上留下重要的一笔就什么都不做，不能因为自己轻如鸿毛而妄自菲薄。"

近日，不少媒体重新刊登了《人民日报》主办的《时代潮》杂志 2000 年第 8 期的一篇文章《勤奋 真诚 坦然 尽责——与习近平聊做官与做人》。这篇文章记录了时任福建省省长习近平的这段谈话。

距这篇文章发表已过去了 15 年，距习近平初入政坛已过去了 30 多年。在其漫长的从政生涯中，习近平对做官做人的看法和做法是如何发展变化的，人民网记者为您盘点习近平历年来在做官做人方面的言谈实践，希望给广大读者特别是领导干部以启示。

新官上任：先弄清"当官发财两条道"

"当官就不要发财，发财就不要当官。清清爽爽、义无反顾地去当官，不要把当官作为一个满足无穷贪欲，获得无限私利的一个捷径，那样迟早要完蛋。"习近平在今年 1 月 12 日与中央党校第一期县委书记研修班学员座谈时的告诫之语似乎还在耳边回响。

事实上，早在从政之前，习近平就曾冷静地考虑过这个问题。2000 年出版的第 7 期《中华儿女》杂志中曾刊登了一篇对习近平的专访文章，从这次采访中就可以看出他对自己从政之路的清醒认识。

"在第一步跨入政界之前，首先要在思想上弄清楚两个问题，这就是你要走的是什么路？你所追求、需求的是什么？"习近平用"熊掌和鱼不可兼得"来形容"当官发财两条道"。他表示，从政是一种事业的追求。若你既要从政，又想发财，那就只能去当让人指脊梁骨的赃官、贪官。

在接受《时代潮》采访时，时任福建省省长的习近平依然坚持这样的想法。他说："有人问我当县委书记与当省长的感觉有什么不同，我觉得在个人意识上没什么变化，最多的感觉是责任沉重了。现在，我决不会因为得意而沾沾自喜，失意而闷闷不乐；不会把升迁看成是绝对的成败。"

成为国家最高领导人后，习近平在反腐过程中也多次提到这点。对于一些官员"为官不易"的论调，习近平曾在去年 10 月 8 日举行的党的群众路线教育实践活动总结大会上提出了批评。他强调，党的干部都是人民公仆，自当在其位谋其政，既廉又勤，既干净又干事。如果组织上管得严一点、群众监督多一点就感到受不了，就要"为官不易"，那是境界不高、不负责任的表现。

做官为民：拎着"乌纱帽"为民干事

习近平 2002 年时任福建省委副书记时曾在《我是黄土地的儿子》一文中说："15 岁来到黄土地时，我迷茫、彷徨；22 岁离开黄土地时，我已经有着坚定的人生目标，充满自信。七年多上山下乡的经历，最大的收获是让我懂得了什么叫实际，什么叫实事求是，什么叫群众。"

"深入基层不放松，立根原在群众中；千磨万击还坚劲，管尔东西南北风。"习近平用这首由郑板桥《竹石》改编的诗作为他上山下乡的最深刻体会。

习近平在 2000 年接受《中华儿女》杂志采访时回忆了他上山下乡时的一段经历：刚夫上山下乡时，由于年龄小，又是形势所迫，他并没有长期观念，也没有注意团结问题。后来，在长辈的教导下，他跟群众一起干活，努力跟群众打成一片。"群众见我转变了，对我也好了，到我这儿串门的人也多了，我那屋子逐渐成了那个地方的中心""渐渐地就连支部书记有什么事都找我商量"。

1988 年~1990 年，习近平在福建宁德担任地委书记。当时宁德地区基础差、发展慢，省委想让他去改变那里的面貌，当地群众也希望他能带着大家变。然而，在经过认真调研后，习近平认为，宁德的经济基础薄弱，不可好高骛远，还是要按实事求是的原则办事，多做一些扎扎实实打基础的工作。"最后来看，我的看法还是贴近实际的。"习近平当时在接受《中华儿女》杂志采访时说，"一般讲，刚来的时候，说一些让大家热血沸腾的话很容易，趁大家的劲'踢三脚'也容易，但是这个劲一挑起来，接着将是巨大的失望，我不能做这种事情"。

2004 年 5 月发表于《浙江日报》的一篇评论文章中，时任浙江省委书记的习近平曾用"人民的勤务员"来形容党员干部。他说，每一个领导干部都要拎着"乌纱帽"为民干事，而不能捂着"乌纱帽"为己做"官"。

为官修德："领导干部老老实实做人"

在习近平的政治生涯中，他始终在思考做官与做人的关系。习近平在 2000 年接受《时代潮》的采访中坦承，"人的生理基础只有一个脑袋、两只手、两只脚，工作不可能尽善尽美。"正是由于"做人"如此之难，他当时对自己如何做人的回答是："在我看来，我现在的地位应该是芸芸众生中的前排观众，以人为镜，不断地充实自己，努力成为一个合格的领导者"。

2003 年至 2007 年间，担任浙江省委书记的习近平在浙江日报上发表短论《做人与做官》。这篇文章后来收录在《之江新语》一书中。习近平在文中写道："领导干部也是一个普通的人，也是一个普通的百姓，要会做人，做好人，注意自己的言行举止，珍惜自己的人格魅力，洁身自好，做一个有高尚品德的人。"

做什么样的人？用习近平的话讲，就要做"老实人"。所谓"老实人"，就是思想务实、生活朴实、作风扎实的人，就是尊重科学、尊重实践、尊重规律的人，就是诚实守信、言行一致、表里如一的人，就是勤勤恳恳工作、努力进取创造、任劳任怨奉献的人。这是在中央党校 2008 年春季学期第二批进修班暨师资班开学典礼上，时任中央党校校长的习近平向党员干部们发出的号召。

习近平强调，领导干部老老实实做人，既是一种高尚的人生态度，更是一种严谨的道德实践，要从平凡小事做起，在点点滴滴中体现，特别要在对党和人民忠心耿耿、对工作尽职尽责、对群众满怀真情、对成绩谦虚谨慎上下功夫。

习近平用"守得住清贫、耐得住寂寞、稳得住心神、经得住考验"来要求领导干部老老实实做人、干干净净干事。在 2014 年 10 月 8 日举行的党的群众路线教育实践活动总结大会上，他这样告诫官员们："我们做人一世，为官一任，要有肝胆，要有担当精神"。（来源：人民网－时政频道，潘婧瑶等 2015 年 02 月 5 日 http://politics.people.com.cn/n/2015/0205/c1001－26515085－2.html）

学习与思考

1. 廉政伦理的科学内涵是什么？
2. 简述廉政制度与廉政伦理的辩证关系。
3. 结合延伸阅读案例一，试述国外廉政伦理制度的特点及其启示是什么。
4. 为什么说思想作风建设是中共廉政伦理建设的显著特点？
5. 结合延伸阅读案例二，联系实际谈谈修炼官德在廉政伦理建设中的重要作用。

参阅文献：

蒋娜等译：《美国政府道德法　1989 年道德改革法　行政部门雇员道德行为准则》，中国方正出版社 2013 年版。

孙晓莉：《国外廉政文化概略》，中国方正出版社 2011 年版。

丁顺生：《公共服务伦理规范与廉政建设》，中国方正出版社 2010 年版。

林伯海、田雪梅：《制度反腐与廉政文化建设的互动研究》，西南交通大学出版社 2009 年版。

张振："国内外廉政文化及其建设研究综述"，载《生产力研究》2014 年第 1 期。

王建芹："从中国古代廉政伦理观看新时期廉政文化建设价值取向"，载《理论研究》2012 年 08 月 25 日。

唐贤秋："论廉政诉求的伦理价值定位"，载《哲学动态》2012 年第 4 期。

张扬金、陆永平："略论廉政伦理内涵及其现代价值目标"，载《河海大学学报》2006 年第 3 期。

马健:"浅析廉政伦理与廉政制度的辩证关系",载《重庆行政》2006年第3期。

蒋晓俊、田湘波:"国外廉政制度及其对我国廉政建设的启示",载《社会科学家》2008年第7期。

唐晓清、杨绍华:"防止利益冲突制度:国际社会廉政建设的经验及启示",载《当代世界与社会主义》(双月刊)2011年第2期。

周五香:"基于公共性的廉政伦理探究",载《伦理学研究》2010年第5期。

曹森:"浅析廉政伦理与廉政制度的辩证关系",载《重庆行政》2006年第3期。

第五章

中外廉政制度的国际合作机制

腐败是一种社会历史现象，在本质上是私有制和剥削制度的产物，从其出现之日起，就始终是一切政权和社会生产力的破坏力量。中国历代封建王朝陷于"其兴也勃焉；其亡也忽焉"的历史逻辑，无不是执政者由勤廉转为腐奢的结果。腐败也是世界性的疾病，在世界经济全球化进程日益加速、各种思想文化相互激荡交融的今天，无论是传统国家还是现代国家，无论是发展中国家还是发达国家，罕有能独善其身者。随着腐败问题的日益严重，打击和消除腐败行为已迫在眉睫，克服腐败，廉洁政治，已成为各国面临的一个共同性课题。这不仅需要各国政府有坚定的政治决心，采取切实可行的措施，铲除滋生腐败的根源，同时还需要加强国际间的交流与合作，加强反腐败国际合作，促进各国廉政建设经验交流，在全球遏制腐败的进程中就具有十分突出的可行性和必要性。

第一节　国际反腐倡廉的合作机制

参照吉登斯的结构化理论，廉政制度是一个人类建构物，其与公共领域的人类活动有着互相建构的作用。廉政建设日渐呈现为一个开放性的全球性问题，并且是不可回避又难以彻底解决的议题，完全凭一国之力难以解决，需要开展国际交流与合作。

一、国际合作是反腐倡廉的有效手段

1. 当今腐败的跨国新特征

腐败在全世界范围内普遍存在，所有国家，不管大小和贫富，都存在腐败现象。腐败既是经济问题，也是政治和社会问题。腐败侵蚀法治，损害着政府的合法性，同时也削弱了政府遏制腐败的能力。腐败还会造成投资减少，并为有组织的犯罪和恐怖主义提供了滋生的温床。它严重威胁着一个国家的发展与稳定，是一种对社会产生广泛腐蚀作用的"隐性恶疾"。

腐败在全世界范围内普遍存在，所有国家，不管大小和贫富，都存在腐败现象。据世界银行估算，全球每年仅贿赂成本就高达 1 万亿美元。欧盟委员会 2014 年 2 月首次发布的反腐调查报告称，欧盟 28 个成员国都存在腐败现象，欧盟成员国因腐败每年造成的经济损失达 1200 亿欧元。而对于发展中国家，腐败尤具破坏性。许多急需用于改善医疗保健、教育、清洁用水和基础设施等工作的巨额款项会被"吞噬"，从而阻碍了这些国家脱贫和经济发展的步伐。在当前全球化、信息化、网络化盛行并渗透各行业的新形势下，腐败犯罪呈现出有组织、跨区域的特点，成为影响国际社会和谐发展的重大问题，呈现出以下新的特征。

一是覆盖领域越来越广、主体范围越来越大。长期以来，腐败的重灾区是金融界和经济界，涉案人员为了某些经济利益不择手段。但如今，腐败已越来越多地侵入政界、司法界、医疗界，甚至文艺界、体育界、学术界等。"政治献金""政要巨贪""法官受贿""吹黑哨"……各种腐败五花八门，令人眼花缭乱，目不暇接。总部设在德国柏林的"透明国际"的材料显示，仅全球建筑领域，每年涉嫌腐败的项目总额要超过 30 万亿美元。同时犯罪主体进一步范围扩大，由最初的腐败官员直接犯罪，逐渐演化为与之形成密切利益关系的共同犯罪。犯罪者通过各种方式将官员手中的公权力作为谋取私利的工具。腐败犯罪的主体，从具备特殊身份的单一主体扩大至与其合谋进行共同犯罪的多元主体。在共同犯罪中，腐败官员的家属、亲信以及一些存在密切关系的共同利益者都可能成为共同的犯罪主体。借助于亲属或其他人都名义进行贪腐犯罪，在一定程度上使得此类犯罪的过程更为隐蔽，不容易被发现。

二是跨国越来越普遍、犯罪数额越来越巨大。官员腐败的直接目的是获取巨大的经济利益。随着物质水平的不断提高，贪腐犯罪的涉案金额也在不断增大。为满足自身的特殊物质需求，犯罪者的私欲也在不断膨胀，过低的犯罪金额已经不能适应他们的奢靡生活要求。为了逃避本国法律的制裁，腐败涉案人员早已将行贿资金打扮成贸易、投资等跨国商业活动，安排在境外进行。如今还在审理的德国西门子公司行贿案，迄今已发现的涉案国家约有10个，该公司的贿赂支出超过10亿欧元。他们利用在海外设空壳公司等手段进行贿赂，而且是单线匿名联系，完成任务后，空壳公司便烟消云散。其作案手段十分隐蔽，即使败露，也很难追查出全部案情。正是为了加大对腐败的打击力度，联合国不久前决定在维也纳郊外成立国际反腐败学院，以提高国际社会预防和打击腐败的能力。[1]

三是腐败手段日趋隐秘、案件越来越快。腐败犯罪自身的特点决定了在侦查取证过程中，往往难以获取有力的直接证据。犯罪者为了掩人耳目，多数会采取一定的反侦查手段，通过各种隐秘的方式来达到犯罪目的。为了不留下犯罪证据，犯罪者通常不会亲自出面进行权钱交易。一般会交由其他人代为办理，或者以其他人的名义收受赃款或进行洗钱。为了防止赃款被发现或追回，他们还会采用各种手段途径将其转移到国外。应该说，在国际横向比较中，德国是属于管理有效，比较清廉的国家。据德国联邦刑警局的统计，2007年德国警方登记的行贿案件超过9600起，比前一年上升了38%，其中有1600多起已立案调查。1997年，德国立案调查的腐败案为993起，但自2005年以来，每年立案调查的腐败案均在1600起以上。德国哥廷根大学反腐败专家奥格拉贝克对德国腐败案件的分析表明，排在受贿人员前5位的分别是地方政府官员、大学教育部门、司法执法机构、医疗卫生单位和城建管理部门。每年至少有200亿欧元用来维护与医疗卫生单位的关系。相比之下，德国的政界比较干净，在每年数千件腐败案中，涉及政界的只有10多起。专家指出，败露的腐败案仅为实际腐败案的5%左右，绝大多数腐败人员仍未受到应有的处罚。

2. 加强国际反腐倡廉合作是打造清正廉洁政治生态的必由之路

在廉洁政治建设过程中，面对结构性腐败和日益凸显的廉政风险，单纯依靠政府本身的力量是难以对抗的。从政府外部寻求支持力量已成为必要。

---

〔1〕　王建芹："'法度''官德'一个都不能少"，载《检察日报》2014年10月28日。

自20世纪90年代，治理逐渐成为现代国家建设的一个工具策略和管理战略，并为廉洁政治建设提供政策思路。基于政治学理论，治理是不同政治主体所组成的公共行动体系和网络，治理腐败即是这样一种公共行动。廉洁政治建设不是一个封闭的系统，与其他政府治理工作以及政府外部系统之间存在相互沟通和促进关系，涉及廉政组织重构、廉政资源配置、廉政信息交流、廉政主体合作等内容。廉政组织重构旨在整合不同的廉政主体，比如纪检、监察、检察、审计力量，形成一个统一的廉政组织，实行协同治理策略。廉政资源配置旨在整合分散的监督资源、媒体资源、管理资源，提高廉政资源集中度。廉政信息交流旨以实现同一层级不同政府部门和不同区域政府之间的廉政合作，实现跨部门、跨领域、跨区域的治理要求。廉政主体合作旨在实现政府组织、私营部门、公民社会、社会公众之间的合作治理，让他们把廉洁政治建设视为一项公共事务，共同致力于腐败治理，并形成整体性治理态势。

可见，廉洁政治建设既属于政府管理范畴，也属于社会管理范畴，需要政府、社会、市场等不同力量共同推进，集中体现了现代国家能力以及建设成果。依据治理逻辑，廉洁政治建设一方面关涉本国的国际形象建构，另一方面关涉人类共同发展难题的解决。在国际社会，腐败具有"外部性"，一国的腐败可能会影响另一个国家的政治建设。基于腐败发生的世界性，毫无疑问，国际腐败治理属于世界性公共事业，需要不同政府部门、国际组织的共同参与。进而，加强反腐败的国际合作有利于推进国际公共治理，能够为本国廉洁政治建设创造良好的国际环境。特别是在资金外逃、贪官外逃频发的情况下，更需要通过合理的国际反腐败合作机制来阻断"外逃"通道。[1]

3. 廉政制度建设是一项全球化行动

国际社会，有一个被广为引用的定义："一群国家意识到它们之间存在着一些共同利益和共同价值，从而形成一个社会，也就是说，这些国家相信在它们相互之间的关系受一套共同规则的约束……并且它们分享共同制度下的利益。"在当今全球化国际合作反腐的时代，廉政制度建设则无疑成为一个全球性的现象。这可以从多个方面来解释与说明。首先，廉政行动与影响已超出一国的界线而呈现出跨国性。随着经济全球化的不断蔓延和信息技术的不

---

〔1〕 庄德水："廉洁政治：内涵、结构与运行逻辑"，载《廉政文化研究》2013年11期。

断发展，世界各国之间的距离日渐缩小，联系日益加强，世界渐渐成为一个
"地球村"。具体到廉政建设领域，就是随之而来的一国廉政问题日益跃出国
界而演变成地区性乃至国际性问题。其次，对廉政问题的关注与回应不仅仅
是单个国家的行动，而越来越演化成一种地区性或国际性行动。在世界各国
纷纷致力于本国廉政建设的同时，联合国及其相关机构也在通过制定国际性
反腐条约和出台相关举措来为各国的廉政建设提供动因、评价标准与行动指
南。与此同时，许多地区性反腐败行动组织和国际官方与非官方反腐败行动
组织也在纷纷成立并开展风暴式的反腐行动。"从 20 世纪 70 年代以来，国际
社会已经开始担心，腐败对于国家发展规划和世界经济的消极影响。从那时
起，一些约束性和非约束性协议已经被用来指导国家的行动，促进国际合作，
并且为反腐败斗争提供支持。"〔1〕总之，世界范围内高度关注着提高政府治理
和权力问责水平，不论是在公共机构还是私营机构中，也不论是在国际组织
还是非政府组织中。

　　正是因为反腐败与廉政建设日渐呈现为一个开放性的全球性问题，并且
是不可回避又难以彻底解决的议题，所以完全凭一国之力难以解决，需要开
展国际交流与合作。具体表现为以下几点：第一，国际和地区性的官方与非
官方组织为推动世界各国的反腐与廉政建设，出台了一系列条约、公约和行
动指南，并定期举办一些国际性或地区性的沟通与交流会议，为世界各国共
商反腐与廉政建设问题、严厉打击国家内部和跨国性职务犯罪与商业贿赂、
提升世界各国的治理水平与服务能力创造机会与条件。第二，国际援助是反
腐与廉政建设国际合作的重要表现。这突出表现为国际性和地区性的反腐组
织为发展中国家尤其是那些政局动荡、经济贫困的发展中国家提供经济上的
资助和反腐策略上的帮助。第三，国家之间的协作互助。一般来说包括两方
面：一是定期或非定期的政府首长级廉政工作磋商会议，借此来交流各国政
府实施廉政建设的情况与经验，并就反腐倡廉方面的国际合作进行磋商，并
发表共同声名或签订合作协议等；二是国家间的引渡与遣送以及开展共同反
腐行动，这对于推动世界各国的反腐与廉政建设以及世界的和平与发展，都
具有重要的作用。第四，各种专门性的反腐与廉政建设国际会议，主要包括
每两年举办一次的国际反贪污大会和有关廉政道德的国际会议。通过这类国

---

〔1〕　胡鞍钢：《中国：挑战腐败》，浙江人民出版社 2000 年版，第 365 页。

际性会议来研讨反腐败和廉政建设的理论与实践问题，交流世界各国的经验与教训，探讨各种有效的反腐战略与合作行动。关于廉政建设问题中有关道德问题的讨论是国际廉政道德会议的主旨，具体包括道德价值标准、道德立法、道德教育与培训、公共领域的利益冲突等。历次会议的研讨成果在世界各国产生了积极的影响，不少国家还成立了专门性的道德管理机构，主抓廉政道德建设，这些都推动了本国的廉政建设实践。

但是，反腐与廉政建设的国际交流与合作中存在政治文化与价值观念方面的冲突。虽然腐败与廉政问题是世界各国面临的一个现实难题，但是从其成因与表现形式来说，不同国家的腐败与廉政问题根植的传统、道德、文化、政治、经济等土壤是不一样的，其表现形式与程度也是千差万别的。与此同时，各国在反腐与廉政建设的措施选择、对腐败的认识与容忍度，以及对国际组织确定的腐败程度评估标准的认可等，也存在明显的冲突与分歧。由此可见，廉政建设既是一个不可回避的全球性问题，也是一个存在诸多冲突与分歧、需要谨慎对待与处理的难题，并且其道路是艰辛且漫长的。我国作为一个正在不断发展壮大的社会主义大国，如何参与这场没有硝烟的全球性反腐战争，如何实现本土化实践与国际化标准的协调，如何借助国际交流与合作推进本国反腐与廉政建设，如何在国际交流与合作过程中防止资产阶级意识形态的渗透等，都是必须认真思考与审慎应对的重要议题。

二、国际反腐倡廉合作组织及其相关机构

1. 经济合作与发展组织

经济合作与发展组织（Organization for Economic Co‑operation and Development），简称经合组织（OECD），是由 34 个市场经济主体组成的政府间国际经济组织，旨在共同应对全球化带来的经济、社会和政府治理等方面的挑战，并把握全球化带来的机遇。经济合作与发展组织的前身为 1948 年 4 月 16 日西欧十多个国家成立的欧洲经济合作组织。1960 年 12 月 14 日，加拿大、美国及欧洲经济合作组织的成员国等共 20 个国家签署了《经济合作与发展组织公约》，决定成立经济合作与发展组织。在公约获得规定数目的成员国议会的批准后，《经济合作与发展组织公约》于 1961 年 9 月 30 日在巴黎生效，经济合作与发展组织正式成立。目前成员国总数 34 个，总部设在巴黎。

经合组织运行的有效性的核心是通过政府间的双边审查以多边监督和平

行施压，促使各成员国遵守规则或进行改革。与世界银行和国际货币基金组织不同，经合组织并不提供基金援助。它是在政策和分析的基础上，提供一个思考和讨论问题的场所，以帮助各国政府制定政策。经合组织已经制定了包括投资，金融市场，环境等领域的多项国际标准和规则。另外，经合组织在服务贸易领域所开展的分析和协商一致工作十分重要，有时，这种讨论会逐渐发展成为经合组织内的谈判，各成员国就国际合作的游戏规则达成一致。这些谈判可能会达成正式协议，有关于反贿赂、出口信贷、资本流动和外国直接投资的协议，也可能形成诸如有关于国际税收的标准和模式，或有关环境工作的建议和指导纲要。

经合组织的工作方式包含一种高效机制，它始于数据收集和分析，进而发展为对政策的集体讨论，然后达到决策和实行。经合组织在信息技术革命对经济发展的贡献方面所做的分析为政府制定经济政策提供了帮助，而它在失业起因及对策方面的研究则有助于给政策措施注入政治动力以减少失业。经合组织在贸易领域，如服务贸易方面，所开展的重要分析和综合一致工作，推动了国际贸易协商的成功。通过政府间的双边审查，多边监督，及平行施压促使成员国遵守规则或进行改革，这正是经合组织在诸如国际商业交易《反贿赂协议》等领域有效性的核心。

经合组织的宗旨是促进成员国经济和社会的发展，推动世界经济增长；帮助成员国政府制定和协调有关政策，以提高各成员国的生活水准，保持财政的相对稳定；鼓励和协调成员国为援助发展中国家作出努力，帮助发展中国家改善经济状况，促进非成员国的经济发展。

2. 透明国际

透明国际（Transparency International）即"国际透明组织"，简称 TI，是一个非政府、非盈利、国际性的民间组织，以监察贪污腐败、推动国际与各国反腐败为活动宗旨，是一个专以反腐败为目的的民间组织。"透明国际"于 1993 年由德国人彼得·艾根创办，总部设在德国柏林，以推动全球反腐败运动为己任，今天已成为对腐败问题研究得最权威、最全面和最准确的国际性非政府组织，目前已在 90 多个国家成立了分支机构。从 1995 年起，透明国际制定和每年公布清廉指数，提供一个可供比较的国际贪污状况列表，它的研究结果经常被其他权威国际机构反复引用。

"透明国际"成立以来所做的主要工作有：一是主持或参与国际性或地区

性反腐败会议；推动该组织各国支部成立；二是出版大量有关反腐败的出版物，定期出版《透明国际通讯》等刊物；三是建立自己的网站，发布有关反腐败的信息；四是每年发布一期"腐败排行榜"等。其中"腐败排行榜"已经在全世界产生了较大影响。透明国际表示："透明国际是一个领导反贪污抗争的全球性公民组织。它把各国人民组织成一个强大的全球同盟，终结贪污对全球男、女和小孩的毁灭性影响。透明国际的任务是为了迈向一个没有贪污的世界而创造改变。"

1995 年，透明国际制定出清廉指数。清廉指数以对象为商人的问卷调查作基础，按世界各国本土贪污情况的普遍性进行排名。清廉指数后来每年公布一次。制定该指数的方法基础备受批评，亦被指偏袒发达国家，对发展中国家不公平；不过同时有意见赞扬指数突显出贪污问题，并能够令政府尴尬。透明国际 1999 年起公布行贿指数，按各国的跨国公司于外地行贿的普遍性作排名。

"透明国际"立场和价值是中立的，不依附于任何政治党派，所作的全球反腐败报告每年发布一次，目的是提高全球各界对腐败危害性的认识，督促各国积极采取相应对策。衡量世界各国和地区的腐败状况，"透明国际"是以CPI（清廉指数）和 BPI（行贿指数）构成的腐败指数来进行评估的。CPI 反映的是全球各国商人、学者及风险分析人员对世界各国腐败状况的观察和感受。它的数据来源是由一些专家学者从国际上重要、著名的调查报告中（如号称世界"权威"的"盖洛普""政治与经济风险组织""世界经济论坛"等机构和组织所作的调查报告）提取有关人士对各个国家腐败程度的感觉和评判数据，加以综合评估，给出分数。透明国际并不调查或揭露个别的贪污个案。他们设计一系列用以打击贪污的工具并与公民组织、企业及合作政府落实。工作目标是保持无党派身份，建立反贪污的联盟。透明国际最大成就在于把贪污问题提上国际议程。国际机构例如世界银行及国际货币基金组织现已视贪污为经济发展的一大障碍；贪污议题在 20 世纪 90 年代以前并没有得到广泛讨论。在联合国反贪污公约和经济合作与发展组织反贿赂公约制定和采纳过程中，透明国际有着不可或缺的角色。[1]

---

[1] 钱小平："中国惩治贪污贿赂犯罪立法运行宏观效果考察"，载《暨南学报》2012 年第 6 期。

　　CPI（清廉指数）采用 10 分制，10 分为最高分，表示最廉洁；0 分表示最腐败；8.0~10.0 分之间表示比较廉洁；5.0~8.0 分之间为轻微腐败；2.5~5.0 分之间腐败比较严重；0~2.5 分之间则为极端腐败。BPI（行贿指数）在一定程度上是对清廉指数的一个补充。"腐败排行榜"有固定的格式。每个国家在榜上占一行，一行之中分为五栏，其内容依次为：排列名次、国家名称、得分、标准偏差率、采用调查报告数量。其中"标准偏差率"表示的是各调查报告之间的差距，数字越大，说明各调查报告对某一国家的评判差别越大。"采用调查报告数量"是指针对每一国家进行评估时所依据的调查报告数量。

　　应当说，"透明国际"所提供的信息不仅大致反映了各国的腐败状况，更重要的是它们还揭发了腐败发生的温床。"透明国际"作为一个 NGO 组织，在国际政治和社会生活中的影响很大。其在全球反腐败斗争中，在国际社会价值观念体系中确立透明与监督概念，提高国际社会对腐败及其危害的意识，倡导有关政府进行政策改革，促进落实国际多边公约等方面所取得的成就，赢得了很多国家和社会组织的赞许。

　　在当代世界，清廉不仅是一个社会政治文明的基本表现，也直接关系到一个国家的经济、文化和社会的和谐发展。据透明国际估算，世界上每年行贿受贿的金额高达 4000 亿美元。而一个国家的国际形象好坏，在国际商务活动中的声誉如何，直接关系到本国的国际竞争力。世界银行在最近发表的《世界发展报告》里指出，"'透明国际'发表的腐败指数越高的国家，经济增长率和人均收入都越低"，因此，"越来越多外国投资者和国际援助机构在进行投资和贷款时，将贪污贿赂行为列入考虑因素之内"。同时，跨国经济活动对"透明国际"的指数排名也有相当的敏感，哈佛大学的一项研究表明，根据"透明国际"公布的"腐败排行榜"，从新加坡的（低）腐败水平到墨西哥的（高）腐败水平，相当于将关税税率提高了 20%。而关税税率每提高 1%，一个国家所获得的外国直接投资额将下降大约 5%。

　　腐败是对全球的挑战，几乎没有国家能够幸免，"透明国际"致力于在全球领域提高国际社会对于腐败及其危害之意识，倡导政策改革，促进落实国际多边公约，督促政府、企业及银行落实其反腐承诺。在国家层面，"透明国际"致力于加强监督、提高透明度，评定各种部门和机构的表现，以非党派的超然立场促进必要改革。

3. 联合国及其他地区性的反腐败组织

以联合国为核心的各种国际组织，如世界贸易组织、国际货币基金组织、世界银行、国际商会、国际反贪污大会、国际廉政道德大会、政府间廉政工作国际会议等；区域合作组织，如美洲国家组织、欧洲委员会、非洲全球联盟、亚洲开发银行等。

国际组织通过各种区域性组织以及全球性组织通过的各项公约、协议、条约以及会议决议等，使全球反腐的国际合作已经形成了一个层次性的基本框架。主要有：《执法人员行为守则》（第 31 届联合国大会，1979 年）、《禁止非法贩运麻醉药品和精神药物公约》（联合国维也纳大会，1988 年）、《反腐败的实际措施》（第 8 届联合国预防犯罪和罪犯待遇大会，1990 年）、《公职人员国际行为守则》（第 51 届联合国大会，1996 年）、《反对国际商务交易活动中的贪污贿赂行为的宣言》（第 51 届联合国大会，1996 年）、《联合国打击跨国有组织犯罪公约》（第 55 届联合国大会，2000 年）、《联合国反腐败公约》（第 58 届联合国大会，2003 年）等。[1]

从全球反腐败基本框架的建立可以看出，反腐败的国际合作研究已经达到较高水平，《联合国反腐败公约》是联合国通过的第一个具有法律约束力的以反腐败为主题的公约。

《联合国反腐败公约》为国际社会反腐败提供了基本的法律指南和行动准则；《联合国反腐败公约》突出国际合作机制，规定缔约国在打击相关犯罪中的刑事司法合作义务，提高了各国的反腐败成效，加强国际反腐败合作；《联合国反腐败公约》建立和完善了境外追逃追赃的引渡制度和资产追回机制，为各缔约国构建开展追赃协作的平台，为打击犯罪、弥补资产流出国损失创造了有利条件。[2]

亚洲、美洲、欧洲和非洲等地区先后建立区域合作组织，2000 年前后，区域性反腐败公约或其他规范性文件纷纷出台，作为本区域反腐败工作的指导方针，加强区域间反腐败合作。主要区域性组织和公约有：《美洲反腐败公约》（美洲国家组织，1996 年）、《打击贪污腐败二十项指导原则》（欧洲理事会，1997 年）、《打击涉及欧洲共同体官员或欧洲联盟成员国官员的腐败行为

---

〔1〕 马海军："中国反腐败国际合作问题研究综述"，载《社科纵横》2010 年第 9 期。

〔2〕 李昌道："《联合国反腐败公约》解析"，载《复旦学报》（社会科学版）2006 年第 4 期。

公约》（欧洲理事会，1997 年）、《非法获利和跨国贿赂示范立法》（美洲国家组织，1998 年）、《反腐败刑法公约》（欧洲理事会，1999 年）、《反腐败民法公约》（欧洲理事会，1999 年）、《反腐败国家集团规约》（欧洲理事会，1999年）、《非洲国家反腐败原则》（援助非洲全球联盟，1999 年）、亚太地区反腐败行动计划（亚行和经合组织，2000 年）、《预防和打击腐败公约》（非洲联盟，2003 年）等。从区域合作的区域性反腐败公约的内容和范围，可以发现，区域性的反腐败公约具有专业化、具体化的特点，对区域内部的现实问题具有显著的指导意义，为区域内部实现反腐败合作奠定了基础。

三、完善廉政制度有效抑制腐败，构建国际合作规范化机制

为了更好地打击跨国犯罪和开展反腐败国际合作，国际社会先后制定了一系列的计划、措施和公约等规范性廉政制度文件。国际组织制定的廉政制度的规范性或指导性文件，从立法和制度上为国际社会打击跨国犯罪和反腐败提供了基本法律指南。

1. 制度反腐国际合作公约的具体化

一些有影响的国际组织纷纷制定准则、发表宣言，指导相关领域或行业反腐败国际合作的开展。主要有：《禁止在国际商业交易中贿赂外国公职人员公约》及其解释（经济合作与发展组织，1997 年）、《打击国际商业交易中的勒索和贿赂的行为准则》（国际商会，1997 年）、《巴塞尔银行监管委员会有效银行监管核心原则》（巴塞尔银行监管委员会，1997 年）、《货币和金融政策透明度问题良好做法守则》（国际货币基金组织，1999 年）、世界银行制定的一系列反腐败策略、英联邦制定的促进良好管治和打击贪污腐败原则框架、《世界海关组织广州宣言》（世界海关组织，2011 年）等。[1]

国际反腐败合作机制的法律化这些规范性文件经过几十年的实践和演变，由对反腐败国际合作零星的不自觉的规定，到系统的比较全面的自觉的规定。自 1990 年国际开始反腐败培训和进行国际交流，并建立长期合作机制；1988年国际社会建立《禁止非法贩运麻醉药品和精神药物公约》，具体针对侦查、识别毒品洗钱犯罪案，不仅是国际社会也是联合国制定的第一个惩治跨国洗钱犯罪的国际性法律规范性文件，而且第一次明确规定了缔约国打击犯罪的

---

〔1〕　马海军：“中国反腐败国际合作问题研究综述”，载《社科纵横》2010 年第 9 期。

刑法手段和应该承担的强制性义务，初步规范了侦查、识别毒品洗钱犯罪案件的国际合作机制；2000 年国际社会颁布的《联合国打击跨国有组织犯罪公约》，主要解释司法合作、执法合作、没收事宜合作；2003 年的《联合国反腐败公约》，制定了预防、刑事定罪与执法、国际司法合作和执法合作、资产追回与返还、履约监督等五大机制，是治理腐败方面的全球性、综合性和创新性的国际法律文件，确立了国际反腐败的五大法律机制，在世界范围内指导反腐败国际合作机制的建立和运行。[1]

2. 国际反腐败日成为国际反腐倡廉的重要节日

国际反腐败日是由联合国在 2003 年确定的国际日，目的是纪念《联合国反腐败公约》的签署和唤起国际社会对腐败问题的重视与关注，在国际反贪污组织"透明国际"的倡议下，联合国决定将每年的 12 月 9 日确立为国际反腐败日，以纪念公约的签署和唤起国际社会对腐败问题的重视与关注。2004年 12 月 9 日是第一个国际反腐日。以后每年的这一天，联合国都会呼吁世界各国举行相关宣传活动，倡导"帮助消除腐败是每个人应尽职责"的理念。该节日的目的在于提高对腐败的认识和对公约在打击和预防腐败方面的作用的认识和对公约在打击和预防腐败方面的作用的认识。全球已有 140 个国家签署了该公约。[2]

腐败更多地源于贪婪，而《联合国反腐败公约》则是当今世界反腐败最有力的法律手段。联合国秘书长潘基文曾多次呼吁各国企业家依照公约采取措施，同政府部门共同致力于预防和打击腐败，树立起一种廉正、透明、问责和善治的文化，实现一个人人共享的公正、包容和更加繁荣的未来。

2014 年国际反腐败日宣传活动的主题是"打破腐败链"。联合国秘书长潘基文表示，根除腐败对"我们未来的福祉至关重要"。他呼吁人人都响应"打破腐败链"的倡议。潘基文说，腐败是全球现象，阻碍经济的全面发展，掠夺重要服务领域所亟需的资金，而且穷人受到的冲击是最大的。各国政府批准和落实《联合国反腐败公约》。他说，公约在预防腐败、反腐败国际合作

---

〔1〕 陈正云、李翔、陈鹏展：《〈联合国反腐败公约〉——全球反腐败的法律基石》，中国民主法制出版社 2006 年版，第 106～107 页。

〔2〕 何平："论我国反腐败国际合作机制的建立与完善"，载《华中科技大学学报》2013 年第 4期。

和非法资产追缴等方面取得重要进展，但仍有很多工作要做。潘基文呼吁政府、民间机构和个人共同为结束腐败，为"全球的公正和公平"作出努力。他说："世界和世界人民不能再承受，也不能再容忍腐败。"

中国政府于 2003 年 12 月 10 日签署了《联合国反腐败公约》。中国全国人大常委会于 2005 年 10 月 27 日，审议并批准了该公约。自此，中国正式成为《联合国反腐败公约》的缔约国。

3. 国际反腐败学院成为培养国际反腐倡廉专门人才的摇篮

国际反腐败学院是全球第一所反腐败国际学院，由联合国毒品与犯罪问题办公室、奥地利政府、欧洲反诈骗局等机构共同倡议成立，国际刑警组织予以了大力支持。它向成员提供有关如何有效打击贿赂的教育和培训。该学院由 71 个联合国成员国和 3 个国际组织构成。国际反腐败学院总部设在维也纳以南 10 多公里以外的小镇拉克森堡。

它是一个年轻的机构，2011 年 3 月根据国际法成立，具有独特的双重特征，不仅是一个国际组织，也是一个高等教育机构。反腐败学院将把教育、研究和专业培训融为一体，除了设计课程和培训工具之外，还将实地开展培训课程和反腐败教育。在学院的建设方面，联合国毒品与犯罪问题办公室和国际刑警组织还将积极寻求其他国际组织，如世界银行、开发计划署、经济合作发展组织以及学术机构和私营部门的支持。

反腐败学院将成为反腐败领域教学、研究和进行专业培训的中心。国际反腐败学院寻求克服反腐败领域的知识与实践缺陷，为反腐败挑战培养专业人才。该学院的主要使命有两项：一是开发教学课程和培训手段；二是开设培训班和进行反腐败教学。具体来说，主要是提供反腐败教育和专业培训，促进对有关腐败现象的研究，提供打击腐败的技术援助，并推动反腐败国际合作与交流。

近年来，随着全球新的腐败形式不断出现，特别是在金融犯罪领域，传统方法已不能适应反腐败需要。成立国际反腐败学院的主要目的就是向法律工作者提供专业教育和跨司法背景训练，以解决腐败问题。学院致力于培养公共部门和私人部门的新一代反腐败领导人，并构建专业反腐败人才的国际网络。联合国秘书长潘基文在国际反腐败学院成立时表示："国际反腐败学院的成立是国际社会与腐败作斗争的一个重要里程碑，将有助于实现《联合国反腐败公约》确定的目标。"

学院针对组织、公司和个人量身打造反腐败培训计划，满足他们的特殊需求和想法。培训可以在学院总部，也可以在申请方所在地。除了举办短期的会议、培训班之外，学院最引人注目的还要数 2013 年推出的全球首个反腐败硕士课程。该硕士项目主要针对的仍是在职人员，时长两年，包括 7 次每次两周的现场实地教学，其他时间为远程培训。学院在第一学年安排的主要课程都是一些与反腐有关的各类学科核心基础知识介绍，比如社会学、政治学、法学、经济学和心理学课程等，从而让学生构建起关于反腐的知识和理论框架，掌握必要的研究方法论。第二学年，课程重心则会放在应对腐败现象的实际策略研究上。

2014 年 11 月，中国决定加入国际反腐败学院，加强打击贪腐的"战争"。

第二节 中国与国际反腐倡廉的合作

廉政建设不只是一国之内的问题，而是一项全球性议题。伴随着国际组织对全球廉政风暴的关注与所采取的一系列有力举措，世界各国各地区都纷纷加入到这一世界性廉政建设的大潮流中来，从当前世界上多数国家都成为国际性反腐败合作机制成员国这一事实就可见一斑。《联合国反腐公约》以及其他国际性反腐公约与协定是当前全球性廉政建设的纲领性文件与行动指南，这些国际公约的不断发展又对公务贿赂犯罪、商业贿赂犯罪、跨国公司腐败以及提升政府绩效与信任等疑难问题作出符合国际经济社会稳健发展的必要修正。在当今这场没有硝烟的国际反腐败浪潮中，与国际公约全面接轨，为世界各国反腐败面向现代化的实质性改革提供有益的发展路径，已成为世界各国公认的、势不可挡的全球化逻辑。

当前，中国的廉政建设已经置身全球化的逻辑之中。一方面，中国积极响应相关国际性或区域性国际组织的号召，积极参与到旨在促进国际合作与交流和各国国内的内政稳定与社会发展的全球性廉政建设行动中去；另一方面，积极了解和学习国外廉政建设与反腐败的经验和做法，结合中国的国情加以吸收借鉴。

一、中国参与反腐倡廉国际合作机制现状

1. 积极参与国际合作

目前，倡廉反腐国际合作正由众多组织协力推进。总的来说，其主体不外乎几类，一是由国际组织牵头进行合作的主体，比如国际反贪局联合会；二是区域性合作的主体，比如亚太经合组织等；三是双边合作的主体，即国与国之间的合作。近年来，中国在廉政建设中逐步与国际公约接轨。2003年全国人大批准加入《联合国打击跨国有组织犯罪公约》。2006年颁布《反洗钱法》，以预防、遏制洗钱犯罪及相关犯罪。全国人大先后批准加入四个与反洗钱相关的国际公约，并成为金融行动特别工作组、欧亚反洗钱和反恐融资组织、亚太反洗钱组织的成员。

为推动反腐败国际交流与合作，中国于2005年批准加入了《联合国反腐败公约》。为履行公约规定的各项义务，中国成立了由24个机关和部门组成的部际协调小组，具体承担国内履约的组织协调工作，做好有关国内法与公约的衔接工作。截至2013年5月，我国已与49个国家签订民、刑事司法协助类条约，与36个国家签订了引渡条约。中央纪委和国家监察部已与80多个国家和地区的反腐败机构开展了友好交往，与68个国家和地区签署了106项各类司法协助条约。而据2010年公布的《中国的反腐败和廉政建设》白皮书，作为打击腐败的主要部门，最高人民检察院先后与80多个国家和地区的相关机构签署了检察合作协议；公安部与44个国家和地区的相关机构建立了65条24小时联络热线，同59个国家和地区的内政警察部门签署了213份合作文件。

2. 建立对应部门业务链接

加强同世界各国、各地区及有关国际组织的反腐败交流与合作，已经成为国际反腐败的重要力量。中国政府一向高度重视国际反腐败合作，并积极参与国际反腐败工作。2004年，中美两国签署《中美反腐败政治宣言》，在中美共同推动下，亚太地区的反腐败合作被提上议程。中国还以观察员的身份参加经合组织的反腐败合作。截至目前，被中国已与68个国家和地区签订了106项各类司法协助条约。与美国建立了中美共同执法合作联合联络小组，并设立反腐败专家组；与加拿大建立了司法和执法合作磋商机制。中共中央纪律检查委员会和中国监察部同80多个国家和地区的反腐败机构开展了友好

交往，与俄罗斯等 8 个国家的相关机构签署了合作协议；与联合国、欧盟、世界银行、亚洲开发银行、经合组织等国际组织开展了多领域的交流与合作，积极参与二十国集团、亚太经合组织等框架内的反腐败合作机制。最高人民检察院先后与 80 多个国家和地区的相关机构签署了检察合作协议。公安部与 44 个国家和地区的相关机构建立了 65 条 24 小时联络热线，同 59 个国家和地区的内政警察部门签署了 213 份合作文件。2010 年 6 月，中国公安部与加拿大皇家骑警队签署了关于打击犯罪的合作谅解备忘录，中国有关部门还曾经与美国执法机构合作，在中国或美国起诉本国的腐败官员，余振东正是通过这种方式被遣送回国的。

3. 成立相关机构

中国还积极加入相关反腐败国际组织，参加和举办反腐败国际会议。1996 年中国和巴基斯坦等国发起成立亚洲监察专员协会。2005 年加入亚太经合组织反腐败与提高透明度工作组、亚洲开发银行、经合组织亚太地区反腐败行动计划。2006 年中国最高人民检察院发起成立国际反贪局联合会，这是世界上首个以各国、各地区反贪机构为成员的国际组织。近年来，中国成功举办第七届国际反贪污大会、亚洲监察专员协会第七次会议、第五次亚太地区反腐败会议、国际反贪局联合会首届年会、亚太经合组织反腐败研讨会等国际会议，多次参加全球反腐倡廉论坛、政府改革全球论坛、国际反贪污大会等国际性反腐败会议。

在现有的全球权力框架体系下，主权国家在起主要作用，因而现在双边合作是最重要的。从另一个角度看，反腐国际合作也给国内廉政制度的建设带来了实质性的影响。近年来，我国充分利用全球性反腐这一契机以及相关国际组织所提供的各种指导与支持，对我国廉政建设的法律与机构设置进行系统化的调整。例如，以《宪法》为依据，我国已制定了一系列廉政建设的法律法规，建立了加强对行政机关及其工作人员的行政监察、审计监督、行政复议和行政诉讼制度，同时根据《中国共产党章程》，制定了一系列中国共产党党内制度规定，逐步形成内容科学、程序严密、配套完备、有效管用的反腐败和廉政建设法律法规制度体系。同时，为依法依纪惩治腐败，我国又制定并不断完善包括刑事处罚、党纪处分和政纪处分在内的惩处违法违纪行为的实体性法律法规，以及一系列为保证以上实体性法律法规的执行而制定的程序性法律法规。此外，中国各地区各部门也依据宪法和国家法律，制定了与反腐败相关的地方性法规、地方政府规章和部门规章，完善了中国的反腐败和廉政建设法律法规制度体系。

二、中国反腐倡廉国际合作机制存在的问题

当前我国置身于全球化的大背景之下，各个领域都面临着与世界接轨和加强国际交流与合作的机遇与挑战，同时国内又处于全面转型的特定历史时期，尤其是独特的政治体制与政府组织及其运行方式，尚处于起步发展阶段的公共管理制度，以及不断增长的社会与民众需求与多元化的价值追求，这些方面都决定了我国所面对的大环境以及所亟需解决的各种问题。

1. 法律制度差异阻碍合作

世界各国的政治经济、社会文化和法律惯例决定本国的法律制定，由此，中国的反腐败法律和国际社会的反腐败法律差异较大，法律解释不尽相同。法律制度差异的内容是由于各国对腐败犯罪认识不同，腐败犯罪的界定存在差异。我国在改革开放之后，腐败行为呈现出主动性和计划性、腐败资产转移形式多样等特点，腐败分子外逃地点相对集中在尚未与中国建立双边引渡条约的西方发达国家，这导致我国对腐败的程度、范围的界定与其他国家特别是发达国家存在很大差异。发达国家在建立反腐败公约中处于主动地位，处于利益的考虑，我国制定的反腐败法律难以在一些发达国家获得实际效果。[1]。从我国现行国内立法来看，无论是实体法还是程序法，都与《联合国反腐败公约》以及国际司法合作惯例存在一定的差异，给反腐败国际合作带来一些法律障碍。具体表现为以下差异：①刑事立法规定方面，贿赂犯罪、洗钱罪的上游犯罪；②刑事诉讼程序法方面，资产追回机制相匹配的刑事诉讼制度、证人保护的规定、有关死刑的规定；③民事诉讼程序法方面，诉讼制度、证人制度。

2. 统一协调机制尚未建立

世界各国发展程度不同，在世界格局中的地位存在差异，也就是各国在国际反腐败合作过程中具有成本和收益差距，这导致各国在构建国际合作机制上难以达到统一目标，最终结果是国际社会政府间反腐败合作层次较低。国家反腐败合作中，发达国家处于主导地位，在机制设置中占据优势，发展

---

〔1〕 李昌道："《联合国反腐败公约》解析"，载《复旦学报》（社会科学版）2006 年第 4 期。

国家处于被动地位，在机制设置中处于弱势位置，这种差异化格局不利于建立统一协调机制。[1]

虽然，国内相关部门与一些国家、地区和部门的组织建立了合作关系，并着力于建立合作机制，但反腐败是一个综合性的工作，必须依赖于政府间在建立原则上的协调和统一，具体的部门和组织依据政府间的协调原则开展具体工作。政府间没有统一的原则，部门和组织间的具体业务合作只能起到提供具体信息的作用，难以在打击腐败犯罪上产生实际效果。

3. 腐败追究机制功能微弱

目前世界腐败范围及其巨额赃款的流向，一般是从发展中国家流向发达国家，按照国际合作原则，赃款应返还，这种资金流向导致发达国家在制定和参与国家合作中的动力不足，腐败追究机制具有有意识的选择性。中国作为发展中国家，积极主动参与反腐败合作，但在发达国家主导的反腐败国家机制中能够发挥的作用有限，当面临腐败国际追究问题，腐败问题可能演化意识形态问题而变得复杂化。发达国家有意无意地渗透意识形态因素，并制造种种障碍和附加各种政治条件，搞双重标准，这使得中国在与发达国家的合作中处于被动地位，无法在具体打击腐败犯罪案件上收获到有效成果。

从中国与发达国家建立腐败的引渡机制来看，截至2014年7月底，我国已与51个国家签订含有刑事司法协助内容的条约，与38个国家签订了引渡条约，但主要集中在与发展中国家签订，而官员外逃往往又把发达国家作为目的地。以前一些西方国家认为中国会判贪官死刑，从人权角度考虑拒绝引渡，让贪官逍遥法外。中美之间还没有签订引渡协议，这使得美国成为我国外逃贪官的"后花园"。中国在进行腐败官员外逃方面缺乏相应司法协议合作，这些国家没有责任和义务协助中国开展追逃工作，腐败官员通过将腐败问题转嫁为政治问题而得到国际庇护，这为进行腐败追究带来极大阻碍。

三、完善我国反腐败国际合作机制的途径

目前，我国从国家层面上建立了反腐败领导体制和工作机制、《联合国反腐败公约》的实施机制、防止违纪违法国家工作人员外逃工作协调机制、反

---

〔1〕 黄洪波："我国反腐败国际合作的法律障碍及完善——以《联合国反腐败公约》为参照"，载《湖北社会科学》2008年第11期。

洗钱协调机制等与打击跨国犯罪有关的机构和运作机制，为了让我国更加有效地借助国际社会的力量，必须健全和完善反腐败国际合作的法律基础，建立和实施反腐败国际合作机制。

1. 积极参与国际公约的制定

中国在反腐败国际合作中面临的国际协助问题，其根本原因在于我国在国际公约中的弱势地位，这是由中国的经济发展程度和国际地位所决定的。为了更好地获得国际社会支持，改善中国在反腐败国际合作中的位置，必须积极参与国际公约的制定，将中国出现的腐败问题特别是跨国界问题纳入世界反腐败体系，利用国际社会的力量共同打击腐败问题。这具体要求：①积极主动组织国际反腐败会议，中国作为发展中国家，将积极主动地将发展中国家面临的腐败问题更多地提上国际社会讨论议题，为发展中国家反腐败工作争取国际社会支持。②参与国际公约的起草工作，将针对发展中国家腐败的特点提出针对性的建议，为反腐败实际行动提供指导原则和法律依据。③积极与国际社会建立具体的协作机制。国际公约是国际社会拥有打击反腐败的共同原则，但是针对具体的犯罪案件指导性不足，中国应该根据国内腐败的特点和世界各国建立具体的反腐败合作机制。[1]

2. 完善防逃、追逃协调机制

2007 年，国家成立了"防止违纪违法国家工作人员外逃工作协调办公室"，建立起了防止违纪违法国家工作人员外逃工作协调机制。2007 年、2009 年先后召开了防逃工作协调机制第一次和第二次联席会议。2011 年 9 月，在黑龙江、上海等十省（市）启动了省级追逃防逃协调机制试点工作，防逃工作进入了整体推进的发展时期。2014 年 1 月召开的十八届中央纪委第三次全会明确要求，加大国际追逃追赃力度，决不让腐败分子逍遥法外。2014 年 8 月 26 日，中美两国商讨在反腐败领域进行更深入的合作。在 APEC 第三次高层会议及相关会议上，APEC 反腐败执法合作网络成立并召开了第一次会议。亚太经济合作组织（APEC）美国高级官员王晓岷表示，美中两国在 APEC 第三次高官会及相关会上着重讨论了反腐败议题，并且都表达了在这一问题上建立合作网络的意愿。

这一机制的完善，包括四个方面的内容：①进一步健全防逃工作领导体

---

〔1〕 李昌道："《联合国反腐败公约》解析"，载《复旦学报》（社会科学版）2006 年第 4 期。

制和工作机制，完善部际联席会议成员单位组成，建立健全省级及以下地方的追逃防逃协调机制，充分发挥各部门的职能优势，形成合力。②努力加强防逃制度建设，以建立健全国家工作人员出国（境）管理的各项制度为重点，加强整体规划，抓紧重点突破，逐步建成内容科学、程序严密、配套完备、有效管用的防逃制度体系，提高制度执行力。③积极推进防逃工作创新，在防逃工作理念、思路、工作内容、方式方法、体制机制方面，以改革的精神、创新的思路、发展的办法研究新情况、解决新问题、提出新举措。④加强防逃队伍建设，深化反腐败国际合作，在加大防逃力度的同时，严格依纪依法开展工作，保障有关人员合法权益，提高防逃工作的能力和水平，加强对系统的业务指导和监督检查。

3. 完善预防腐败国际合作机制

按照《联合国反腐败公约》的要求，国家预防腐败局于 2007 年 5 月成立，是直属政府的专门预防腐败机构，主要履行全国预防腐败工作的组织协调、综合规划、政策制定、检查指导，实施对社会领域腐败的整体防治，承接履行《联合国反腐败公约》的有关工作。现在 31 个省（区、市）中，建立省级预防腐败机构的已有 20 家，在推动国家防治腐败重要工作的实施、推动社会领域防治腐败工作、打造廉洁社会基础、协调做好《联合国反腐败公约》、履约审议各项工作等方面发挥了很好的作用。为推动预防腐败国际合作的开展，必须进行以下工作：①履行《联合国反腐败公约》的义务，建立健全预防腐败合作机制，包括制定推行廉政风险防控、规范权力运行规制性文件，推动在国家层面建立新立法规廉洁性审查制度，厘清社会领域防治腐败的主体，引导社会力量有序参与防治腐败工作。②围绕国家公职人员廉政教育、政府信息公开等专题进行交流研讨，举办预防腐败研讨班等研讨活动，共同寻找防治腐败的良策。③组织开展好第一个 5 年期的《联合国反腐败公约》第三、第四章规制的履约审议各项工作，与联合国有关机构、参加审议的国家的有关机构和人员进行良好的沟通与合作，推动公约的实施。

◁◆◁ 延伸阅读案例一：反腐败国际合作新篇章：写在《北京反腐败宣言》发表之时

本网从中央纪委国际合作局获悉，11 月 7 日至 8 日，APEC 第 26 届部长级会议在北京成功召开，会议重要成果之一是通过《北京反腐败宣言》，并以部长级会议《联合声明》附件形式对外发表。《北京反腐败宣言》的发表，体现了亚太地区各经济体加强反腐败国际合作的共同愿望，翻开了反腐败国际合作的新篇章。

从 2005 年成立 APEC 反腐败工作组至今，APEC 反腐败国际合作走过了近十年的历程，正处在一个新的历史起点上。作为 2014 年 APEC 反腐败工作组主席，中国监察部负责主办工作组会议及相关研讨会，加强与有关各方的沟通，把握反腐败国际合作大势，结合国内反腐败工作需要，积极引导亚太地区反腐败合作朝务实方向发展。《北京反腐败宣言》草案由中方起草，经多轮征求各经济体意见，充分吸收各方关切后形成。8 月 13 日，APEC 反腐败工作组第 19 次会议在北京举行，经过充分讨论和多轮磋商，通过了《北京反腐败宣言》，并决定提交 APEC 高官会和部长级会议审议。

《北京反腐败宣言》集中反映了 APEC 各经济体在反腐败国际合作方面达成的共识：各经济体一致认识到，腐败破坏社会公平正义，损害政府形象和公信力，阻碍经济健康发展，是必须治理的社会"毒瘤"。鉴于全球互联互通趋势不断增强，腐败犯罪呈国际化蔓延趋势，亟需加强反腐败国际合作，呼吁各经济体加大合作力度，开拓合作领域，有效打击跨国（境）腐败行为。

《北京反腐败宣言》主体部分共 8 条，从不同角度明确了各经济体加强合作的内容。加强反腐败国际追逃追赃合作是《北京反腐败宣言》的核心内容，贯穿于主体部分全文，包括拒绝为腐败分子及其非法所得提供避风港，加强对外逃腐败官员的引渡和遣返；加强对出入境移民活动的监管，建设相关信息共享机制；探索运用《联合国反腐败公约》等国际合作倡议，加强双边反腐败合作；支持并参与 APEC 反腐败执法合作网络（ACT－NET）；通过一切可行方式开展反腐败案件合作，并为开展反腐败跨境合作的官员提供行政安排等方面的便利等。

《北京反腐败宣言》呼吁："在既往反腐败承诺的基础上，我们将继续以身作则开展合作，共同打击本地区内各种腐败行为。我们将带着崭新的活力与姿态，通过扎实的行动和其他必要的有效措施，捍卫我们在维护地区安全、市场诚信、社会法治和可持续发展方面的共同利益。"

《北京反腐败宣言》是第一个由中国主导起草的国际性的反腐败宣言，集中反映了各经济体就 APEC 反腐败合作重点及发展方向达成的共识，充分体现了中国在加强反腐败追逃追赃合作方面的关切和立场，对于引领亚太地区反腐败合作朝追逃追赃等务实合作方向发展具有重要意义。

附：

北京反腐败宣言（亚太经合组织第26届部长级会议审议通过）

我们，亚太经合组织成员经济体，一致认识到，腐败破坏社会公平正义，损害政府形象和公信力，阻碍经济健康发展，是必须治理的社会"毒瘤"。我们重申《圣地亚哥反腐败和确保透明度承诺》、《亚太经合组织圣地亚哥反腐败与提高透明度行动计划》和《符拉迪沃斯托克反腐败与提高透明度宣言》，这些文件彰显了我们在亚太地区打击一切领域内腐败现象的决心。我们赞赏反腐败工作组做出的努力：其多年来与亚太经合组织框架下其他机制密切协作，与亚太经合组织工商咨询理事会以及其他重要国际和区域伙伴共同努力，引领我们在反腐败领域内坚定决心，砥砺前行。

我们高度赞赏亚太经合组织各成员经济体在维护本地区清正廉洁、提高透明度、鼓励社会参与等方面所作出的贡献。鉴于全球互联互通趋势不断增强，积极加强国际合作以有效打击跨国（境）腐败的需求日益迫切，我们呼吁各成员经济体在亚太经合组织框架下加大合作力度，不断开拓新的合作领域，以进一步打击腐败行为。

秉承这一愿景，我们在此呼吁成员经济体齐心协力，遵照本经济体法律和政策规定，通过以下行动加强亚太地区反腐败合作：

——重申我们的承诺，通过引渡、司法协助、追回腐败所得等手段，消除腐败避风港；考虑在本经济体法律允许范围内，通过更加灵活的手段追回腐败所得；全力推动意在预防、调查、起诉和惩治腐败犯罪的国际合作。

——根据各自法律，加强与腐败官员及其非法所得跨境活动相关的信息共享，以最大限度地打击腐败、贿赂与非法资金流动；根据金融行动特别工作组的定义，提高受益所有权透明度，从而更加有效地预防和发现腐败行为。

——进一步发掘运用《联合国反腐败公约》《联合国打击跨国有组织犯罪公约》等国际法律文书，以及《亚太经合组织圣地亚哥反腐败与提高透明度行动计划》等现有国际合作倡议推动双边反腐败合作的潜力；鼓励成员经济体在适当情况下签署、缔结双边引渡条约和司法协助协定，并效法成功范式推进双边反腐败执法合作。

——建立亚太经合组织反腐败执法合作网络，设立秘书处以负责网络的日常运行，并期待这一网络早日建设成为亚太地区反腐败与执法机构间分享信息与交流经验、技术的非正式合作机制，从而为侦测、调查并起诉腐败、贿赂、洗钱与非法贸易提供便利。

——积极支持并参与亚太经合组织反腐败执法合作网络等多边网络，强化国际反腐败合作；针对《联合国反腐败公约》《联合国打击跨国有组织犯罪公约》、经济合作与发展组织、金融行动特别工作组、亚太反洗钱组织等旨在促进执法、检察、监管和金融情报单位之间有效开展双边、区域或国际合作的现有机制，视情深入发掘其所具备的潜在价值；发展并推广各司法管辖区反腐败操作手册等新型反腐败工具或倡议，从而为各成员经济体反腐败机构与执法部门提供技术支持。

——为营造公平而开放的市场环境而共同努力，鼓励各成员经济体倡议、制定、执行旨在打击贿赂的相关法律法规，并不断根据实际情况将其修改完善；认可加强跨经济体联合行动以预防、调查并起诉贿赂犯罪的重要意义；鼓励各成员经济体加强政府与商界在反贿赂领域的对话；欢迎各成员经济体为打击贿赂而创设的工具与准则（包括《亚太经合组织预防贿赂与反贿赂执法准则》《亚太经合组织高效公司合规项目基本要素》等文件。）。

——在各成员经济体法律规定范围之内，通过一切可行方式开展反腐败案件合作，并为开展反腐败跨境合作的官员提供行政安排等方面的便利。

——根据各经济体基本法律原则，采取一切必要措施落实并提高透明度，包括强化预防腐败机构、制定反腐败政策、鼓励社会参与等；设立保护举报人的措施与体系；高度重视反腐败机构与执法部门能力建设；努力推动成员经济体间开展经验分享、人员培训与技术援助。

在既往反腐败承诺的基础上，我们将继续以身作则开展合作，共同打击本地区内各种腐败行为。我们将带着崭新的活力与姿态，通过扎实的行动和其他必要的有效措施，捍卫我们在维护地区安全、市场诚信、社会法治和可持续发展方面的共同利益。（来源：中央纪委监察部网站 http://www.ccdi.gov.cn/special/ztzz/ztzzjxs_ ztzz/201411/t20141127_ 32071. html，发布时间：2014年12月9日）

延伸阅读案例二："猎狐2015"行动今日启动

自今天起，公安部组织开展"猎狐2015"专项行动，重点对象是外逃经济犯罪嫌疑人、外逃党员和国家工作人员、涉腐案件外逃人员；同时，将会同多部门联合开展治理违规办理和持有因私出入境证照、打击利用离岸公司和地下钱庄向境外转移赃款等专项行动。

去年抓获 680 名外逃嫌犯

在公安部昨天召开的全国公安机关"猎狐 2015"专项行动部署会上，公安部党委委员、部长助理、"猎狐 2015"专项行动领导小组组长孟庆丰要求各级公安机关认真贯彻落实中央关于国际追逃追赃的决策部署。据统计，去年 7 月至 12 月底，公安部部署开展"猎狐 2014"缉捕在逃境外经济犯罪嫌疑人专项行动，共抓获外逃经济犯罪嫌疑人 680 名，是此前 5 年的总和。其中，缉捕归案 290 名，投案自首 390 名；涉案金额千万元以上的 208 名，超过亿元的 74 名。公安机关共派出 70 余个境外缉捕组，抓获的逃犯涉及 69 个国家和地区。

坚持缉捕劝返两手都要硬

据了解，组织开展"猎狐 2015"专项行动是中央反腐败协调小组部署的"天网"行动的重要组成部分。该专项行动重点任务是压存量、控增量、追逃追赃并重，坚持缉捕、劝返两手都要硬，适时在重点国家开展集中缉捕，充分发挥法律政策的感召作用开展劝返工作；坚持追逃、追赃两手都要狠，大力收缴外流的赃款赃物；同时坚持专项行动和基础建设两手都要抓。

打击利用地下钱庄转移赃款

公安部还将积极会同中央组织部、最高法、最高检、中国人民银行、国家外汇管理局等部门联合开展治理违规办理和持有因私出入境证照、打击利用离岸公司和地下钱庄向境外转移赃款等专项行动。

公安部强调，要在完善"一人一档""一案一策"的基础上，深挖发现逃犯行踪，强化调查取证，并通过查封扣押冻结涉案财物，最大限度地钳制逃犯的境外活动能力、挤压其生存空间；要主动与相关国家和地区执法机构协商，建立、巩固并不断拓展合作渠道。

新一轮"猎狐行动"释放反腐强烈信号

新一轮"猎狐行动"正式启动，释放出我国"狠抓追逃追赃，把腐败分子追回来绳之以法"的强烈信号。

近日，潜逃老挝的天津市国税局直属分局原局长庞顺喜、天津港保税区瀚通国际贸易有限公司原总经理安慧民被押解回国。社会各界对此拍手称快。这不仅让广大群众看到了中央反腐败的信心与决心，更击碎了贪腐官员"国内犯罪国外躲"的黄粱美梦。

手莫伸，伸手必被捉。党的十八大以来，中央高度重视反腐败工作，既打国内"老虎苍蝇"，也把反腐的"天网"撒向海外，掀起声势浩大的国际追逃追赃。公安部开展的"猎狐行动"对境外逃犯形成了冲压式震慑。"猎狐行动"已成为我国开展国际追逃追赃工作的形象标志，使外逃贪官的生存空间越来越窄，但仍有一些腐败分子躲在"避风港"逍遥法外。一方面，这些贪腐官员携带大量赃款潜逃，逃避国内制裁；另一方面，这些贪官无形助长了国内部分贪官的嚣张气焰，败坏社会风气，一些腐败官员因此滋生"大不了一逃了之"的侥幸心理。

从"打虎"到"猎狐"再到撒下"天网"，反腐没有禁区、特区、盲区，对于腐败问题，中央的态度旗帜鲜明——一查到底、决不姑息、不留死角、不留空白。清除腐败"避风港"，在依法治国的今天，更应是不可撼动的法治共识。（摘自《北京晚报》，2015 年 4 月 1 日）

学习与思考

1. 结合延伸阅读案例一，试述为什么说廉政制度建设是一项全球化行动。
2. 简述国际倡廉反腐的主要组织机构有哪些？
3. 简述国际反腐败日与国际反腐败学院的重要作用。
4. 结合延伸阅读案例二，简述中国是如何进行国际反腐合作的。
5. 联系实际谈谈完善我国反腐败国际合作机制的具体途径有哪些。

参阅文献：

蒋晓俊、田湘波："国外廉政制度及其对我国廉政建设的启示"，载《社会科学家》2008 年第 7 期。

唐晓清、杨绍华："防止利益冲突制度：国际社会廉政建设的经验及启示"，载《当代世界与社会主义》（双月刊）2011 年第 2 期。

周五香："基于公共性的廉政伦理探究"，载《伦理学研究》2010 年第 5 期。

郜爱红："防止公务员利益冲突的伦理路径"，载《中国特色社会主义研究》2012 年第 1 期。

倪邦文："廉政建设的宏观考察"，载《中共四川省委省级机关党校学报》2012 年第 3 期。

何平："论我国反腐败国际合作机制的建立与完善"，载《华中科技大学学报》（社会科学版）2013 年第 3 期。

石国亮："廉政建设的全球化逻辑与地方性知识"，载《中共四川省委省级机关党校学报》2012 年第 3 期。

第六章

中外制度廉洁性评估理论与实践的比较

开展制度廉洁性评估是加强预防腐败制度建设的新举措，如果说制度反腐是源头反腐的基石，那么，制度廉洁性评估则是制度反腐的基石，是制度反腐的先导。开展制度廉洁性评估是从源头上预防和治理腐败的重要途径，对于提高反腐倡廉制度建设科学化水平、促进法治政府建设具有重要意义，是提高制度执行力、维护制度权威性、强化制度反腐的重要举措。从国内外反腐倡廉建设形势看，面向全国推行制度廉洁性评估不仅应该实现，而且宜加快实现。

第一节　制度廉洁性评估概述

一、制度廉洁性评估的内涵

休谟认为："概念永远先于理解，而当概念模糊时，理解也就不确实了；在没有概念的时候，必然也就没有理解。"探讨什么是制度廉洁性评估是进行制度廉洁性评估研究的逻辑起点和基本前提。

要准确把握制度廉洁性评估概念，可以从构成的三个关键词"制度""廉洁性"和"评估"入手来分析。关于制度，其基本含义是要求成员共同遵守的规则。从广义上讲，指在特定范围内统一的、调节人与人之间社会关系的一系列习惯、道德、法律、法规和规章等的总和。其基本特征是具有普遍性、反复适用性和一定约束力。廉评主要针对法规、规章和其他规范性文件。关于廉洁性，主要指是否符合国家关于廉洁要求的标准，核心概念是利益冲突，具体包括是否存在地方或部门利益制度化，构成对公共利益或公民权益的威胁；是否存在权力与权利关系的明显倾斜，或者为公民、法人和其他组织设定额外义务；是否存在模糊职责和减免公共职责，谋取权力便利的情形；是否存在不正当的社会利益倾向和不合理的社会利益安排；是否存在法律责任缺位、问责机制和绩效评估缺失等情况。关于评估，称"评估"还是"审查"，在实践中做法不一。"审查"的概念要比"评估"的概念强势，审查往往跟权力密切联系在一起，评估则与中立、客观联系在一起。故，究竟采用"审查"还是"评估"，这主要跟廉评工作的权威性有关。如果评审的结果具有强制性，则为审查；如果评审结果只是参考，则为评估。[1]

综上所述，制度廉洁性评估，是指对体制机制与具体制度当中所包含的、易于导致腐败的漏洞进行查找，提出堵塞建议并督促建议的实施而开展的相关工作。从广义上来说，它既包括对一个社会内部宏观与微观的管理制度当中腐败漏洞的评估，也应包括对一个社会内部为控制腐败而建立的反腐败制度的健全性与有效性评估。从上述意义上来说，制度廉洁性评估既是法定腐败预防机构的日常性工作，也是受特定事件触发而启动的、由反腐败机构之外的立法机关、行政机关、司法机关授权组建的专责委员会开展的制度审查工作；评估既包括对公共机构甚至私营机构的一般性管理制度，也包括对涉及惩治与预防腐败的专门法律法规及利益冲突管理的行政措施。

狭义上的制度廉洁性评估是指反腐败机构根据法律授权，经由特定程序、综合运用腐败预防知识与技能对政府部门及其他公共机构的具体运行机制、程序、惯例等进行审查，以堵塞腐败漏洞，降低腐败行为发生的风险。其核心内容包括但不限于对具体制度进行廉洁性审查，岗位廉政风险防控与利益冲突防控所涉及的工作程序、惯例等。

二、制度廉洁性评估的重要意义

制定制度的初衷是固化处理某项事务的行为模式，控制行为主体的自由裁量，从这个意义上来讲，制度具有防控腐败的价值倾向：个人不得为一己私利恣意而为。正因如此，国家往往通过制度建设体现廉洁价值诉求，"制度反腐"的理念被广泛认同。但是，制度同样也可以将腐败的行为模式固化为

---

〔1〕 赵丽涛："中国制度廉洁性评估研究：一个文献综述"，载《创新》2014 年第 4 期。

某一群体独享的特权，这种貌似合法的腐败已经与廉洁的价值背道而驰了。因此，一方面，要通过加强制度建设，规范权力运行，减小腐败几率；另一方面，又要对制度的廉洁性进行审查，确保制度的公平、公正。"正义是社会制度的首要价值，正像真理是思想体系的首要价值一样。一种理论，无论多么精致和简洁，只要它不真实，就必须加以拒绝或修正；同样，法律和制度，不管他们如何有效率和有条理，只要他们不正义，就必须加以改造和废除……"〔1〕制度廉评的历史使命就是：通过对制度廉洁价值评估的方式确保制度廉洁，进而推进制度创新、制度变迁，确保干部清正、政府清廉、政治清明。在改革创新的背景下，提出"制度廉洁评估"的概念具有深刻意义，这意味着制度创新的关注点正在酝酿着一场重要的变革：从着重关注制度的技术工具属性转向同时关注制度的伦理价值属性。

制度廉评犹如对制度的一次体检与治疗，是净化制度、滤除杂质、提升品质的过程，通过删除、增补、修正相关规定，使制度在发挥保障相关业务领域正常运行功能的同时，预防腐败的发生。通过廉评可以剔除制度中存在的利益冲突，制度交易的规定，从根本上消除"合法"腐败。通过制度廉评，从廉政的角度审视制度所构建的权力结构是否合理，评估其在规范权力运行、压缩权力寻租空间、减小权力腐败几率中的作用，对于制度的完善具有重要的意义。制度廉评有利于及时发现制度的漏洞和缺陷，优化权限、程序、责任等制度要素，形成更为有利的权力制约机制。

开展和加强制度廉洁性评估工作，可以将不合法、不规范、不廉洁的制度及时剔除，在法律、法规、规范性文件及重大决策、政策出台前进行"杀毒"，全面、修改、清理、删除一些所谓"带病上岗""超期服役"甚至与上位法"撞车、顶牛"的制度。制度廉洁性评估能够净化立法、决策过程，优化权力运行流程，及时发现并改正制度漏洞、缺陷，优化权限、程序、责任等制度要素，形成权力制约机制，从制度源头上压缩权力寻租和公共浪费空间，铲除腐败滋生的土壤和条件，化解廉政风险。

制度廉洁性评估是从廉洁性角度对制度本身的审查和评估，其着眼点和目的是反腐倡廉。由于制度本身的不完善、不健全、不严密等问题，容易造成一些人和部门钻制度空隙，滥用制度，甚至通过制定和解释制度，为其寻

---

〔1〕［美］罗尔斯：《正义论》，何怀宏等译，中国社会科学出版社1988年版，第1页。

求"不当利益"提供合法依据，这不仅无法真正规范权力，防止腐败，而且会催生制度性腐败。有效的制度廉洁性评估，能够提高和增强制度的科学性和执行力，维护制度权威性，强化制度约束，保障权力运行规范化。

依法行政、法治政府建设依赖于加强对行政权力的监督，防止权力滥用和腐败，这需要推进政府工作制度化、规范化和程序化，加强和改进制度建设，提高制度建设水平。开展制度廉洁性评估工作，促使政府部门通过制度廉审方式对自身职责、权限、权力执行情况进行调整、健全和改善，客观上推动政府职能从管理向服务的转变，从而推动法治政府建设。

"如果一个国家的法律知识为了少数人特别是社会强势集团的利益服务，而置社会多数人特别是社会弱势集团的利益于不顾，那么，这样的法律就不可能称其为'良法'，而是'恶法'"。[1]制度廉评就是通过设置制度廉洁评估指标体系，查找制度中的假、恶、丑，确保依法治国有"良法"可依。

三、制度廉洁性评估的基本原则

制度廉洁性评估的合理定位是制度廉洁性评估规范化的基础，而评估的基本原则是制度廉洁性评估规范化的基本保障。加强制度廉洁性评估工作，应当明确制度廉洁性评估原则，完善制度廉洁性评估指标体系，健全制度廉洁性评估机制和程序，逐步推进制度廉洁性评估工作规范化和法制化。

第一，制度廉洁性评估应当坚持过程和结果兼顾的原则。制度廉洁性评估不是单纯的事后评估，应当包括两个方面：一是对政策方案、立法草案等制度雏形的审视，其实这是对立法、决策等抽象行为的审查评估，即对制度形成过程的评估；二是对制度自身的评估，主要包括地方性法规、地方政府规章和其他规范性文件。在最早开展制度廉洁性评估的海南省，省纪委和监察厅会同省人大常委会法工委和省政府法制办组织开展制度廉洁性审查工作，既注重对立法和决策结果的评估，更注重对立法和决策过程的评估。并及时提出修改意见和建议，既较好地解决了一些生效的制度存在的扩张权力、减免责任、谋取不正当部门利益、监督问责乏力等突出问题，又有效地堵塞了规范性文件可能产生的漏洞和缺陷，发挥了防范廉政风险的良效。

第二，制度廉洁性评估应当坚持立法和决策并重的原则。制度有很多表

---

〔1〕 李步云、赵迅："什么是良法"，载《法学研究》2005 年第 6 期。

现形态，制度是立法的产物，表现为法律、法规和规章。更多的制度是公共决策的结果，以规范性文件为载体，表现为大量的政策性文件。相对于行政决策而言，立法具有更为重要的地位和作用，加强对立法过程及法规、规章的廉洁性评估更为重要；但从现实来看，政府决策的规范化程度较低，政策文件存在的民主性不强、科学性不够、合法性不足、廉洁性不足等问题更加普遍和严重，所以，必须将制度廉洁性评估同促进民主科学依法决策结合起来。实际上，对立法和决策的监督与评估具有同等重要性，在强调立法和制度建设的同时，必须强调决策及政策文件的民主性、科学性、合法性及廉洁性，立法评估与决策评估两者不可偏废。

第三，制度廉洁性评估应当坚持全面和重点结合的原则。制度廉洁性评估是由地方创制的工作机制，目前主要是在地方展开试点，其评估的对象主要包括地方性法规、地方政府规章和其他规范性文件。制度廉洁性评估工作应当在总结经验的基础上逐步展开，逐步实现面向立法和决策领域的全面评估，凡是公共制度及其产生过程与相关行为均应纳入廉洁性评估的视野，以全面评估保障和实现制度廉洁性评估的公正性和权威性。当然，不同权力的性质、特征和分量不同，权力滥用和腐败的可能性与程度会有所不同。所以，制度廉洁性评估应当在实现全面评估的基础上有所侧重，重点评估行政审批、行政处罚、行政收费以及政府采购、人事管理等权力相对集中的制度，侧重评估医疗卫生、食品监督、工程建设、土地出让、政府采购等领域的制度，是制度廉洁性评估贯彻全面和重点结合原则的体现。

第四，制度廉洁性评估应当坚持评估与清理相结合的原则。对制度进行廉洁性评估不是目的，制度廉洁性评估的目的在于提高制度质量、消除制度腐败。通过制度廉洁性评估发现问题后，应当按照法定权限和程序予以清理，清理包括制度的修改和废止等。我国已经形成立法定期清理制度，构成行政立法和地方立法不可或缺的组成部分，一般规章每隔5年、规范性文件每隔2年清理一次。加强对法规、规章和规范性文件的清理，对不符合经济社会发展要求，与上位法相抵触和不一致，或者相互之间不协调的法规、规章和其他规范性文件，及时予以修改或者废止。制度廉洁性应当成为立法清理的重要标准，通过立法后评估、决策执行效果评估或者专门的廉洁性评估，使存在廉政风险的制度及时进入修改和废止程序，对存在重大廉政风险的制度应停止其效力,这是制度廉洁性评估产生实效的根本保证。[1]

第二节 国外制度廉洁性评估理论与实践

制度廉洁性评估是近些年来才出现并流行的热点,其尚未形成系统、全面的理论,包括中国在内的世界各国都在积极探索之中。虽然学术界就其涵义、意义、基本要素等一系列基础性问题进行了探讨,取得了一定的成果。但是,从现有的相关研究成果中不难发现,对制度廉洁性评估问题的研究仍处在初始探索阶段。随着近年来全球范围内对反腐败重视程度的不断提高,国际上目前比较具有影响力的廉洁状况评估测评体系,主要包括透明国际的清廉指数、世界银行的腐败控制指标、韩国的透明国际等,这既是制度廉洁性评估理论的重要成果,同时也是对廉政制度在执行实践中进行调整、修订、完善的主要依据。

一、透明国际的清廉指数

1. CPI 的测量方法

当前,腐败和反腐败问题受到了前所未有的关注。不仅相关学术研究日渐增多,而且在媒体注目下,各国政府、国际金融机构和非政府组织也倾注大量资源致力于反腐败斗争,联合国、欧盟和世界银行及区域性发展银行纷纷跟进,将反腐败当作一个优先关注的紧迫问题,打击腐败和促进善治已经成为全球支持可持续发展不可或缺的组成部分。尽管这些国际性组织很早就呼吁关注腐败问题,但是直到 1993 年透明国际(Transparency International,简称 TI,全球著名非营利性反腐败组织)成立,才使人们对腐败问题的关注和研究渐成潮流。过去 20 年来,"透明国际"引领、制定了国际反腐败议题和议程,"透明国际"实实在在地推动各国反腐,"透明国际"在国际反腐领域所起的作用不容忽视。2009 年,"透明国际"中国分会在清华大学廉政中心成立。"透明国际"有几项重要测评工具:清廉指数、行贿指数、国家廉政体系,其中影响最大的是清廉指数(Corruption Perceptions Index,简称 CPI)。CPI 从 1995 年开始每年发布,从制度廉洁性评估旨在从源头上、从制度建设

---

〔1〕 肖金明:"关于制度廉洁性评估规范化的思考",载《中国行政管理》2011 年第 5 期。

科学合理完善的层面上抑制腐败来讲，CPI 无疑是制度廉洁性评估的重要内容。透明国际对 CPI 是这么评价的："CPI 是透明国际的一个最知名工具；它已得到广泛承认，同时也把透明国际和腐败议题提上了国际性政策议程。"

清廉指数（CPI），发布于透明国际自 1995 年起每年都发布的《全球腐败年度报告》，是公布世界各地企业界及民众对当地贪污腐败情况观感所整合出来的指数，是评价各国和地区腐败状况的重要指数，是一种基于主观问卷调查得出的腐败测评结果，是一个反映人们感知腐败程度的主观测评体系。

清廉指数衡量的是公众对腐败的感觉程度，而不是实际的腐败程度，因大多数腐败案件并不公开。测评数据主要选自一些独立机构的调查报告，据"透明国际"的解释，排名依据 13 家国际独立调查机构的数据，这些机构包括世界银行、德国贝塔斯曼基金会、英国《经济学家》杂志、美国"自由之家"等。测评数据主要有两方面要求：一是所选报告的腐败指标必须对国家间进行了量化评价；二是所选报告的腐败指标必须是与腐败高度相关的。评分介于 1~100 分之间，分数越低越腐败，分数越高越清廉。2012 年之前，清廉指数采用 10 分制，10 分为最高分，表示最廉洁；0 分表示最腐败；8.0~10.0 分之间表示比较廉洁；5.0~8.0 分之间为轻微腐败；2.5~5.0 分之间腐败比较严重；0~2.5 分之间则为极端腐败。清廉指数主要采取百分比匹配法进行标准化处理，是利用新的报告数据和前一年的清廉指数进行匹配测定，因此只有在新的报告数据和前一年清廉指数都被列入的国家才能进入新一年的清廉指数测评。2012 年开始，清廉指数测评开始运用新计算方法，即简单平均法。将原来的 10 分制改为 100 分制，变化主要体现在报告数据来源选取的变化和简单平均法的应用上。

清廉指数使用的测评数据并不是透明国际开展调查所获得的第一手数据，而是综合了多份有关调查报告经过数据处理得到的。其得出有两个重要阶段：一是测评数据的选择和使用，二是对测评数据的技术处理。首先是数据来源选取标准的提高，报告数据必须来源于专业机构、反映的必须是公共部门的腐败问题、要有定量差距、对于各个国家的评分必须是在统一标准下进行的、应当是连续的。其次是简单平均法的数据处理过程。透明国际认为，简单平均法是在现阶段清廉指数的最佳改革方法，该方法使得清廉指数具有了连续可比性，数据处理过程不再与前一年的得分结果相联系。

的确，CPI 的发布在腐败研究领域具有里程碑的意义，它大大推进了人们对腐败的认识。CPI 指数为大样本分析提供了理想的数据基础，因而首次使对腐败程度进行跨国比较及年度比较成为可能。如果没有 CPI 指数，许多关于腐败的二手研究将不会出现。CPI 的价值不仅在学术研究上，而且在推动反腐败实践方面也具有不可低估的影响力。一方面，每年秋天发布 CPI 的时候，都吸引世界各大媒体聚焦反腐败问题；另一方面，CPI 利用排行榜的方式刺激各国政府重视反腐败问题；另外，CPI 还促进反腐败的国际性合作。

2. CPI 的局限性

虽然 CPI 意义重大，影响深远，但是不能掩饰它在概念和使用上存在的不少缺陷。CPI 是一个综合指数，它由其他一些机构的调查数据加权整合而来，旨在衡量"总体上的腐败程度（贿赂的频率或大小）"（Transparency International，2007）。透明国际的网站上提供了将不同来源数据进行标准化的非参数统计方法。

首先，CPI 的名称明确表明，CPI 衡量的是人们对腐败的主观感知印象，而不是基于腐败案例数、腐败影响范围等客观数据。泛泛的主观感知并不能区分不同类型的腐败和不同部门的腐败。所以说谁的感知、他们感知到些什么以及他们的感知从何而来很重要。前面说过，CPI 是由一系列调查数据综合而成的，这些调查主要依赖于一些西方商业领袖和专家对各国腐败程度的主观评估，基于主观感知得来的数据，不能准确反映腐败的程度，不能区分大腐败和小腐败，也无法准确评估腐败的影响。此外，问卷的问题通常关注的是受贿者而不是行贿者，隐含的意思就是说贿赂都是某国政府及其公务人员索要的，而排除了公司前瞻性地主动行贿以获得或保住合同。因此，各国 CPI 得分的排名，或多或少地反映出一些潜意识的南北或东西差异的偏见，就不足为奇了。同时还有这种可能，即上一年或几年的 CPI 得分和排名，会对受访者主观认知腐败程度产生重要影响。虽然这在经验上很难证明，但是 CPI 的这个内生性问题肯定存在（本年度的得分和排名与上一年或几年的得分和排名具有相关性，即会造成得分和排名高的国家始终高，得分和排名低的国家始终低），而且专家们各自的观点也会相互影响。[1]

其次，我们应该如何恰当地解释调查中不同的受访者所理解的腐败。每

---

〔1〕 斯达芬·安德森、保罗·海伍德、肖俊奇编译："感知的政治学：透明国际腐败测量方法的运用和滥用"，载《经济社会体制比较》2010 年第 4 期。

个调查设计都有其各自定义和理解的腐败（往往侧重不同的方面，例如有的关注公职人员受贿，有的关注挪用公款等），也都试图衡量腐败的"程度"。这些调查通常会让一组专家在一个由低到高的量表中对腐败进行评估，但是我们并不清楚，量表的某一点所表示的意义在专家眼中是否一致，因为也许在一个专家看来并不严重的腐败，另一个专家却觉得非常严重。由于缺乏明确的标准，这样的评估基本凭借的是模糊的主观印象。即使假定所有调查访问的都是职业地位类似的人，询问的也都是同样的问题，而且也将腐败仅限定于贿赂，我们也很难说由不同调查而来的指数之间具有很高的相关性。虽然不同的调查采用的抽样设计和调查方法都有不同，这个相关性却是被用来说明这种差异可以被合理处理的重要参数，再通过将数据标准化，就可以制作出 CPI 排名表。如果我们更加仔细地考察用以编制 CPI 的这些数据的来源，我们会发现那些调查的受访人大多数是"中高管理层主管"（IMD）、"海外企业高管"（PERC）、"企业领袖人物"（WEF）等，受访者多是所谓的"各国专家"（CU）、"专家级人员"（EIU；WMRC）。有效回答人数往往都很少，或者选择"不适用（N/A）"的太多。另一些针对中东（Ⅱ）、非洲（UN-ECA）、转型国家（FH）的区域性调查也同样没有多大价值。

　　最后，这个问题与 CPI 所使用的区间尺度有关。CPI 采用的是百位量表（1～10 分，小数点后保留 1 位），这意味着它应该可以，达到一个较高的精确度。假如一个国家 CPI 得分为 7.0 分，另一个国家得分为 6.9 分，那就意味着这两个国家的腐败程度应该有明显的区别。这种精确度很高的印象被排行榜的形式进一步加强——虽然由于每年参加 CPI 排名的国家都在变化，因此，每个国家的排名可能仅仅因为每年参与的国家数量的变化而变动。即使我们先不管基于主观感知而构建的一个合成性质的 CPI 在方法论上的缺陷，假定认为 CPI 排名确实合理反映了各国的腐败程度，还有一个值得注意的问题是，CPI 得分的微小变动就可能导致 CPI 排名的大幅度变化。例如，2005 年白俄罗斯的 CPI 得分是 2.6 分（也就是说白俄罗斯的腐败问题非常严重），与其他 9 个国家一起排在第 107 位。如果当年白俄罗斯的 CPI 得分由 2.6 分降到 2.4 分，其 CPI 排名将急速下降至第 126 位。但如上所述，对于一个基于主观印象而来的指数而言，很难讲得分 2.4 与得分 2.6 有什么显著的差别。我们或许可以笼统地说，某个国家 CPI 得分在 3.5 以下就意味着该国的腐败问题比较严重。但是 CPI 排名表上的名次变动却可以有多种解释。例如，白俄罗斯

2004 年 CPI 得分 3.3，排在第 74 位，2005 年 2.6 分排在第 107 位。一种解释是从 2004 年到 2005 年，白俄罗斯的腐败形势严重化。但另一种解释是从 2004 年到 2005 年白俄罗斯的腐败仍旧是一个重大问题（3.3 分和 2.6 分都低于 3.5 分），但并没有什么客观证据说明过了一年白俄罗斯的腐败程度就严重了多少。因为排名下降，白俄罗斯的领导人当然不太愿意提及他们国家 2005 年的 CPI 排名，但是对于排名显著上升的摩尔多瓦就不一样了。摩尔多瓦的 CPI 排名从 2004 年的 114 位（2.3 分）上升至 2005 年的 88 位（2.9 分），尽管 CPI 排名大幅度上升，但摩尔多瓦和白俄罗斯一样，腐败对他们而言仍旧是一个重大的社会和政治问题。这样，我们不得不怀疑，CPI 得分和排名到底有何意义和价值。

2013 年 7 月，"透明国际"公布"全球贪腐趋势指数"报告，称"台湾地区 36% 受访者表示过去一年曾向相关部门行贿"。台当局对此强烈不满。该调查是"透明国际"委托加拿大的盖洛普国际操作，后者又委托给其他机构。据台湾媒体报道，后来"透明国际"向台"驻德国代表处"致歉，坦承报告中有关台湾部分的执行调查机构有误。对于 2014 年的报告，还有知情消息人士向记者透露，亚洲某国曾向"透明国际"抗议，认为该组织给其打分打低了，后来"透明国际"把分数改了，理由是"传输过程中出现失误"。影响"清廉指数"的其他因素也值得关注。比如，在最新排名中，土耳其的位次急剧下滑，从 53 位跌至 64 位。"德国之声"援引"透明国际"的报告称，这归因于土耳其的政治局势。2013 年土耳其爆发大规模反政府抗议后，媒体自由受到限制。另一方面，缅甸"民主化"后，排名从 2011 年的 171 名跃升至 2014 年的 157 名。

3. CPI 的影响

测量腐败本质上是一个政策工具，可以有效地引导政策的制定和检讨政策的得失。毋庸置疑，CPI 的发布推动了将腐败议题提上政治议程，它给各国政府造成了改革压力，并推动政府、企业、非政府组织和媒体共同致力于反腐败斗争。透明国际也声称 CPI 无论是对投资者还是政府都是一个重要的参考指标：CPI 给各国的决策者和商业人士对某个国家的腐败程度提供了一幅快照，这给投资者和该国的潜在商业合作伙伴传递了非常重要的信息。CPI 得分低很明显意味着该国政府（被认为）必须作出重大改革。所有国家都必须促进政府、私人部门和公民社会共同合作，提高反腐败和善治的效率和持续性，制定、实施和监督反腐败法律法规。

CPI 的另一个重要影响是，它被用作评估某个国家或地区腐败情况逐年好转还是恶化的参照。尽管透明国际曾指出，单个的指数得分比排名更重要，而且由于每年数据来源的差异和统计方法的不同，CPI 并不适合用来做年度比较。但是在实际当中年度比较恰恰是 CPI 最常用的使用方式之一，不仅媒体、企业和政府这样使用，甚至连透明国际自己也不自觉地这样使用 CPI。

虽然 CPI 意义重大，影响深远，但是不能掩饰它在概念和使用上也存在不少缺陷。而且由于透明国际及其 CPI 逐渐扩大的影响力，CPI 的缺陷已经开始对世界各国（包括许多国际性组织）提出和实行的反腐败措施产生了直接的影响。透明国际的 CPI 成功地提醒着人们对腐败保持警惕，并促进了对腐败机理及治理机制研究的发展。但我们应该始终牢记——主观感知并不等于客观现实。

二、韩国的制度廉洁性评估理论与实践

韩国现代化进程中腐败现象一直很严重，腐败也一直是韩国历届政府领导人关注的焦点。从朴正熙政府的"庶政刷新运动"、全斗焕政府的"社会净化运动"到卢泰愚政府的"新秩序、新生活运动"，再到今天朴槿惠传承于其父朴正熙"铁腕"反腐之风，他们都致力于反腐败，把根除腐败作为主要施政目标。韩国的反腐败大体经历了两个阶段，20 世纪五六十年代至 20 世纪 90 年代末，这两个阶段的反腐败共同点是主要由政府主导。政府主导的反腐败虽然不尽如人意，但它毕竟遏制住了腐败的泛滥，使韩国的现代化得以比较顺利地进行，在较短的时间内韩国基本上实现了现代化，进入了新兴现代化国家行列。20 世纪末至今，韩国的反腐败又进入了一个新的阶段，即让民众参与反腐败。让民众参与反腐败是伴随着 20 世纪 90 年代初军人背景的威权政府统治的结束和民主制度最终确立开始的，这种参与同时也与公民维护自己的基本权利分不开。1997 年发生的亚洲金融危机也加速了韩国从制度寻找腐败产生的源头和原因的步伐，由此把反腐败的重点转移到了由严惩到预防为主的思路上来。[1]

---

〔1〕 龚群："韩国政府的反腐败斗争和行政伦理建设"，载《道德与文明》2013 年第 3 期。

1. 韩国的廉洁评价制度

韩国的廉洁评价（腐败影响）制度类似于我国的制度廉洁性评估，即各个政府部门、公共机构出台的法律、法规、条例等制定完成后要先提交给国民权益委员会进行腐败影响评价。国民权益委员会将选择相关专家进行讨论研究，分析提交的法律制度等是否存在可能引起腐败的行为，如果存在，将会劝告提交单位进行修改。据统计，国民权益委员会提交的修改意见建议有80%~90%被采纳。截止到目前，国民权益委员会已经对7000多部法律法规、条例制度等进行了评价。

韩国国会2001年6月通过的《腐败防止法》制定了"清廉度指数"，从2002年起在中央和地方政府全面实行"清廉度指数"评价制度。这是"韩国反腐败独立委员会"与民间组织——"韩国透明国际"合作共同建立起来的，是借鉴透明国际的清廉指数体系而形成的。韩国把透明国际对世界各个国家或地区的清廉指数评估体系引进到国内，在对韩国现实调查的基础上，对一些变量关系做了某种调整，形成一套新的评估体系，应用到对韩国各个公共部门腐败状况和腐败程度的评估之中，真正形成了一套门类较齐全的反腐清廉指数评估体系。清廉评估指数体系虽然存在某些问题和偏差，但是，它毕竟是到目前为止对腐败的原因、领域以及腐败程度给出的比较科学理性的分析。为使清廉评估体系避免官方人为操作，使评估结果更加客观准确，将这套评估指数体系的设计、运作和评估过程以及数据搜集（比如：调查设计、数据的搜集及评估）都委托给了民间组织负责承担。

自2003年起，国家清廉委员会和后来合并组成的国民权益委员会（AC-RC）每年都对全国所有政府和公共机关进行清廉等级评估，其依据主要有：对与公务人员有直接接触的民众的访谈；面向社会全面调查的资金账户往来、不法收入证据和民间举报等情况；检查政府机关是否存在接受商业贿赂、谋取不法利益、接受吃请、收礼超标、参加高档娱乐和不法的有偿经济活动等行为，等等，并定期向社会公布各权力部门的清廉度指数。2009年，ACRC对478个机关进行了清廉度指数测定，并在2010年将测定对象扩大至715个机关单位，并计划将测定对象覆盖到所有接受政府预算的机关单位。

在每年公布的清廉度指数测定排名中，排在后面的权力部门将承受巨大的社会舆论压力，从而不得不更加自律，主动加大预防和惩处腐败的力度，以提升自身形象。例如，2009年首尔市排名下跌后，当即推出《市政清廉度改善综合方案》，规定了极为严厉的反腐败措施，如首尔市公职人员收受企业3万韩元（约合人民币不到200元）以上的贿赂或者接受招待，不论职务高低，将立即被停职甚至免职。行贿的企业2年内不得参加首尔市开展的各种竞标活动。

清廉指数体系的建立是韩国反腐败独立委员会推进反腐败最重要的制度建设。首先，它能够比较科学地标示各个公共领域的腐败程度和腐败名次的排序。其次，它能比较清楚地标示出哪些部门腐败程度最为严重。清廉指数体系揭示出的数据和腐败程度，具有较强的科学性和准确性，这些科学性和准确性是腐败机构所无法否认的。再次，清廉指数体系揭示出来的不仅是公共部门的腐败程度，更重要的是它还揭示了腐败滋生的法律制度漏洞、政策执行漏洞和腐败产生的温床，促使该公共部门改进和完善反腐败的制度建设或廉政制度建设。最后，每年所有这些评估体系的文字和数字图表都要汇总起来，形成年度报告，通过各种传媒渠道，如报纸、电视台、网络和印刷小册子，向全社会发布。一年一度的年度报告对那些腐败严重的部门都给予了巨大压力，促使其有效地制定反腐败措施，推进廉政制度建设。

2. 公民权益委员会

民众痛恨腐败几乎是所有国家的共同现象，韩国也不例外。韩国的民间组织在反腐败运动中一直以来都是一股非常强大的驱动力，民众对严重腐败现象的痛恨和对政府反腐败效果的失望到20世纪90年代已经达到了极限。韩国建立的让民众有序有效参与反腐败和维护公民权益的制度平台是"韩国公民权益委员会"。该组织最初为2002年设立的"腐败防治委员会"，2008年更名为"公民权益委员会"；每年都会对政府部门进行清廉度指数测定，并对社会公布；每年年底与春节、中秋节等节日期间集中检查整治，并动员全社会对腐败行为进行监督。2009年1月修订的《韩国公民权益委员会法》第1条规定了建立公民权益委员会的目的和宗旨："本法的目的是通过建立公民权益委员会来处理人民的冤情与不满，改进不合理的行政制度，防止和有效控制腐败以保护人民的基本权益，确保行政正当性，创建一个透明的公共服务和社会。"[1]，最后访问时间：2015年6月8日。

---

〔1〕 WIKIPEDIA. Korea Independent Commission Against Corruption，http://www.acrc.go.kr/eng/，最后访问时间：2015 年 6 月 8 日。

公民权益委员会由 15 名委员组成（含委员长、3 名副委员长和 3 名常务委员），3 名副委员长分别协助委员长负责悲情民怨的申诉、反腐败和行政审判事务。委员长和副委员长由总理推荐，总统任命；常务委员由委员长推荐，由总统任命。非常务委员由总统任命，但其中国会和最高法院大法官各提名和任命 2 名非常务委员。

委员任职资格。韩国法律规定，委员长、副委员长和委员必须符合下列任何一条要求才有资格被任命：①在大学学院或权威研究机构具有副教授以上职称 8 年以上；②具有法官、检察官和律师资格且从事 10 年以上专业服务的职业人员；③现在是或曾经是三级以上级别的公职人员；④获得任职资格证书 10 年以上的建筑师、税务会计、公共会计师、专业工程师或专利律师；⑤担任过地方监察使 4 年或 4 年以上的人员；⑥由非政府组织推荐具有丰富行政管理知识和经验且享有很高社会声望的人员。[1]

委员会组织结构及功能。公民权益委员会给出的解释是："我们将继续检视和改进法律、制度框架向人民提供更加便捷和有效的公共服务，以尽可能快速解决人民的冤情与不满问题，在全社会传播廉政文化，创建一个充分尊重人权和遵守法制的更加进步的国家。"[2]韩国朝野形成的共识：反腐败不仅是反腐败机构的任务，也是公共部门、私营企业和公民共同的任务，尤其认识到没有公民的参与，反腐败不可能取得成功。为此，韩国公民权益委员会承担了公民参与以及各部门合作反腐败这样一个制度平台，形成了由公民权益委员会连接公共部门和民间组织共同反腐和防腐的制度枢纽中心。[3]

3. 韩国透明国际（TI - Korea）

韩国透明国际于 1999 年 8 月成立。它最初的名称是"韩国反腐败网络"，当时是由 27 个组织发起成立，这些组织积极致力于反腐败。其中的骨干团体曾经在 20 个世纪 60 ~ 80 年代的 20 多年中，一直为社会正义、人权、民主而

---

[1] NATIONAL ASSEMBLY. Act on Anti - Corruption and the Foundation of the Anti - Corruption & Civil Rights Commission, http://www. acrc. go. kr/eng/board. do? command = search Detail & method = search List & menuId =020103, 2015 年 06 月 8 日。

[2] THE ANTI - CORRUPTION & CIVIL RIGHTS COMMISSION OF KOREA. About Us, Background, http://www. acrc. go. kr/eng/board. do? command = search Detail & method = search List & menuId =020110, 最后访问时间：2015 年 6 月 8 日。

[3] 马占稳："韩国反腐败中的制度建设"，载《北京行政学院学报》2013 年第 3 期。

奋斗。因此，韩国的反腐败运动是民主运动的继续。韩国透明国际组织本身成立的具体背景：一是回应 1993 年成立的透明国际，"韩国反腐败网络"于 2000 年 9 月以"韩国透明国际"（Transpareney International Korea）名义正式成为透明国际的一个分支。二是或主要是基于韩国现实中腐败现象大量存在和几十年政府反腐败成效不尽如人意的反思。他们认为："没有公民的参与单靠政府难以驯服腐败。""腐败不仅是公职官员违规的问题，而且也是某种社会文化现象。腐败不仅扎根于公务员的头脑中，而且也扎根于人民大众的头脑中。因此，我们需要通过系统的整体的途径来反对腐败。透明国际推荐我们建立国家廉政体系。"基于上述认识，韩国透明国际提出的愿景是，创建一个政府、政治、企业、市民社会以及日常生活免于腐败的世界。价值标准是：透明、责任、廉政、团结、勇气、正义、民主。这样，韩国透明国际就把反腐败的工作重心放在了整个社会腐败文化的转变和廉政制度体系建设等基础性工作上来，放在了全社会携手共进，共同参与反腐败活动上来，建立清正、廉洁、透明的 21 世纪韩国。

韩国透明国际主要有以下活动：一是组织和促进人民积极参与反腐败活动；二是开展反腐败教育活动，培养公民监察特使，开展建立"公民监察特使"制度活动。他们主张非政府组织应该而且能够参加政府和地方自治政府的透明公共管理。参与、合作、互动也可以成为非政府组织从事预防腐败的一种选择途径；三是开发反腐败教学资料，培养反腐败师资队伍，开展反腐败课程教育和其他教育活动；四是发起和促成"韩国反腐败和透明公约"（Korean Pact on Anti – Corruption and Transparency，简称 K – PACT）的签署和实施，韩国透明国际在发起和推动韩国反腐败运动中的一项重要内容就是向公共部门、私营部门和公民社会或起草或推荐引进相关部门的反腐败公约。"韩国反腐败和透明公约"是由韩国透明国际提出建议，在"韩国反腐败和透明公约"指导委员会指导下，由来自各个部门的专家起草，经过一年多时间和多次修改而形成的。例如，向政府部门引进和推荐"廉政公约"，要求私营部门建立和引进"商业道德公约"，公民社会则有"公民宪章"，并对它们进行督促落实，调查实施情况，在新闻媒体和网络上公布其结果。但是韩国透明国际并没有满足于此，他们认为，全社会各个部门应该齐心协力、合作、互动，依靠集体的力量才能真正消除腐败，建立透明社会和社会进步的新韩国。

"韩国反腐败与透明公约"不是一纸空文，为了监督和实施这一公约，根据公约第 6 章的规定，成立了韩国反腐败与透明公约及实施公约理事会，负责监督各部门对公约的落实情况，规定各部门在 2005 年底制定出本部门实施韩国反腐败与透明公约细则。具体说来，理事会的任务如下：负责定期召集签约各方会议，汇报交流落实情况和经验，提出下一阶段工作任务；每年召开年会以保证韩国反腐败与透明公约的宣传与修改；检查、评估、宣传和创新韩国反腐败与透明公约工作；报告并公开反腐败与透明公约实施评估结果；扩大韩国反腐败与透明公约的签订，促进组织、协会和普通公民参加公民宪章的签约；把韩国反腐败与透明公约落实到各个领域去，而不只是最初参加公约各方，例如法律、教育、地区和劳动部门。

综上所述，自 20 世纪末以来，韩国透明国际以一股强大势力加入了韩国反腐败行列之中，使韩国的反腐败进入到了一个新的阶段，形成了具有韩国反腐败的新特点：公民组织的积极参与；韩国透明国际把反腐败作为一种社会建设、文化建设和制度建设的系统工程去推进；倡导公民组织和政府、私营部门在反腐败过程中是平等合作和建设性伙伴关系并得到政府等各方认可；韩国透明国际发起和促成了"韩国反腐败与透明公约"制定和实施，把公共部门、政治部门、私营部门和公民社会包容在一个反腐败公约里，这实际上是一次"社会契约"的签订，成为韩国公民组织反腐败的一个创举。

总之，韩国的公民组织——韩国透明国际在韩国反腐败中起着举足轻重的作用，甚至在某种程度上主导了韩国反腐败的发展趋势，创造性地卓有成效地开展了自己的反腐败工作，成了政府乃至整个社会推动反腐败的动力源泉。

第三节　中国制度廉洁性评估的实践探索

制度廉洁性评估是反腐倡廉机制创新、立足源头预防和治理腐败的重要举措。它从反腐倡廉出发，不仅可以收到从源头上防治腐败的成效，还与依法行政相契合，有利于促进法治政府建设。加强制度廉洁性评估工作，应当明确制度廉洁性评估的原则，完善制度廉洁性评估指标体系，健全制度廉洁性评估体制、机制和程序，逐步推进和实现制度廉洁性评估规范化和制度化。

一、中国制度廉洁性评估的源起

2010 年 12 月 29 日，中国政府发布首份《反腐败和廉政建设》白皮书，阐述了中国执政党和政府反腐败的立场以及所作的不懈努力，全面表达了惩治腐败、有效预防腐败并以反腐成效取信于民的姿态。2009 年，全国廉政工作多头并举且卓有成效，形成了良好的反腐败态势。2010 年 1 月至 12 月，全国纪检监察机关接受检举控告、核实违纪线索、立案调查结案，处分 146 517 人，包括给予党纪处分 119 527 人，给予政纪处分 38 670 人；处分县处级以上干部 5 098 人，移送司法机关的县处级以上干部 804 人；省部级以上领导干部张家盟、宋晨光、刘卓志等被立案审查，康日新、黄瑶、宋勇、李堂堂、张春江、宇仁录等分获死缓或无期徒刑。[1]2010 年度还出台和实施了《中国共产党党员领导干部廉洁从政若干准则》《全国人民代表大会常务委员会关于修改〈中华人民共和国行政监察法〉的决定》《关于实行党风廉政建设责任制的规定》等 23 部与廉政和反腐败工作相关的法律、法规和党内文件，逐步形成了内容科学、程序严密、配套完备、有效管用的反腐倡廉制度体系。

创新反腐倡廉机制，扩展反腐倡廉工作新领域，是 2010 年廉政建设和反腐败工作的重要特点。比如，2010 年 11 月，中央纪委、中央组织部印发《关于开展县委权力公开透明运行试点工作的意见》，加大力度推行党务公开。执政党党务公开无疑是中国政务公开的关键，逐步推行党务公开，与政府信息公开形成联动，既是通过透明化、公开化推进政治民主化的现实逻辑，又是通过制度预防和治理腐败的创新之举。再比如，2010 年底，中央纪委和国家预防腐败局在广东、河北、吉林、湖北、湖南等 11 个省市区开展制度廉洁性评估试点，相关地方省级政府成立"制度廉评"工作指导小组和相关工作机构，出台关于开展制度廉洁性评估工作的实施方案，选择省级以下地方政府和省级政府相关部门进行试点，要求试点政府和部门在起草地方性法规、政府规章和其他规范性文件时进行廉洁性评估，以及时发现制度漏洞，从源头上预防腐败。

实际上，"制度廉评"起源于海南省创制的"制度廉审"。早在 1998 年，深圳就已经开始借鉴香港廉政公署预防腐败、程序审查的作法，探索制度廉

---

[1]　"以反腐新成果取信于民"，载《人民日报》2011 年 1 月 7 日。

洁性审查工作。2003 年，深圳市纪委联合市人大、市政府出台《关于加强反腐保廉立法协调工作的意见》，要求凡市人大、市政府及其部门拟出台的重要法规、规章和规范性文件都必须征询市纪委反腐倡廉方面的意见。以此为标志，深圳建立起规范化的制度前置审查机制。从 2005 年起，市委专门安排一名市纪委副书记担任市人大常委，在重要法规的制定和修改中把好反腐倡廉制度建设的关口。

此后，海南省、四川省也相继对制度廉洁性审查工作进行了探索。海南省从近年来地税、规划系统发生的腐败窝案中总结经验教训，发现制度不健全、不完善、不规范是导致案件发生的一个重要原因。因此，必须采取创新治本之策，全面清理"带病上岗""超期服役"甚至与上位法"撞车""顶牛"的制度，坚决剥去一些部门利用制度扩张职权、谋取小团体利益的"合法外衣"，对违法、违纪、违规行为及权力的"错位""越位"进行限制和制约。2009 年，海南省纪委监察厅会同省人大法工委和省政府法制办在全省组织开展了制度廉洁性审查工作，对提高制度建设水平、防止制度腐败产生了积极效应。海南省委把开展制度廉洁性审查列入省委常委会工作要点，设置"自查关""审查关""廉审关"三道关口，要求制度制定单位按照"谁制定、谁审查"的原则自查自纠；人大法规部门和政府法制部门着力从制度的"合法性""合理性"进行审查；纪检监察机关侧重从"廉洁性"的角度查找和纠正容易发生以权谋私、权力寻租、损害群众利益等问题的制度因素。[1]

四川省则从 2007 年起开展了预防腐败制度审查试点，并于当年 12 月制定下发了《制度审查工作方案》，具体规定了制度审查的流程：首先由各单位相关处（室）自我审查，提出废止、修改、执行、完善的意见建议和政策法规依据；其次是专门机构审查，由部门制度审查领导小组组织监察室、法规室、相关处（室）等进行集体会审，形成审查意见；再次是社会审查，对经过集体会审的制度性文件，在部门门户网站公示审查结果及依据，公开征求意见；最后，按照组织程序由领导班子集体进行再次审查，形成研究决定意见并发布实施。

2011 年 1 月，国家预防腐败局印发本年度工作要点，明确了着力推进预防腐败制度建设、全面推行廉政风险防控管理和行政权力运行监控机制建设

---

〔1〕 肖金明："关于制度廉洁性评估规范化的思考"，载《中国行政管理》2011 年第 5 期。

等七项工作重点，制度廉洁性评估工作列在"着力推进预防腐败制度建设"的重要位置。

深圳、四川、海南等地对制度廉洁性审查的探索引起中纪委监察部、国家预防腐败局的高度重视。2010 年 7 月，中纪委办公厅、国家预防腐败局办公室印发了《关于开展制度廉洁性评估试点工作的指导意见》及扩大试点范围的通知，决定增加已成立省级预防腐败机构的河北、上海、福建、河南、湖北、湖南，以及吉林、广东等 8 个省（市）为该项工作的试点单位，之后又确定在卫生部、农业部、国家知识产权局等 3 个中央部委开展试点。截至 2012 年 2 月，11 个试点单位共对 17 701 件地方性法规、地方政府规章和其他规范性文件进行了廉洁性评估，提出 4720 条评估意见，废止 891 件、修改 1157 件，新立 394 件。"我们在《意见》中将'审查'改为'评估'，一方面是因为'审查'有居高临下的感觉，而'评估'这个词显得更加中立、客观；另一方面也是为了与《联合国反腐败公约》中'评估有关法律文书和行政措施'的表述相一致。"国家预防腐败局有关负责人解释到。

二、中国制度廉洁性评估的法律依据

"依法治国"2014 年首次成为中共中央全会主题，"四个全面"战略布局也已正式成型。在此大背景下，十二届全国人大三次会议继续在法治上发力，审议并通过了关于修改《立法法》的决定。首次确立法律出台前评估和立法后评估制度，是修改后的《立法法》一个重要亮点，是改变重法律数量而轻法律质量、重法律投入而轻法律产出的一个关键举措。

法治反腐意味着运用法治思维和法治方式反对腐败。随着我国廉政建设与法治建设的发展，法治反腐观念得到了越来越多的认同，如中共中央政治局委员、中央政法委书记孟建柱同志在全国检察机关队伍建设工作会议上指出："要善于运用法治思维和法治方式反对腐败。"运用法治思维和法治方式反对腐败是世界观与方法论的统一，在已经确定了法治反腐的大方向后，接下来的关键问题是"如何推进"法治反腐，把法治反腐落在实处。过去相当一段时间里，我国一直强调有法可依、有法必依、执法必严、违法必究，并以此为方针开展法治建设，这当然是必要的，但又是远远不够的，因为它着眼的是法的流程与阶段，忽视了法本身的取向与品性。反映在法治反腐理论与实践中，就是主要强调加强反腐败国家立法，提高反腐败法律制度执行力。

加强反腐败国家立法重在拾遗补缺，也就是侧重"增量"，提高反腐败法律制度执行力则侧重"存量"。"增量"也好，"存量"也罢，都有一个"质量"的问题，立法廉评解决的正是立法"质量"问题。

由于立法是法治之基，因此，在推进法治反腐的进程中，反腐败工作对立法更加倚重，立法廉洁性评估在反腐败中的特殊重要性也更加凸显。但理论是灰色的，立法与反腐败之间的关系则是多彩的：有的立法能够反腐败，有的立法则不能反腐败；更有甚者，有的立法不仅不能反腐败，而且本身就是腐败的，成了滋生腐败的来源；在能够反腐败的立法中，有的反腐败功能强大，效果明显，有的则勉勉强强。因此，对立法进行廉洁性评估，是提高立法反腐败有效性的必由之路，对法治反腐具有基础性、先导性、全局性、决定性的作用。

形象地说，立法廉评就是让立法照照廉洁镜子，以确定立法是否符合反腐倡廉建设的要求。立法廉评源于《联合国反腐败公约》，是我国制度廉评的重要组成部分。我国是《联合国反腐败公约》的缔约国之一，在其通过的2003年就进行了签署。我国近几年在中央与地方两个层级开展了制度廉洁性评估试点，其中的"制度"是法律、法规、规章与规范性文件的统称。根据我国《立法法》规定，法律、法规、规章属于立法，因此，制度廉洁性评估可细分为立法廉洁性评估与规范性文件廉洁性评估两种类型。

立法廉评与规范性文件的廉洁性评估虽然同属于制度廉评的范畴，但两者的地位有所不同。立法的位阶高于其他规范性文件，立法廉评在深层次上制约着其他规范性文件廉评。虽然通常说"现官不如现管"，其他规范性文件在实际生活中与官员、民众的距离更近，但"上梁不正下梁歪""子帅以正，孰敢不正"，立法廉评比其他规范性文件廉评更能产生大的影响。在新一届中央领导集体反复强调改进作风从政治局做起、从中央政府做起，一级做给一级看、一级带着一级做的背景下，更要以攻坚克难的精神状态推进立法廉评，为其他规范性文件的廉评提供示范，创造更加宽松的大环境。[1]

我国存在多种评估与审查制度，如环境影响评价制度、绩效评估制度、社会稳定风险评估制度、立法的合法性审查制度等。立法廉评侧重评估立法

---

〔1〕 邓联繁："立法廉洁性评估：法治反腐的阿基米德支点"，载《民主与法制》2013 年第25期。

内容在廉洁方面的实际影响，立法的合法性审查则侧重审查立法的形式。立法廉评与环境影响评价、社会稳定风险评估都涉及分析内容的影响，但影响面不同。由此可见，立法廉评并非简单地赶时髦，而是具有独立的地位与独特的功能。

近年来，腐败形式与种类不断翻新，"不当利益法制化"就是其一。具体表现是一些部门借助立法，不适当地为本部门扩张权力，免除责任，过多地设置审批许可、罚款等职权；与民争利，片面强调公民义务，忽视公民权利保护。权力不会心甘情愿地进入制度笼子，正如思想家孟德斯鸠所说："一切有权力的人都容易滥用权力，而且他们使用权力一直到遇到界限的地方才休止，这是万古不变的一条经验。"同时，权力被关进制度笼子后也不会甘心，而是会想方设法走出制度笼子。由此不难理解，很多公职人员或明或暗地抵制制度约束，搞"上有政策，下有对策"，有令不行，有禁不止，使得很多制度停留于嘴上、纸上与墙上。换言之，权力与制度之间存在复杂的博弈。制度承担着为权力设限定边的重要使命，但制度本身所设定的限度与边界是否合理科学？对此，社会大众反响强烈。相对于现行诉讼制度与审查备案制度，立法廉评击中了"不当利益法制化"的要害，可谓是防治"不当利益法制化"这一"毒瘤"的"专科医生"。为了让制度在反腐败中的作用发挥得更加充分，消除制度腐败和制度失灵，有必要通过制度廉洁性评估，看其是否框定了权力的边界。

多年以来，从中央到地方出台了很多反腐败制度，但腐败仍然易发高发，有必要从制度本身找找原因。为什么很多制度看起来很周密，但实际上却不管用？究其原因，制度本身难辞其咎：有的制度缺乏对权力限度与边界的规定，其必然导致权力失序，更多的则是有的制度虽有一定的权力限度与边界规定，但规定得不清晰、不准确、不完整、不科学、不合理甚至不合法，从而弱化乃至失去了指导性、操作性。这些现象都有害制度形象、有违制度本质，亟待通过制度廉洁性评估予以纠正。

立法廉评在宏观上有助于创新法治反腐，开创法治反腐的新阶段。全国人大常委会委员长张德江同志在广东省就加强立法工作进行调研时强调，要坚持科学立法、民主立法，把提高立法质量作为加强和改进立法工作的主要任务，使立法工作不断适应新形势、解决新问题、引领新发展。立法廉评将质量视角引入法治反腐，会对法治反腐的创新产生深刻与深远的积极影响。

从以"立法评估"为名的试点工作看，通常将合法性、合理性、适应性、协调性、可操作性、规范性、实效性等作为指标，但廉洁性指标不太清晰和直接。将"廉洁性"纳入立法评估的指标体系，是解决这一问题的必由之路，也是协同推进立法评估与制度廉洁性评估、法治建设和廉政建设、全面依法治国与全面从严治党的内在要求。

将"廉洁性"纳入立法评估的指标体系，具体包括两个方面：一是事前的，即进入法律出台前评估的指标体系，重在发现法律草案的廉政风险，克服部门利益法律化、重赋予权力而轻约束权力，甚至只赋予权力而不约束权力等弊病；二是事后的，即进入立法后评估指标体系，重在评估法律的廉洁效益，检测法律是不是实现了规范权力运行、防止权力异化的使命，为修改乃至废止法律提供重要依据。之前的制度廉洁性评估，重事前评估而轻事后评估。因此，要以《立法法》确定立法后评估为契机，系统规划，对《刑事诉讼法》《行政许可法》《政府采购法》等与廉政建设密切相关的法律进行廉洁效益评估，发现不足，提出建议，为推进反腐败国家立法提供支持。

三、中国内地与香港制度廉洁性评估比较

香港和内地制度廉洁性评估工作的开展显然有着共同的出发点与目标。也正因如此，两地制度廉洁性评估工作仍有着一定的可比性。

1. 评估对象：香港全面有效，内地仅以党内法规为主

香港十分重视对相关反腐败制度的定期或不定期评估。1948年、1968年先后启动的对于香港主要的反腐败法律《防止贿赂条例》的评估修订，奠定了香港现行反腐败法律的基石。对反腐败制度的评估甚至并不因为反腐败机构的公认成就而停止。1994年，香港政府认为"廉署已成立二十载，社会有必要对其审查并再度确认对它的规管，正当其时"，因而要成立委员会检查三项法律之下廉政公署的权责，"就其是否依然适当，必要和足够，或者修订提出建议"。2010年成立的防止及处理潜在利益冲突独立检讨委员会，则在提出了36项改善建议外，提出"应至少每五年一次根据所累积经验进行检讨"，以确保有关制度在这个瞬息万变的时代仍能符合公众期望。[1]可以认为，由独立委员会对于反腐败制度不时地开展系统而全面的评估，以检讨反腐败制

---

[1] "防止及处理潜在利益冲突独立检讨委员会报告"，2012年5月。

度的健全性与有效性，是香港制度廉洁性评估的一大特色。

香港对于反腐败制度的评估，往往是全面的，不仅包括对于相关的体制安排，也包括了其运行机制与具体制度；不仅评估静态的体制机制制度，也评估其动态的运行与执行的效力；不仅评估相关法例，也包括内部纪律。以百里渠爵士调查委员会为例，它不仅须"就防止贿赂条例的效力提出报告，及建议修订办法"，而且要"对现行安排提出其所认为必需的其他修改"，而这个"现行安排"一词，被委员会认为要"包括引用和执行该条例的现有一切机构"，即皇家香港警察队检举贪污组、贪污问题咨询委员会及贪污事件审查委员会，并且包括"作为内部纪律问题来处理政府人员的制度"，如殖民地规例第 54 至 66 条，及依照香港法例第八十九章长俸条例第八节第（二）分节所规定的强制退休办法等。[1]

就内地而言，自 1979 年以来虽然对反腐败相关法律，不管是《刑法》《行政监察法》还是其他法律有过多次修订，对相关的党内法规，亦有过多次修订，但主动而明确地对整个反腐败制度体系安排进行系统而全面的评估，应该说仍有待未来。

在内地反腐败制度体系当中，党内法规具有重要地位，因而成为独具特色的评估对象。这不仅因为内地与香港政治与法律体制的差异所致，亦与两地反腐败工作本身的差异有关。在内地的反腐倡廉领导体制和工作机制当中，党的组织"统一领导""组织协调"反腐败工作，并且与政府"齐抓共管"，这一体制决定了党在反腐败工作当中的重要性，并由此决定了党内法规的重要性。例如，落实党风廉政建设责任制，往往被认为是推进反腐倡廉建设的"龙头"，而这一工作借由《关于实行党风廉政建设责任制的规定》这一制度进行规范。此外，党的纪律检查在反腐败当中具有很大的威慑力，发挥着重要作用，而这一工作无论是调查、惩处、审理，亦都有其党内法规的实体性和程序性规定。从上述意义上来说，党内法规同样应该成为制度廉洁性评估对象的重要组成部分。

考虑到党内法规的现状，对其进行相应的评估尤其必要。党内法规的制定有其特殊的规范。《中国共产党党内法规制定程序暂行条例》（以下简称《条例》）在一定意义上相当于党内法规的"立法法"，规范着党内法规的制

---

[1]　香港政府印务局印："百里渠爵士调查委员会第一次报告书"，1973 年。

定工作，决定党内法规体系的健全程度。然而，并非所有党内法规都严格遵循这一《条例》的规定。例如，《条例》第4条明确规定："中央纪律检查委员会、中央各部门制定并发布的党内法规，称规定、办法、细则。"但是，对于规范党的纪律检查至关重要的几项"条例"却仍然是由中央纪委制定并发布的，如《党的纪律检察机关案件审理工作条例》（中纪发〔1987〕12号）、《中国共产党纪律检查机关控告申诉工作条例》（中纪发〔1993〕8号）、《中国共产党纪律检查机关案件检查工作条例》（中纪发〔1994〕4号）等。而另一方面，从党内法规体系的层次与效力来看，作为规范推进反腐倡廉建设的"龙头"的《关于实行党风廉政建设责任制的规定》（以下简称《规定》），却只是"规定"而非"准则、条例、规则"，显然处于党内法规当中的较低层次，这与其应有的地位并不相符。上述问题还不仅仅是规范性的问题，更为重要的是，它体现相关的理念存在不当。例如，与纪检检察相关的前述三项条例，如果其制定与颁布、执行、解释都可以是同一个机构（中央纪律检查委员会），则显然并不妥当，这也会影响反腐败制度的健全性与实施效能。从上述意义上来说，2013年通过的《中国共产党党内法规制定条例》第32条专门规定要"对党内法规执行情况、实施效果开展评估"，这项工作不仅必要，而且十分急迫。

2. 评估主体及其法律授权

就香港开展制度廉洁性评估的主体而言，包括反腐败机构（廉政公署）和反腐败机构之外的其他机构。廉政公署相关工作的开展具体由防止贪污处实施，而反腐败机构之外的其他主体往往是通过独立的专责委员会开展实施的。

香港负责进行评估的专责委员会往往是临时性的，但每次的评估必然带来反腐败制度的变革，因而其影响是深远的。这些专责委员制度评估的共同特征，是其专责委员会独立性和评价的客观性、公允性。例如，1994年对廉政公署权责的检讨，并未有对廉政公署权力的削减，只是增加其问责性与透明度。1973年、2008年、2010年对于相关制度的评估，也并未因个别事件的影响而导致对原有制度的基本否定或矫枉过正。专责委员会具有相对于当事人、反腐败机构的独立性。例如，对防止利益冲突制度的评估因相关制度涉及对行政长官、行政会议成员及政治委任官员的管治，开展评估的主体是立法机构，而非政治与行政机构。对涉及反腐败机构的制度评估，也各自有独立委员会进行。评估主体的独立性在很大程度上保证了相关评价的公信力。

开展制度廉洁性评估的其他主体的权力有相关法律可以援引，并有相关机构的明确授权。香港防贪审查一经得到法定授权，即意味着具有了法定职责，使制度廉洁性评估得以成为反腐败机构的日常工作，为腐败预防工作的持续开展与腐败预防水平的持续提升提供了可能性，而这正是世界上其他国家与地区相对缺乏的。在印度，1962年桑撒南委员会就防止贪污亦作了深入调查研究，就防止贪污提出了相当多的中肯意见，其后印度甚至根据这一委员会的建议，于1964年专门建立了中央警戒委员会，但即使在2003年的《印度中央警戒委员会条例》及次年的修正案中，对于防贪审查职能仍缺乏明确授权，防贪审查工作不能日常化、持续性开展，相关制度、行政程序当中包含的腐败漏洞长期难以消除。

在中国内地，自2007年成立国家预防腐败局并在地方渐次试行设立相应机构以来，国家预防腐败局与地方预防腐败机构积极开展工作，取得了相当成效。但是，目前的工作仍以宏观的组织协调、综合规划、政策制定、检查指导为主，而制度廉洁性评估方面暂无国内专门法律的明确授权。2010年7月，中纪委办公厅、国家预防腐败局办公室印发的《关于开展制度廉洁性评估试点工作的指导意见》，之所以将"审查"改为"评估"，据称其原因"一方面是因为'审查'有居高临下的感觉，而'评估'这个词显得更加中立、客观；另一方面也是为了与《联合国反腐败公约》中'评估有关法律文书和行政措施'的表述相一致"。其实，《联合国反腐败公约》所引条文中所说的需要定期进行评估，以检查其有效性的对象，是专指与惩治和预防腐败相关的法律及行政法规，如《刑法》中关于惩治腐败的条款，以及防止利益冲突等预防腐败的法律或行政法规，而并非一般法律与行政法规。此外，腐败预防机构开展相关工作是被称为"审查"还是"评估"，其中的关键在于其是否有明确法律授权，如果有法律的明确授权，则可视为具有普遍性、强制性（虽则其执行未必一定体现为强制，但必保留此项权力）的常规性执法行为；如果没有法律的明确授权，则可仅视为一项因时、因地可变，具有不确定性，缺乏稳定性、长期性和较高权威性的政策或行政措施。如果不能将制度廉洁性评估作为一种常规性的执法行为（虽则其体现形式可能是研究、指导），其持续性、专业性和最终效用就会成为问题。在这一方面，我们应考虑借鉴香港地区腐败预防中制度廉洁性评估工作的经验。

3. 评估重点

香港：查找腐败行为得以发生的漏洞

就香港来说，制度廉洁性评估的专业性主要在于其防贪审查的专业性。在 20 世纪 70 年代，香港廉政公署防止贪污处为世界各个国家与地区所仅有。廉政公署自承"防止贪污是一项崭新的公共行政观念，因此该处亦无法从往昔经验中获取指引"。[1]不过，香港廉政公署防止贪污处自成立伊始，即深入政府各部门，研究其工作方法与程序当中的腐败漏洞，逐步掌握了腐败预防规律，增强了其腐败预防的专业性。在不到三年的时间内，香港的腐败预防工作即声名鹊起："从海外机构联络，可见香港在防止贪污方面所用的人力物力和采取的精密方法在世界上是独一无二的。"[2]1977 年后，腐败预防分析人员正式被授予审查政府立法草案的权力。在当时香港行政主导体制下，法律与政策往往由各个政府部门起草，而在起草阶段，就必须征求防止贪污处的立法意见。防贪审查卓有成效的工作，可以确保在新的法律或是规章出台之前腐败预防问题已经被仔细地考虑过。[3]

内地：制度评估侧重合法性、规范性而非廉洁性

就内地而言，迄今开展的制度廉洁性评估工作当中，合法性评估、规范性评估成为重点，而作为题中应有之义的廉洁性评估反倒处于次要地位。在我国目前制度廉洁性审查所发现的诸多问题中，违规扩权揽权是最主要的问题，这种现象在各地都较为普遍。而如果一项制度的内容涉及扩权揽权，出现与上位法规定不符合、在没有明确法律依据的情况下擅自为本部门扩张权力、免除责任，不管它是规范性文件，还是地方性法规、部门规章、行政法规乃至法律，它所涉及的首先并主要是合法性问题，而不是廉洁性问题。即是否合乎宪法和法律的规定，而不是制度本身是否包含腐败漏洞的问题。

上述现象的出现，反映出了内地法治政府仍待加强建设、法治水平相对较低的问题。对制度内容的合法性及形式的规范性审查有其必要性和现实合理性，应该继续予以坚持并加强。不过，该项工作可以主要由政府法制办其

---

〔1〕"总督特派廉政专员 1975 年年报"。

〔2〕"总督特派廉政专员 1977 年年报"。

〔3〕"香港廉政公署 1980 年年报"。

至立法机关实施，腐败预防机构予以监督即可。作为腐败预防机构开展的专门工作，在制度廉洁性、腐败漏洞查找与处理方面应该更加具有专业性。时至今日，尽管内地开展制度廉洁性评估是一项全新的工作，但并非没有现成的经验可学。各地在试点工作中不断创新方式方法极为可贵，在立足现实方面具有毋庸置疑的优势，但腐败预防尤其是制度廉洁性评估的一般原理与该项工作的最佳实践，则早已有例可援。香港廉政公署的防贪审查经验就是其中可资借鉴、也最具可借鉴性的一个典型。

四、中国制度廉洁性评估工作的推进策略

制度廉洁性评估工作的出发点是从源头上预防和治理腐败。由中央纪委和国家预防腐败局提出并推动的制度廉洁性评估工作，是加强制度建设、提高制度质量以推进从源头上防治腐败战略的创新之举。制度在反腐倡廉建设中，具有根本性、全局性和长期性作用，加强和改进制度建设，提高制度建设水平，是依法行政和法治政府建设的基础性要求。滋生腐败的根本原因是权力得不到有效监督和制约，全面推进依法行政，建设法治政府，是反腐倡廉的基本途径和常规措施。加强和改进制度建设，立法过程、形成制度的过程，实质上关涉各方面的利益安排。防止地方主义、部门主义和"俘获政府"现象，则必须借力于制度廉洁性评估，使制度廉洁性评估成为加强和改进制度建设、改进立法和促进依法民主科学决策的着力点和新机制。

1. 加强制度廉洁性评估的顶层设计

从国内外反腐倡廉建设形势看，面向全国推行制度廉洁性评估不仅应该实现，而且宜加快实现。《国家预防腐败局2012年工作要点》明确规定："全面推行制度廉洁性评估。在总结试点经验的基础上，会同有关部门制定出台规范性文件，全面开展制度廉洁性评估工作。"《国家预防腐败局2013年工作要点》亦规定，"研究部署面向全国推行制度廉洁性评估工作"。加快面向全国推行制度廉洁性评估，牵一发而动全身，需要认真做好相关准备工作，特别是要在总结试点经验教训与加强研究的基础上进行顶层设计，明确制度廉洁性评估的科学标准。要系统总结试点经验教训，去粗存精。要组织专家学者加强制度廉洁性评估理论研究，提供扎实的理论支持。要结合评估主体、对象、内容、标准、时间、步骤、方式、方法、效力等要素，围绕建立健全制度廉洁性评估的实体规范、程序规范、长效机制这一总体要求进行顶层设

计，出台全国性的指导性文件。

从制度廉洁性评估的实体规范来看，顶层设计需要重点解决部分试点中存在的以下五个问题：第一，从主体看，重机关主体而轻社会主体，社会力量对制度廉洁性评估的参与不够；第二，从对象看，重制度草案而轻现行制度，忽视了对《刑法》、《刑事诉讼法》等重要法律的廉洁性评估；第三，从内容看，重制度的廉洁性质而轻廉洁实效，也就是重"静态"而轻"动态"、重事前而轻事中事后；第四，从标准看，重广义廉洁标准而轻狭义廉洁标准，针对性不够强；第五，从成果看，重直接成果而轻间接成果，也就是重就事论事而轻举一反三。

从制度廉洁性评估的程序规范来看，顶层设计需要重点解决部分试点中存在的以下三个问题：第一，从时间看，重不定期评估而轻定期评估，而定期评估是《联合国反腐败公约》的明确要求；第二，从步骤看，重运行步骤而轻启动步骤，也就是忽视了依申请启动、依职权启动的区别，忽视了启动条件、启动决定等内容；第三，从方式方法看，重外在方式而轻内在方法，也就是重专门机构会审、专家论证、社会听证、公开征集意见、走访群众等外在形式，忽视了究竟采用什么样的评估判断方法。

2. 增强制度廉洁性评估工作的专业性

制度廉洁性评估工作专业性的增强，关键在于专业人才、专业知识与技能。就专业人才而言，可以通过公共管理的组织与机制创新实现。例如，可以考虑采用政府以聘任制的形式组织专业团队；或采用政府外包或采购制度廉洁性评估服务的形式。其中开展制度廉洁性评估的任务由预防腐败局安排，成果由其评估、采纳的成果转化为监察建议，由监察机关、预防腐败局正式提出并监督落实。在此过程中，制度廉洁性评估工作团队主要负责专业与技术方面。在探索初期，上述团队中的人才，可考虑来自三个方面：前期腐败预防试点工作当中的优秀实务工作者、科研院所的专家学者、国（境）外从事相关工作的实务工作者。组建专业团队，可以保证该项工作在专业性方面的高起点，能解决现有条件下腐败预防机构人力资源不足的问题。这种团队亦不同于外聘专家库，后者往往因时间、精力等方面的局限，对制度廉洁性评估工作的参与是兼职性、临时性的，不会以此为业，相应地，难以保证该项工作的系统性和持续性。

就增强专业知识与技能而言，一方面可以进一步总结、归纳出当前我国腐败预防在制度廉洁性评估、岗位廉政风险防控、防止利益冲突方面的探索中的最佳经验，另一方面可以借鉴和运用国（境）外腐败预防工作的专业知识与技能。就后者而言，香港防贪审查的相关经验尤其值得借鉴。内地与香港在政治法律制度、社会制度等方面并不相同，但建设法治政府、廉洁政府、透明政府的目标与要求是一致的，具体的管理技术完全可以借鉴和运用。当然，其原理与具体方法可根据内地反腐倡廉体制机制，结合内地工作实际予以改进。在总结自身实践与借鉴外在经验、原理与方法的基础上，尽快出台相关工作的指导纲要，加强研讨交流与培训，广泛传播防贪审查知识与技能，是增强防贪审查专业性的必要举措。

科学完整的制度廉洁性评估，既要做到"瞻前"评估，在制度出台前进行前置审查，减少和防止一些"不合格"制度"出炉"；也要做到"顾后"审计，对"出炉"后的制度进行执行绩效审计，避免和纠正制度"空转"。对信息量较小、内容较简单、涉及面较窄的制度文稿，进行前置简易评估。以纪检监察机关和政府法制部门为主进行评估，在规定时限内出具评估意见书；对于信息量大、专业性强、内容复杂、利益相关方牵涉多的制度文稿，进行前置听证评估，由纪检监察机关组织专家进行听证，在规定时限内出具否决或通过的评估意见；最后运用"绩""效"两项指标对廉政制度的执行情况进行评估，根据测评结果，分级管理，分类预警，公开问责，及时纠正制度执行中存在的问题，从而保证制度廉洁性评估工作的专业性。

3. 建立科学完善的制度廉洁性评估指标体系

建立科学合理的制度廉洁性评估指标体系，应当明确制度廉洁性的核心内涵，将利益冲突概念确定为核心概念。党的十七届四中全会通过的《中共中央关于加强和改进新形势下党的建设若干重大问题的决定》明确提出"建立健全防止利益冲突制度"。利益冲突是产生腐败的重要根源，防止和管理利益冲突是有效预防腐败、加强廉政建设的重要策略。制度廉洁性评估的目的是为了预防和消除如下利益冲突现象：不顾全局谋求局部利益，不顾长远谋求眼前利益，不考虑弱势利益保护，牵连甚至关照利益集团的利益，一定程度上损害公共利益，违法增加公民、法人和其他组织义务或者影响其合法权益，形成和固守地方或行业保护，等等。围绕利益冲突这一核心概念，制度廉洁性评估应当主要关注以下几项指标：①是否存在地方或部门利益制度化，构成对公共利益的威胁；②是否存在地方或部门利益制度化，构成对公民权益的威胁；③是否存在地方或部门权力交叠和利益冲突；④是否存在权力与权利关系的明显倾斜，或者为公民、法人和其他组织设定额外义务；⑤是否存在模糊职责和减免公共职责，谋取权力便利的情形；⑥是否存在不正当的社会利益倾向和不合理的社会利益安排；⑦是否存在违反"廉价"原则、效能要求和财经制度的情形；⑧是否存在法律责任缺位、问责机制和绩效评估缺失等情况。

　　加强制度廉洁性评估工作，需要建立科学、合理、权威、高效的制度廉洁性评估体制。制度廉洁性评估体制主要分为三个层面：一是各地成立的协调指导小组，二是立法起草和政策草拟部门或机构，三是省人大法工委和省政府法制办。在试点实践中，各地大都成立了由省纪委、省监察厅、省预防腐败局牵头，省人大法制委、省政府办公厅、省政府法制办等部门负责人以及省预防腐败研究基地专家组成的协调指导小组，其职能主要是廉洁性评估工作的组织、指导、协调及督促等工作。制度廉洁性评估体制建设应当与现行的立法和决策体制相协调和统一，充分实现制度廉洁性评估工作与立法、决策及监督工作的结合。法规、规章和其他规范性文件起草过程的廉洁性评估极为重要，法律文件和政策文件的起草部门对制度廉洁性评估负有首责。政府部门在起草地方性法规、地方政府规章和其他规范性文件过程中应当以制度廉洁性评估指标为审查指南，围绕利益冲突这一核心概念，对权限安排、透明度、程序正当性、问责制等进行专题审查。各地省人大法工委、政府法制办负有立法把关和对制度进行备案审查等职责，按照"各司其职、协调配合"的要求，合理划分审查职责，规范和完善制度廉洁性评估工作机制。人大法工委、政府法制办在立法审议和决策过程中以及对制度进行备案审查时，既审查制度的合法性、合理性，也审查制度的廉洁性。以政府法制机构为例，国务院《关于加强法治政府建设的意见》在更大的程度上赋予了政府法制机构对制度和决策进行合法性审查的权限，政府法制机构在加强和改进制度建设中发挥着重要作用，其中最重要的制度安排是：制定对公民、法人或者其他组织的权利义务产生直接影响的规范性文件，由法制机构进行合法性审查，重大决策事项应当在会前交由法制机构进行合法性审查，未经合法性审查或者经审查不合法的，不能提交会议讨论、作出决策。政府法制机构在政府立法和决策中发挥主导和协调作用，当然负有制度廉洁性评估的权责，对包括法规、规章在内的各类规范性文件存在廉洁性问题和廉政风险的，亦不能提交会议讨论审议和作出决策。[1]

4. 以制度廉洁性评估促进于法周延于事有效

习近平在主持中共中央政治局加强反腐倡廉法规制度建设进行第二十四次集体学习时强调，要加大反腐倡廉法规制度建设力度，把中央要求、群众期盼、实际需要、新鲜经验结合起来，本着于法周延、于事有效的原则制定新的法规制度、完善已有的法规制度、废止不适应的法规制度，努力形成系统完备的反腐倡廉法规制度体系。

于法周延、于事有效的原则，包括于法周延和于事有效两个部分。周延是一个逻辑术语，指向的是概念的全部外延，而不是其中一部分。"法网恢恢，疏而不漏"是对法律法规制度周延性的经典说明。于法周延立足逻辑，要求反腐倡廉法规制度具有完备性、系统性，实现全覆盖、体系化，侧重的是反腐倡廉法规制度本身的科学性和技术性，主要基于"内部"视角；于事有效则不是就制度谈制度，而是着眼实践，要求反腐倡廉法规制度具有实用性、实效性，能够真正解决问题，侧重的是反腐倡廉法规制度的实践功能和社会产出，主要基于"外部"视角。可以说，于法周延是基础，于事有效是关键，两者有机联系，体现了规律性，是反腐倡廉法规制度建设不断深化和提升的重要标志，也是进一步提高反腐倡廉法规制度建设水平、质量和效益的重要引领。

于法周延、于事有效的原则不会自动实现，需要有促进和保障机制。此外，反腐倡廉法规制度客观上是否于法周延、于事有效，是高效还是低效，都需要进行科学评估。加强对反腐倡廉法规制度的评估，有利于促进反腐倡廉法规制度建设原则得以落实。

要以反腐倡廉党内法规为突破口，确立党内法规出台前评估制度。2015年3月修改的《立法法》第39条和第63条是关于立法评估的，这两条规定分别确立了法律出台前评估制度和立法后评估制度。2013年出台的《中国共产党党内法规制定条例》也很重视评估，设置了第6章"备案、清理与评估"，但仅在第32条规定了党内法规的事后评估，即"党内法规制定机关、起草部门和单位可以根据职权对党内法规执行情况、实施效果开展评估。"十八届四中全会后，习近平总书记和中央纪委书记王岐山等反复强调党纪严于

---

[1]　肖金明："关于制度廉洁性评估规范化的思考"，载《中国行政管理》2011年第5期。

国法。在国家法律出台前评估制度已确立的背景下，加快建立党内法规出台前评估制度，是进一步严格党内法规制定程序、提高党内法规质量的内在要求，是保障党纪严于国法的客观需要。

5. 提高制度廉洁性评估与其他机制的联动效应

《联合国反腐败公约》第 5 条第 3 款规定："各缔约国均应当努力定期评估有关法律文书和行政措施，以确定其能否有效预防和打击腐败。"该规定表明，评估的重心是"有效性"，侧重的是事后评估。我国推行的制度廉洁性评估试点工作，明确承认以上述规定为依据，但在实践中主要是事前评估，侧重发现制度草案本身的不廉洁问题。重视事前的预防性评估是非常重要的，是减少制度"带病上岗"现象的重要途径，但不能因此忽视事后的有效性评估，需要将事前评估与事后评估有机地结合起来。不仅如此，制度廉洁性评估工作需要充分利用已有的行之有效的机制和程序，实现各种机制的有效衔接和程序上的互动共振。与法规、规章和其他规范性文件的决策风险评估、备案审查、立法后评估、立法清理等工作相结合，可以形成多部门参与的衔接有效、协调一致的维护制度质量的联动机制。

以风险评估为例，风险评估已经成为立法和重大决策的重要程序，对即将出台的制度需要进行风险评估，重点是进行社会稳定、环境、经济等方面的风险评估。对制度进行风险评估应当包括廉政风险评估，通过制度廉洁性评估确定是否存在廉政风险以及廉政风险等级，并将廉政风险评估结果作为制度能否出台的重要依据，未经风险评估的和存在较大廉政风险的制度一律不得出台。再以备案审查为例，我国的立法备案审查制度存在已久，但"备而不查"的现象比较普遍，近几年来备案审查制度不断完善并有专门的条例，执行情况也在逐步改善。制度廉洁性评估应当将备案审查作为重要的机制，将廉洁性作为审查的重要标准，促使备案审查由形式走向实质。另外，程序不仅对于制约权力有明显特效，对于增强制度的严谨性和效力亦具有相当功力。所以应当特别重视制度廉洁性评估程序，一方面应当强调制度廉政性评估体制各方面关系的程序化，另一方面应当充分利用现有立法和决策监督程序，比如，部门专题评估、专家咨询、风险评估、合法性审查、评估听证、专业机构测评、公众参与等。

要完善制度廉洁性评估工作，加强对制度廉洁效果的评估，既评估制度草案的廉洁性状况，又评估现行制度的廉洁实效，更要重视这项工作与其他相关制度、法规等的有机结合，相辅相成，从而加大对现行制度廉洁实效的评估力度，及时发现制约现行制度有效性的影响因素，促进现行制度的贯彻实施和修改完善，开创反腐倡廉法规制度建设的新局面。

体制性腐败、制度性腐败是反腐败的重点和难题。在反腐败领域，制度具有两个层面的意义：一是反腐败活动规范化、制度化、法治化。政治思想教育、廉政警示教育、职业道德教育很重要，但制度反腐具有更根本的意义。像反贪污贿赂的刑法规范、行政监察法、领导干部廉洁从政准则、各类制度中官员任职回避条款，以及公众期待已久的官员财产申报制度等，都属于这层意义上的制度；二是从制度建设着手，压缩权力裁量余地和权力腐败空间，减少权力滥用和权力寻租的可能性。早在 1980 年，邓小平同志就指出："制度问题更带有根本性、全局性、稳定性和长期性。""制度好可以使坏人无法任意横行，制度不好，可以使好人无法充分做好事，甚至会走向反面。"[1]像行政规划制度、行政审批制度、行政程序制度、行政收费制度、政府采购制度以及干部人事制度等，都属于这层意义上的制度。第二层意义上的制度的建设状况、质量水平直接决定着权力的限度、权力滥用的可能性和权力腐败的空间。这一类制度更具有广泛性和基础性，涉及广泛的权力安排，如果没有形成由权限规范、程序规范、责任规范等构成的完整系统的制度体系，不能形成合理的分权体制和有效的权力制约机制，尤其是不能保证制度的廉洁性，就难以抑制腐败。从某种意义上讲，第一层面的制度具有专门性和体系性。通过专门的反腐制度建设，形成公正、权威、高效的反腐制度体系，一方面有利于增强预防腐败的有效性、加大惩治腐败的力度，另一方面有助于实现反腐活动的规范化、制度化和法治化。第二层面的制度更具有基础性和根本性。不断规范立法和决策过程，通过包括决策风险评估、备案审查、立法清理以及制度廉洁性评估等立法与决策监督工作，一方面有利于保障制度质量，为权力运作奠定良好的制度基础；另一方面有利于贯彻标本兼治、重在治本、源头治理的反腐方针，形成反腐倡廉的长效机制。

---

〔1〕《邓小平文选》（第二卷），人民出版社 1983 年版，第 293 页。

延伸阅读案例一：扎牢制约权力的制度之"笼"——洪泽全国首创制度廉评平台系统

"'暂扣、罚没的物品'这一说法不符合法律规范，只有'扣押'的规定。"这是近日洪泽县制度廉洁性评估平台对《关于进一步规范行政执法行为的规定》等制度反馈的建议之一。

制度、规定是工作开展的依据，如果其自身存在缺陷和瑕疵，腐败的"暗门"就会被掩护为"合理存在"。今年下半年，洪泽县在全国率先自主研发了制度廉洁性评估平台系统，并建立了平台运行管理机制，对制度文件进行一次大"体检"，铲除源头上的"病源"，为扎牢制约权力的制度之"笼"提供了科技支撑。

因廉洁性评估涉及面广、专业性强、要求标准高，洪泽县整合各方面力量，并广泛征求意见和建议，经反复研究论证，制定了 4 个一级指标、15 个二级指标、41 个三级指标评估体系，对合法符规、权限设置、权益配置、权责明确、制约措施、公开透明等方面进行细化。

针对以前制度文件可能存在的缺陷，截至 12 月 11 日，该县已对全县 248 个制度文件进行分类清理，其中，废止"超期服役"制度 176 项，根据评估结果，"升级修订"制度 69 项。"2011 年出台的《关于实施工业产品商标品牌战略促进县域经济发展的建议》这个文件是为提升我县的工业品牌而出台的，因主体不合法和执行力差等原因，被平台系统否定了。"12 月 12 日，文件起草者之一洪泽县工商局胡祥告诉记者。

"以前许多部门出台文件，对外征求意见不充分，常出现自己发现不了的违背上位法、权力扩张、程序实施违法违规等问题，如出现法律纠纷，那将会很被动。"该县政府办法制科科长、评估平台人才库成员、平台建设与推广发起人之一王学勤向记者介绍："这个是县农机局出台的关于秸秆综合利用文件，经济处罚主体不合法，只有环保、水利部门有处罚权，镇是没有处罚权的。"

"在廉评平台评估后，县教育局的《关于进一步规范学校财务管理的规定》作了修改。过去制度确实存在自由裁量模糊、权责不明确、缺乏责任追究机制等漏洞和缺陷。修改后的制度，特别在涉及财物方面，规定得更具体、规范、操作性强、模糊性少。"该县黄集中学校长唐万俊对新规定评价道。

"建立廉评平台，目的就是要及时发现纠正制度的漏洞和缺陷，形成更为科学的权力制约机制，铲除腐败滋生蔓延的土壤和条件，实现从源头上防治腐败。"洪泽县委常委、纪委书记江迈谈起平台建设的初衷告诉记者。——摘自《淮安日报》2014年12月16日

延伸阅读案例二：外交部批"清廉印象指数"：排名与反腐成就严重不符

外交部发言人华春莹12月3日表示，中国反腐败工作取得的明显的成效，自有人民群众的公正客观的评价，不会以"透明国际"清廉印象指数为标准。

在当日的例行记者会上，有记者问：总部设在柏林的"透明国际"发布了它的清廉印象指数，其中提到，尽管中国政府的反腐败运动正在进行之中，但是，腐败的现象仍有所增加，中方对此有何回应？

华春莹表示，中国政府坚定反腐的决心之大有目共睹，中国政府反腐斗争取得的成效也是有目共睹的，你提到的这个"2014年中国清廉印象指数"的指数评分和排名，与中国反腐败取得的举世瞩目的成就这样一种现实状况是严重不符的。中国反腐败工作取得的明显的成效，自有人民群众的公正客观的评价，不会以"透明国际"清廉印象指数为标准。我们认为，"透明国际"作为一个在国际上有一定影响力的组织，应当认真审视清廉印象指数的客观性和公正性。

"我还要多说一句，腐败犯罪是人类社会的毒瘤，侵蚀着全社会的公平正义和发展成果，必须予以铲除。当前，腐败犯罪的跨国性的特点非常明显，各国只有通过全面的国际合作，特别是加强司法协助和引渡方面的合作，才能让腐败分子无处可逃，让非法的所得物物归原主。我们也再次呼吁国际社会加强合作，强化司法执法合作，携手打击跨国的腐败犯罪。"华春莹说。——摘自中国新闻网 http://news.china.com/domestic/945/20141203/19047690.html（2014-12-03）

学习与思考

1. 制度廉洁性评估的内涵及其意义是什么？

2. 结合延伸阅读案例二，试述透明国际清廉指数 CPI 的局限性。

3. 简述中国内地与香港制度廉洁性评估的区别与联系。

4. 结合延伸阅读案例一，简述中国制度廉洁性评估工作的发展策略。

5. 联系实际谈谈制度廉洁性评估在整个廉政制度建设中的必要性。

参阅文献：

邓联繁：给制度做做"廉洁体检"——以廉政法学为视角，中国方正出版社2015年版。

邓联繁："立法廉洁性评估：法治反腐的阿基米德支点"，载《民主与法制》2013年第24期。

邓联繁："应加快推进我国制度廉洁性评估"，载《学习时报》2013年10月21日。

邓联繁："立法评估应凸显廉洁性指标"，载《环球时报》2015年4月9日。

邓联繁："于法周延于事有效：反腐败法规制度充分发力的关键"，载《检察日报》2015年7月7日。

钟红艳："关于制度廉洁性评估的实践与思考"，载《国家预防腐败局官网》2012年11月13日。

赵丽涛："中国制度廉洁性评估研究：一个文献综述"，载《创新》2014年第4期。

田坤："制度廉洁性评估：理论基础、实践探索及推进策略"，载《廉政文化研究》2013年第5期。

肖泳冰、刘世奇、朱红梅："制度廉洁性评估的两种实践模式及其比较"，载《廉政文化研究》2014年第4期。

肖金明："关于制度廉洁性评估规范化的思考"，2011年第5期。

袁柏顺："内地与香港制度廉洁性评估比较研究"，载《河南社会科学》2014年第6期。

斯达芬·安德森、保罗·海伍德、肖俊奇编译："感知的政治学：透明国际腐败测量方法的运用和滥用"，载《经济社会体制比较》2010年第4期。

马占稳："韩国透明国际在反腐败中的作用（韩国反腐败的新阶段）"，载《国家行政学院学报》2007年第6期。

马占稳："韩国反腐败中的制度建设"，载《北京行政学院学报》2013年第3期、第4期。

参考文献

一、著作

[1]《邓小平文选》（第二版），人民出版社 1983 年版。

[2]［美］埃里克·弗鲁博顿、［德］鲁道夫·芮切特：《新制度经济学——一个交易费用分析范式》，姜建强、罗长远译，三联书店 2006 年版。

[3] 何清涟：《现代化的陷阱》，今日中国出版社 1998 年版。

[4]［意］加埃塔诺·莫斯卡：《政治科学要义》，任军锋译，上海人民出版社 2005 年版。

[5]［德］柯武刚、史漫飞：《制度经济学：社会秩序与公共政策》，商务印书馆 2005 年版。

[6]［美］戴维·B. 杜鲁门：《政治过程：政治利益与公共舆论》，陈尧译，天津人民出版社 2005 年版。

[7]［新西兰］杰瑞米·波普：《制约腐败 ——建构国家廉政体系》，中国方正出版社 2003 年版。

[8]［加］里克·斯塔彭赫斯特、［美］萨尔·T. 庞德：《反腐败——国家廉政建设的模式》，杨之刚译，经济科学出版社 2000 年版。

[9]［美］迈克尔·约翰斯顿：《腐败症候群：财富、权力和民主》，袁建华译，上海人民出版社 2009 年版。

[10]《马克思恩格斯选集》（第 20 卷），人民出版社 1972 年版。

[11]［英］克里斯托弗·胡德等：《监管政府——节俭、优质与廉政体制设置》，陈伟译，三联书店 2009 年版。

[12]［美］曼纽尔·卡斯特：《认同的力量》（第 2 版），曹荣湘译，社会科学文献出版社 2006 年版。

［13］胡鞍钢：《中国：挑战腐败》，浙江人民出版社2000年版。

［14］周卫东：《廉政理论研究》，中央编译出版社2005年版。

［15］《建立健全惩治和预防腐败体系2008～2012年工作规划》，人民出版社2008年版。

［16］《中国共产党第十八次全国代表大会文件汇编》，人民出版社2012年版。

［17］秦德君：《政治设计研究》，上海社会科学院出版社2000年版。

［18］燕继荣：《政治学十五讲》，北京大学出版社2004年版。

［19］《马克思恩格斯选集》（第1卷），人民出版社1995年版。

［20］姜汉斌：《国防政治学》，人民出版社2007年版。

［21］杨海蛟：《政治关系论》，山西教育出版社2001年版。

［22］李景鹏：《权力政治学》，北京大学出版社2008年版。

［23］王浦劬：《政治学基础》（第2版），北京大学出版社2006年版。

［24］［美］E. 博登海默：《法理学——法哲学及其方法》，邓正来译，华夏出版社1987年版。

［25］［法］埃哈尔·费埃德伯格：《行动者与系统——集体行动的政治学》，张月译，上海人民出版社2007年版。

［26］［美］凯斯·桑斯坦：《网络共和国——网络社会中的民主问题》，黄维明译，上海人民出版社2003年版。

［27］吴春华、温志强：《中国公务员制度》，南开大学出版社出版2008年版。

［28］舒放、王克良：《国家公务员制度》，中国人民大学出版社2011年版。

［29］杨士秋：《治国之举：建设中国特色公务员制度》，中国人事出版社2011年版。

［30］胡鞍钢、王绍光、周建明：《第二次转型：国家制度建设》（增订版），清华大学出版社2009年版。

［31］倪邦文、石国亮、刘晶：《国外廉政建设制度与操作》，中国言实出版社2013年版。

［32］尤光付：《中外监督制度比较》，商务印书馆2003年版。

［33］罗华滨、刘志大：《中国特色社会主义监督体制》，中国方正出版社2012年版。

［34］阎德民：《中国特色权力制约和监督机制构建研究》，人民出版社2011年版。

［35］周怀宇：《中国历代贪官》，河南人民出版社1996年版。

［36］［英］马基雅维利：《君主论》，张志伟等译，陕西人民出版社2001年版。

［37］［西］孟德斯鸠：《论法的精神》（上册），张雁深译，商务印书馆1961年版。

［38］任建明：《反腐败制度与创新》，中国方正出版社2012年版。

［39］宋希仁：《西方伦理思想史》，中国人民大学出版社2004年版。

［40］［美］苏珊·罗斯·艾克曼：《腐败与政府》，王江、程文浩译，新华出版社

2000 年版。

［41］王伟：《行政伦理概述》，人民出版社 2001 年版。

［42］柯武刚、史漫飞：《制度经济学：社会秩序与公共政策》，商务印书馆 2005 年版。

［43］蒋娜等译：《美国政府道德法 1989 年道德改革法行政部门雇员道德行为准则》，方正出版社 2013 年版。

［44］孙晓莉：《国外廉政文化概略》，中国方正出版社 2011 年版。

［45］丁顺生：《公共服务伦理规范与廉政建设》，中国方正出版社 2010 年版。

［46］林伯海、田雪梅：《制度反腐与廉政文化建设的互动研究》，西南交通大学出版社 2009 年版。

［47］张春林：《中国共产党舆论监督思想史》，人民日报出版社 2015 年版。

［48］于红：《新时期反腐倡廉视角下的舆论监督研究》，中国人民大学出版社 2014 年版。

［49］朱颖：《新闻舆论监督与公共权力运行》，复旦大学出版社 2011 年版。

［50］展江：《新闻舆论监督与全球政治文明》，社会科学文献出版社 2007 年版。

［51］张锦力：《解密中国电视》，中国城市出版社 1999 年版。

［52］邓联繁：《本书系论文与评论集〈给制度治治病——廉政法学视角下的制度廉洁性评估〉的完善版》，中国方正出版社 2015 年版。

［53］魏德安：《双重悖论：一位外国专家探讨中国腐败问题的独到之作》，中信出版社 2014 年版。

［54］［美］威尔·杜兰特、阿里尔·杜兰特：《历史的教训》，倪玉平、张闶译，中国方正出版社、四川人民出版社 2015 年版。

［55］中央纪委、中央文献研究室：《习近平关于党风廉政建设和反腐败斗争论述摘编》，中国方正出版社、中央文献出版社 2015 年版。

［56］范雪峰：《职务犯罪概论》，西安交通大学出版社 2015 年版。

二、期刊

［1］陈振明："转变中的国家公务员制度——中西方公务员制度改革与发展的趋势及其比较"，载《厦门大学学报》（哲学社会科学版）2001 年第 2 期。

［2］宋世明："中国的公务员制度——对西方经验的拒绝、改造、引进与超越"，载《经济社会体制比较》2010 年第 6 期。

［3］吴德荣："市场改革中的寻租行为与经济治理"，载《公共行政评论》2010 年第 5 期。

［4］张康之："论'廉政建设'一词的完整内涵"，载《中国行政管理》2010 年第

8 期。

〔5〕〔瑞典〕弗洛拉·萨皮奥："反腐败在中国——选择性与地方保护主义"，载《"全球化与人的发展"国际学术研讨会论文集》，2005 年。

〔6〕吴臣军："企业文化与企业制度"，载《合肥工业大学学报》（社会科学版）2004 年第 2 期。

〔7〕陈国权、毛益民："道德制约权力：现实与可能"，载《学术月刊》2012 年第 2 期。

〔8〕朱光磊、盛林："过程防腐：制度反腐向更深层次推进的重要途径"，载《南开学报》（哲学社会科学版）2006 年第 4 期。

〔9〕陈潭、刘建义："从网络反腐走向制度反腐"，载《行政管理改革》2014 年第 8 期。

〔10〕孙笑侠、冯健鹏："监督，能否与法治兼容？——从法治立场来反思监督制度"，载《中国法学》2005 年第 4 期。

〔11〕李炜光、刘宁："西方国家财政监督体系及其借鉴价值"，载《战略与管理》2010 年第 3/4 期合编本。

〔12〕王晓天："中国古代监察制度述论"，载《湘潭大学学报》（社会科学版）1991 年第 2 期。

〔13〕林雅："中国封建监察制度及其得失评析"，载《法学评论》2004 年第 4 期。

〔14〕李后强、李贤彬："大数据时代腐败防治机制创新研究"，载《社会科学研究》2015 年第 1 期。

〔15〕刘影虹："南京国民政府惩戒制度渊源初探"，载《人民论坛》2009 年第 27 期。

〔16〕赵丽涛："中国制度廉洁性评估研究：一个文献综述"，载《创新》2014 年第 4 期。

〔17〕田坤："制度廉洁性评估：理论基础、实践探索及推进策略"，载《廉政文化研究》2013 年第 5 期。

〔18〕肖泳冰、刘世奇、朱红梅："制度廉洁性评估的两种实践模式及其比较"，载《廉政文化研究》2014 年第 4 期。

〔19〕肖金明："关于制度廉洁性评估规范化的思考"，载《中国行政管理》第 5 期。

〔20〕袁柏顺："内地与香港制度廉洁性评估比较研究"，载《河南社会科学》2014 年第 6 期。

〔21〕斯达芬·安德森保罗·海伍德肖俊奇："透明国际腐败测量方法的运用和滥用"，载《经济社会体制比较》2010 年第 4 期。

〔22〕马占稳："韩国透明国际在反腐败中的作用（韩国反腐败的新阶段）"，载《国家行政学院学报》2007 年第 6 期。

〔23〕马占稳："韩国反腐败中的制度建设"，载《北京行政学院学报》2013 年第 3 期、第 4 期。

〔24〕项继权、李敏杰："论廉洁政治的制度基础"，载《理论与改革》2014 年第 3 期。

〔25〕金红霞："关于网络舆论监督的几点思考"，载《信息化建设》2010 年第 8 期。

〔26〕程璐："在舆论监督中折射出的媒介话语权变迁"，载《新闻爱好者》2008 年第 2 期。

〔27〕童兵："'新闻自由'的表述与践行——传统马克思主义与非传统马克思主义两种视角的比较"，载《南京社会科学》2011 年第 7 期。

〔28〕许峰："当前我国舆论监督的理论与实践研究"，载《湖北经济学院学报》（人文社会科学版）2015 年第 8 期。

〔29〕程旭："新媒体时期反腐背景下的舆论监督"，载《理论观察》2015 年第 4 期。

〔30〕王巧捧："国外舆论监督扫描"，载《廉政瞭望》2007 年第 9 期。

〔31〕张振："国内外廉政文化及其建设研究综述"，载《生产力研究》2014 年第 1 期。

〔32〕王建芹："从中国古代廉政伦理观看新时期廉政文化建设价值取向"，载《理论研究》2012 年第 4 期。

〔33〕曹森："浅析廉政伦理与廉政制度的辩证关系"，载《重庆行政》2006 年第 3 期。

〔34〕唐贤秋："论廉政诉求的伦理价值定位"，载《哲学动态》2012 年第 4 期。

〔35〕张扬金、陆永平："略论廉政伦理内涵及其现代价值目标"，载《河海大学学报》2006 年第 3 期。

〔36〕马健："浅析廉政伦理与廉政制度的辩证关系"，载《重庆行政》2006 年第 3 期。

〔37〕蒋晓俊、田湘波："国外廉政制度及其对我国廉政建设的启示"，载《社会科学家》2008 年第 7 期。

〔38〕唐晓清、杨绍华："防止利益冲突制度：国际社会廉政建设的经验及启示"，载《当代世界与社会主义》（双月刊）2011 年第 2 期。

〔39〕周五香："基于公共性的廉政伦理探究"，载《伦理学研究》2010 年第 5 期。

〔40〕鄙爱红："防止公务员利益冲突的伦理路径"，载《中国特色社会主义研究》2012 年第 1 期。

〔41〕倪邦文："廉政建设的宏观考察"，载《中共四川省委省级机关党校学报》2012 年第 3 期。

〔42〕何平："论我国反腐败国际合作机制的建立与完善"，载《华中科技大学学报》

2013 年第 3 期。

［43］石国亮："廉政建设的全球化逻辑与地方性知识"，载《中共四川省委省级机关党校学报》2012 年第 3 期。

［44］邓联繁："立法廉洁性评估：法治反腐的阿基米德支点"，载《民主与法制》2013 年第 24 期。

［45］倪邦文："廉政建设的宏观考察"，载《中共四川省委省级机关党校学报》2012 年第 3 期。

［46］项继权、李敏杰："论廉洁政治的制度基础"，载《理论与改革》2014 年第 3 期。

［47］周淑真："从巡视制度发展看权力监督创新"，载《中国纪检监察报》2014 年 11 月 20 日。

［48］韦志："反腐治标：要形成预防惩戒机制"，载《检察日报》2013 年 10 月 29 日。

［49］吴海红："国外长期执政政党如何制度反腐"，载《学习时报》2013 年 10 月 8 日。

［50］叶国文："建构'不敢腐'的惩戒机制"，载《浙江日报》2015 年 2 月 6 日。

［51］秦晖："从法治角度看舆论监督"，载《南方周末》2003 年 2 月 19 日。

［52］邓联繁："应加快推进我国制度廉洁性评估"，载《学习时报》2013 年 10 月 21 日。

［53］邓联繁："立法评估应凸显廉洁性指标"，载《环球时报》2015 年 4 月 9 日。

［54］邓联繁："于法周延于事有效：反腐败法规制度充分发力的关键"，载《检察日报》2015 年 7 月 7 日。

后　记

反腐倡廉，廉政建设，正在中国史无前例的如火如荼地进行着，美好的梦想不可能在贪腐污浊的土地上实现，实现中国梦，建设廉洁政治，做到干部清正、政府清廉、政治清明是重要前提。《中外廉政制度比较》在这样的时代背景下诞生了。

本书是在西安市纪委的关心与大力支持下、在学校与政治学院的领导与支持下顺利完成的。十八大召开之后，为了跟党中央保持高度一致，为了我校专业建设的需要，更是为了给国家社会培养纪检监察方向的专门人才的需要，而市面上关于中外廉政制度比较方面的书籍难见其面的情况下，根据学校发展方向、教学改革深入的进一步安排、本课程组建设的实际需要，编写了此书。

在该书编写和修订的过程中，得到了长期工作在纪检监察一线同志的指导，得到了学校有关部门尤其是政治学院领导的帮助和支持，在此表示诚挚的感谢。总之，对于中外廉政制度这门博大精深的科学理论，我的功力还是有一定的局限，如果本书能够调动起学习者研究的热情和积极性，那就是我的最大期望了！

最后，作为本书的主编，我衷心地感谢西安文理学院有关领导和同事的关心与支持，感谢中国政法大学出版社领导和编校人员认真地审稿，感谢李花卉同志的辛勤劳动，感谢每一位关心本书的同志、家人和我的朋友们，谢谢你们一直在我身边。

贺文华

2016 年 8 月